제2공항 너머, 시민의 대안

정영신 엮음
정영신, 김학준, 이희준, 노민규 지음

진인진

제2공항 너머, 시민의 대안

초판 1쇄 발행 | 2019년 9월 6일

엮은이 | 정영신
지은이 | 정영신, 김학준, 이희준, 노민규
편 집 | 배원일
발행인 | 김태진
발행처 | 진인진
등 록 | 제25100-2005-000003호
주 소 | 경기도 과천시 별양상가 1로 18 614호(별양동 과천오피스텔)
전 화 | 02-507-3077-8
팩 스 | 02-507-3079
홈페이지 | http://www.zininzin.co.kr
이메일 | pub@zininzin.co.kr

ⓒ 진인진 2019
ISBN 978-89-6347-420-5 03300

* 책값은 표지 뒤에 있습니다.

목차

머리말 **제2공항 너머, 시민의 대안을 펴내며** ·· 7

제1부 제주사회와 공항 ··· 16

제1장 서론: 공항이란 무엇인가? ··· 19
   1. 제주공항: 근대화와 제주 관광개발의 상징 ·· 19
   2. 관광개발과 공항: '해결책'에서 '문제'로 ·· 23

제2장 제2공항을 말하는 담론들 ··· 29
   1. 숙원 사업: 누구의 어떤 숙원인가? ·· 29
   2. 국책사업: 국가폭력의 징후 ·· 33
   3. 환경적·사회적 수용력: 제주가 버티지 못 한다 ····································· 38
   4. 지속가능한 미래 ··· 45
   소결: 지속가능하며 정의로운 제주를 위한 조건들 ····································· 54

제2부 성산 제2공항 건설안: 부실과 거짓 위에 쌓은 모래성 ···················· 58

제3장 제2공항 '사태'의 전말 ·· 61
   1. 2015년 11월 10일 ··· 61
   2. 부실과 조작 의혹 위에서 갈등이 폭발하다 ··· 66
   3. 파행으로 끝난 제1기 검토위원회 ··· 73

    4. 진실을 향한 투쟁, 역풍을 맞은 국토부 ·············· 80
    5. 강행이냐 저지냐: 고비를 맞은 제2공항 투쟁 ·············· 86

제4장 풀리지 않는 의혹들: 왜 제2공항, 왜 성산인가? ·············· 91
    1. 선행연구와 해외사례 검토의 부재: 역사 없는 연구 ·············· 92
    2. 공항인프라 확충대안 비교·검토: 황당무계 ·············· 95
    3. 입지평가 방법론의 문제: 자의적이며 편향된 기준 ··········· 102
    4. 정석비행장: '기획된 탈락'인가? ·············· 112
    5. 신도2 후보지 이동 후의 불편한 진실: 뒤바뀐 결론 ··········· 123
    6. 성산 입지 의혹: '최악'을 '최적'으로 바꾸는 기술 ············ 134
    7. 공군기지 의혹: 중단되지 않는 군사화의 욕망 ·············· 144

제5장 제주 도민의 대안:
    제주공항의 안전하고 효율적인 활용이 가능하다 ············ 151
    1. 문제의 제기: 누락된 제주공항 최적개선방안 ············ 151
    2. 제주공항 최적개선 방안과 ADPI 용역보고서 ············ 153
    3. ADPI 보고서: 제주공항 활용으로 충분하다! ············ 159
    4. ADPI 권고안 검토: 못하는 게 아니라 안하는 것 ············ 165
    5. ADPI 대안이 검토되었다?: 거짓은 또 다른 거짓을 부른다 ··· 171
    6. 제주 도민이 대안을 선택하자!
        적정 확충규모와 대안선택의 범위 ·············· 176

    소결: 도민들에게 더 많은 대안을! ·············· 184

제3부 **제주특별자치도의 자치와 민주주의를 묻다** ·············· 190

    제6장 제2공항 문제에서 드러난 지방자치의 현실 ·············· 193

1. 무책임한 제주도정 ·· 193
2. 무소신의 제주도의회 ·· 200

제7장 제주시민사회와 주민들의 대응 ······························· 205
1. 성산읍 제2공항 반대대책위원회 ································· 205
2. 제주 제2공항반대 범도민행동 ··································· 214
3. 도청앞 천막촌 사람들과 새로운 정치 ·························· 223

제8장 공론의 형성과 흐름 ··· 233
소결: 진정한 자치와 민주주의, 자기결정권을 위하여 ············ 243

맺는 글 ··· 251

제2공항 관련 경과일지 ·· 257

· · · · ·

머리말: 제2공항 너머, 시민의 대안을 펴내며

"제주의 미래를 원희룡 도지사, 도청 국장, 국토부 관료, 용역 전문가 몇몇 손으로 정할 순 없다. 제주의 미래는 우리, 도민 모두가 결정한다."

지난 7월 5일 제주시청 앞에서 열린 '제주 제2공항 강행 저지! 도민공론화 쟁취! 총력투쟁 선포대회'에서 참석자들이 이구동성으로 외친 내용이다. 제2공항 후보지가 된 수산리, 신산리, 난산리의 주민들과 '제2공항성산읍반대대책위'뿐만 아니라 '제주제2공항반대범도민행동'과 제주의 여러 시민사회단체, 그리고 '제주도청 앞 천막촌 사람들'을 비롯하여 제2공항을 반대하는 제주 도민들이 참석한 이날 대회에서 국토부와 제주도정, 제주의 국회의원과 제주도의회 의원들은 강력한 성토의 대상이 되었다. 특히 눈길을 끈 것은 최근에 TV토론회에 나와서 '국가가 하는 일이니 무조건 믿어라'고 강변한 모 대학 교수를 비롯하여 거짓과 사기로 얼룩진 용역보고서를 제출한 용역진에 대해서도 강한 비판의 목소리가 나왔다는 점이다.

　국토부와 제주도정은 제주에 2개의 공항이 정말로 필요한지, 필요하다면 그 최적의 입지가 성산읍이 맞는지, 이처럼 중요한 사안에 대해 제주도민의 의견을 어떻게 들을 것인지에 대해 단 한 번도 제대로 답변한 적이 없다. 국토부와 용역진, 그리고 제주도정은 애초부터 공항의 수용력에만 관심을 두었지 제주의 환경과 사회적 수용력에 대해서는 진지하게 고려하지 않았다. 하나의 보고서가 나올 때마다 공항인프라 확충의 근거로 내놓은 공항이용객 추정치는 달라졌다. 공항인프라 확충의 대안 가운데 신공항 건설안은 정치적으로 배제되었고, 현 제주공항 확충안은 생색내기 식으로만 검토했는데 이를 위해서 현 공항 활용으로 충분하다는 해외기관의 보고서를 은폐하기까지 했다. 제2공항 건설을 위한 입지 선정 문제에 대해서도 성산 이외의 유력 후보지에 대한 고의적 배제, 군 공역 항공로 중첩, 안개일수 조작, 철새 도래지 미검토 문제와 오름 절취 등의 환경 파괴적 요소들에 대한 수많은 문제가 제기되었다. 하지만 그때마다 국토부와 용역진은 결정적 하자가 아니라거나 전문가들이 면밀히 검토했기 때문에 이상이 없다고만 변명했지, '면밀한 검토'의 근거를 제시하지 못했다.

    제2공항 문제는 단순히 하나의 공항을 더 짓고 말고의 문제가 아니다. 하나의 공항을 더 짓는다는 것은 반세기 이상을 지속해 온 중앙과 관(官) 중심의 관광개발 정책을 앞으로도 변함없이 계속한다는 것을 의미하며, '환경과의 공존'이나 '지속가능성'과 같은 가치들보다 대규모 개발사업 위주의 성장정책을 반복할 것이라고 선언하는 것이다. 많은 제주도민이 이 같은 미래에 대해 의문을 표시하고 있다. 인류가 기후위기의 시대를 맞이하고 있다는 점도, 제주의 환경수용력과 사회적 수용력이 한계에 도달했다는 점도 고려하지 않고 반세기 전에 만들어진 개발 패러다임을 반복할 경우에, 우리 세대와 미래 세대에 닥칠 위험을 상상하는 것은 어려운 일이 아니다. 그래서 부실과 기만으로 얼룩진 보고서를 작성한 몇몇 용역진의 한심한 판단에 맡기지 말고 도민 스스로가 자신의 미래를 결정해야 한다는 목소리가 점점 더 커지고 있다.

이 책은 바로 그런 목소리를 글로 옮긴 것에 불과하다. 이 책의 집필에 참여한 시민들은 공항 문제의 전문가도 아니고 경제학이나 미래학의 전문가도 아니다. 우리는 제주의 아름답고 풍부한 자연과 환경을 후손들에게 물려주어야 할 책무가 있다고 믿는 시민들이며, 모든 생명이 안전하고 평화롭게 공존할 수 있는 '생명평화의 섬' 제주를 만들어 가야 할 책무를 떠안은 시민들이다. 그래서 이 책의 제목에는 '시민의 대안'이라는 말이 포함되어 있다.

이 책의 제1부는 '제주사회와 공항'의 문제를 다룬다. 1장은 제주에서 공항이 지녔던 역사적 의미를 돌아본다. 근대화와 관광개발을 지상 명제로 여겨왔던 제주인들에게 공항은 근대화와 번영을 위해 나아가는 관문이었고 관광개발이 성공하고 있다는 상징으로 여겨졌다. 그 과정에서 제주공항은 여러 차례에 걸쳐 활주로와 시설의 확장을 거듭해 왔다. 공항 확장에 대한 반대 여론은 존재하지 않았고, 공항 인프라의 확충은 당연한 것으로 여겨져 왔다. 그러나 최근 2~3년 동안, 상황은 달라졌다. 관광객과 인구의 폭증에 따라 오·폐수나 쓰레기 문제는 점점 더 심각해졌고, 갈수록 심해지는 난개발에 '제주가 버티지 못한다'는 우려의 목소리도 커졌다. 관광개발과 그 상징인 공항의 팽창이 한계에 다다랐다는 인식이 확산되면서, 이제 그런 대형 개발 프로젝트가 제주사회의 여러 문제를 해결할 '해결책'이기보다 문제의 근원이라는 비판에 직면하고 있다.

2장에서는 제2공항을 둘러싼 이야기, 담론들을 다룬다. 제2공항은 제주도민의 '숙원사업'이라고 종종 이야기되고 있다. 하지만 이 같은 주장이 항상 명확한 것은 아니다. 숙원사업이라는 것은 몇몇 정치인들과 관료들의 언어였지 그것이 도민들 다수의 숙원인지를 확인하는 절차는 없었다. 그것이 정말로 '도민'의 숙원이라면, 도민의 다수가 제2공항 건설에 반대하는 지금 그 진실성 여부를 다시 물어야 할 것이다. 또 하나의 제2공항 추진 담론은 국가에서 결정한 '국책사업'이므로 반대해서는 안 된다는 논리다. 그러나 제2부에서 분석하고 있는 것처럼, 국책사업의 근거가 된 사전타당성 검토 보고서는 거짓과 부실로 점철되어 있다. 제2공항 추진 과정은 최소한의 절차적 민주주의도 지키지 않는 독선과 오만으로 얼룩져 있다. 그래서 시민들은 묻고 있다. "강정으로 부족한가?"

제2부에서는 국토부와 제주도정이 전문가들의 면밀한 검토에 의해서 만들고 결정했다는 '성산 제2공항 건설안'을 검토한다. 3장은 이른바 '제2공항 사태'의 전말을 다루고 있다. 제주 해군기지 문제를 비롯한 수많은 국책사업과 마찬가지로, 제2공항은 어느 날 '날벼락'처럼 주민들에게 알려졌다. 주민의 의견을 무시하는 국토부의 독주는 갈등을 폭발시킨 원인이었다. 제기된 수많은 의혹을 해결하기 위해 구성된 검토위원회 역시 무력화되었다. 결국 시민들은 목숨을 건 단식으로 저항할 수밖에 없었다. 그리고 시민들은 자신의 미래를 자기 스스로 결정하겠다는 '자기결정권을 선언'하기에 이르렀다.

4장에서는 국토부와 제주도정이 유일한 대안이라고 주장하는 '제2공항안'에 대해 조목조목 분석하고 비판하고 있다. 제2공항안에 대한 의혹과 문제점들에 대해서는 이미 재검토위원회에서 지속해서 제기된 바 있고, KBS제주방송을 통해 수십여 차례 보도된 바 있다. 우리는 국토부와 용역진이 발표한 수많은 보고서들을 면밀히 검토했고, 검토위원회에서 오고 간 논의 내용, 여러 차례의 토론회에서 발표된 자료들을 참조했다. 또한 공항과 관련한 각종 전문용어를 해석하기 위해 외국 전문기관의 사이트와 항공사전 등을 일일이 검색하고 공부했다. 우리의 결론은 사전타당성 조사 보고서가 거짓에 기반을 둔 한심한 보고서에 불과하며, 이로부터 출발한 제2공항 추진 과정은 원천 무효라는 것이다.

5장에서는 거짓과 기만으로 얼룩진 '제2공항안' 대신에 시민의 대안을 제시한다. 우리는 파리공항공단엔지니어링(이하 ADPI)이 수행한 보고서의 결론, 즉 현 제주공항을 정비하고 시스템을 개선하면 미래의 항공수요를 충분히 충당할 수 있다는 결론을 신뢰한다. 하지만 그것은 여러 대안 가운데 하나일 뿐이다. 현 제주공항을 확충한다고 해도 어느 정도 규모로 확충할 것인지, 아니면 수요관리 정책을 비롯한 다른 대안들을 선택할 것인지에 대해 모든 정보를 공개하고, 제주도민의 민주적인 숙의 과정과 자기결정권 행사에 따라야 할 것이다.

제3부는 제2공항 문제가 '사태'로 까지 발전하게 된 배경으로서, 지방자치와 민주주의 현실에 대해 질문한다. 6장에서 다루고 있는 것처럼, '제2공항 사태'가 갈수록 심각한 양상을 띠게 된 데에는 국토부의 일방적인 독주와 제주도정의 무책임하고 오만한 대응에 일차적인 책임이 있다. 이 과정에서 원희룡 제주도지사는 항의하는

주민들을 조롱하고 비웃었을 뿐만 아니라, 공적인 장에서 토의하기보다 개인방송을 통해 가짜뉴스를 유포하기까지 했다. 그리고 제주도와 제주시의 공무원들은 시민들의 표현의 자유를 억압하고 도청 앞 천막을 철거하는데 동원되었다. 또한 각종 공청회와 공개토론회에서는 항의하는 시민들을 막기 위한 방패막이로 동원되기도 했다. 하지만 업무 이외의 공적인 폭력 행사에 동원되었던 공무원사회에서 자성의 목소리가 나왔다는 얘기는 들리지 않는다. 제주도의회 역시 공항이나 항만 건설의 타당성을 도의회에서 사전에 심의할 수 있도록 한 '보전지역관리조례 개정안'을 두 번이나 상정 보류하고 결국에는 본회의에서 부결시킴으로써 지방의회 본연의 임무를 저버렸다.

7장에서는 본연의 임무를 저버린 지방정치를 대신하여 광장에 나선 시민들의 정치와 운동을 다룬다. 성산읍대책위나 범도민행동과 같은 기존의 주민조직, 시민사회단체들뿐만 아니라 이번 제2공항반대운동에서는 '도청앞 천막촌 사람들'이나 '비자림로를 지키기 위해 뭐라도 하려는 시민모임' 등 자발적인 시민모임의 활동이 두드러졌다. 이런 새로운 변화가 제주사회에 던지는 의미를 살펴본다.

8장에서는 초기에 제2공항 찬성이 압도적으로 많던 여론 지형에서 반대가 다수를 점하게 된 흐름을 살펴본다. 거기에는 두 가지 요인이 있었다고 할 수 있다. 첫 번째는 국토부와 용역진, 제주도정이 제시한 제2공항 추진의 근거들이 거짓과 조작에 근거한 부분이 많아서 제2공항 추진론이 스스로 자멸했다는 점이다. 많은 방송과 언론에서 국토부 보고서의 허위 자료와 은폐 의혹이 드러나면서 여론의 지형이 서서히 바뀐 것이다. 두 번째는 도민의 공분을 조직하고 제주의 미래를 염려하는 시민들의 투쟁이 줄기차게 전개되어 오면서 이전과는 다른 새로운 공론(公論), 즉 제주의 지속가능성과 환경수용력 담론이 서서히 영향력을 확대해 왔다는 점이다. 그리고 이제 도민의 공론은 '도민의 자기결정권'을 요구하는 것으로 나아가고 있다.

시민들 한 사람 한 사람의 힘으로 이러한 변화를 만들어 왔다. 하지만 갈 길은 멀고 앞에 놓인 장벽은 여전히 견고해 보인다. 하지만 그 견고한 외관은 정말로 튼튼한 뿌리와 토대를 가지고 있는 것일까. 지난 6월 19일 국토부가 주관한 제2공항 기본계획 용역 최종 보고회가 제주 농어업인회관에서 열렸다. 일찍부터 도민들과 성산읍 주민들이 대회장 앞에 진을 치고 항의시위를 벌였다. 주변에 있던 도민들은 회의장 문이 굳게 닫혀 있는 것을 보고 보고회가 무산된 것으로 알았다. 그런데 문을 열고 보니, 국토부 공무원과 용역진 몇 명이 회의장 문을 걸어 잠그고 한 명의 관객도 없는 무대에서 그들만의 보고회를 열고 있는 것이 아닌가! 곧 바로 그들은 성난 주민들에게 쫓겨 도망치듯 사라지고 말았다. 한국정치와 제주정치의 철옹성 같은 견고함과 답답함은 바로 이런 것이 아닐까! 닫혀 있을 때는 언제 열릴지 알 수 없을 정도로 견고해 보이지만, 막상 열고 나면 그 비루하고 초라한 몰골에 허망함이 느껴지는 것.

그래서 우리는 제주의 미래를 그들에게 맡길 수 없다고 생각한다. 그리고 시민의 비판과 시민의 대안을 모아서 책으로 만들기로 했다. 그들의 거짓이 어떻게 자신을 무너뜨리는지 보여주고, 거기에 맞선 말들을 모으고 엮어내려 했다.

허위, 조작, 거짓, 은폐를 법의 이름으로 강요하는 것, 삶의 권리를 박탈하는 자들에게 공권력이라는 이름을 허용하는 것, 생명을 학살한 자리에 아스팔트를 깔고 개발의 욕망을 속삭이는 것. 이것이 '제2공항 사태'의 본질이며, 우리 시대의 폭력이다. 이러한 폭력에 맞서 침묵하지 않고 질문하는 것. 질문하는 동료 시민의 곁을 지키면서 함께 생각하고 목소리를 내는 것. 시민들의 질문에 대해 거짓과 변명이 아닌 진실한 응답을 요구하는 것. 그런 논의의 장에 어떤 존재도 배제하지 않는 것. 지속가능하며 정의로운 미래를 '지금, 여기'로 당겨 오는 것. 바로 그런 오늘을 위해 우리의 미래를 우리 스스로 결정하는 것. 이것이야말로 기나긴 제2공항 싸움에서 우리가 찾은 시민의 언어이며 시민의 정치이다.

스스로 대안이 되고자 하는 시민들과 함께 쓰다
필자들을 대표하여
정영신

제2공항 너머, 시민의 대안

Beyond the 2nd Airport, Citizen's alternative

1
제2공항 너머, 시민의 대안
제주사회와 공항

사진: 정영신

제1장 서론: 공항이란 무엇인가?

1. 제주공항: 근대화와 제주 관광개발의 상징

정치적으로나 경제적으로 한국의 공항들은 갈수록 '문제적 현상'이 되어 가고 있다. 국회의 국토교통위원회 김영진(더불어민주당) 의원이 2018년 10월 한국공항공사로부터 제출받아 발표한 '지방공항별 당기순이익' 자료에 따르면, 전국 14개 지방공항 중에서 10개의 공항이 최근 5년간 적자경영에 시달리고 있다. 광주, 울산, 청주, 양양, 여수, 사천, 포항, 군산, 원주, 무안공항 등이다. 반면 2017년 기준으로 흑자를 본 공항은 김포, 김해, 제주, 대구공항 등 4곳에 불과하다.[1]

좁은 국토에 이처럼 많은 공항이 들어서게 된 것은 지역의 발전을 바라는 지역주민들과 지자체의 개발 욕구, 건설 경기의 활성화를 바라는 중앙정부와 토건자본의 이해, 항공산업과 저가항공사의 발전, 지역경제에서 차지하는 관광의 중요성과 관광산업의 발전 등 여러 이해관계자들의 욕구와 정책이 맞물린 결과였다. 지방공항

---

1 〈연합뉴스〉, 2019.01.18., "[이슈! 지방공항] 만성적자로 허덕이는데… '밑 빠진 독' 이대로 괜찮나."

과 저가항공사들의 존재는 지역민의 이동성을 보장하고 교통수단의 다양성을 보장했다는 점에서 긍정적인 측면도 존재하지만, 과잉경쟁으로 인한 중복투자, 수요의 불확실성과 전문 항공인력의 부족 등 많은 문제들을 낳고 있는 것도 사실이다. 지방공항은 한때 지역문제를 일거에 해결할 솔루션으로 주목을 받았지만, 지금은 지역수준에서는 해결하지 못해 매년 막대한 세금이 투여되고 있는 애물단지가 되어가고 있다.

다른 한편, 제주와 김해 등 몇몇 지역에서는 공항 이용객의 계속적인 증가가 예상되면서 제2공항이나 신공항을 둘러싼 갈등이 복잡하게 전개되고 있다. 그 가운데 제주의 공항 문제는 보다 복합적이면서 독특한 측면을 지니고 있다. 제주는 섬이라는 지리적 조건 때문에 육지로의 이동과 교류에 제약을 받아 왔고, 20세기 후반에 제주공항이 근대적인 민간공항으로 자리를 잡으면서 제주의 거의 유일한 관문으로 인식되어 왔다.

잘 알려진 것처럼, 현 제주공항은 제2차 세계대전 말기에 일본군이 이른바 '본토결전'을 준비하는 과정에서 건설되었다. 그리고 4.3항쟁의 과정에서는 수많은 제주도민들이 학살당하고 매장당한 아픈 역사를 지니고 있는 공간이기도 하다. 제주공항은 한국전쟁이 끝난 직후에 전국의 다른 공항들과 마찬가지로 전후 재건의 시각에서 복구되었고, 1958년에 '제주비행장'으로 정식으로 설립되었다. 그리고 1968년에는 제주-오사카 노선이 개항하면서 제주국제공항으로 승격되었다.

제주도는 1963년에 제정된 국토건설종합계획법에 따라 제주관광종합개발계획이 수립된 이후, 외화획득을 위한 국제적인 관광

표 1 제주공항 연표

연도	제주공항 연표
1942-44	일본 육군 서비행장 건설 및 준공
1946.01	민간비행장으로 전환
1948-49	제주공항 부지에서 4.3학살과 매장
1956	활주로 500×25m 포장, 이후 1,000m로 확장
1958	'제주비행장'으로 정식 설립
1961	활주로 1,500×35m로 확장
1962	공항시설 5개년 계획에 따라 공항시설 증축
1968.04	대통령령으로 제주국제공항으로 승격
1972-73	활주로 2,000m 확장, 남북교차활주로 건설
1978-83	활주로 3,000m 확장, 여객청사 대규모 신축개장
1992	여객청사 증축
1996	고가도로 증축
2002	내국인 면세점 설치
2006	여객청사 옆에 대규모 탑승동 건설
2007	여객청사와 국제선 터미널 확장
2016-19	제주공항 단기인프라확충사업 진행, 제2공항 건설을 둘러싼 갈등폭발

지로서의 위치를 부여받았다. 이에 따라 그 관문인 제주공항을 현대화하는 문제가 제주의 관광개발에서 매우 중요한 문제가 되었다. 제주공항은 항공산업의 발전과 대형 항공기의 등장에 따라 1961년, 1972-73년, 1978-83년 등 여러 차례에 걸쳐 활주로를 확장했다. 또한 여객수의 점진적인 증가에 발맞추어 여객청사를 비롯한 공항시설 역시 여러 차례에 걸쳐 신설되거나 확장되어 왔다. 활주로와 공항시설의 확장이 수년의 공사를 필요로 하고, 계획과 설계에도 그 이상의 시간을 필요로 한다는 점을 생각해보면, 사실상 제주공항은 늘 확장을 계획하고 있거나 실제로 확장하는 과정에 있었다고

해도 과언이 아닐 것이다.

제주공항의 지속적인 확장과 현대화 과정에서 반대 의견은 거의 존재하지 않았다. 제주공항 인근의 주민들은 여러 차례에 걸쳐서 고향을 버리고 이주해야 했지만, 국가의 사업에 반대의 목소리를 낼 수 없었다. 제주사회에서 공항 확장에 대한 반대 의견이 존재하지 않았던 이유는 국가가 강압적인 수단을 사용했기 때문만은 아니었다. 그 보다는 오히려 제주공항 자체가 제주의 근대화를 표상하는 상징이었기 때문이었다고 할 수 있다.

1960년대 말 이후에 제주사회의 지식인들 안에서도 관광을 통한 제주개발은 지배적인 담론으로 자리를 잡아가고 있었고, 이를 위한 공항의 확장과 근대화는 바람직한 일이자 유일한 대안으로 인식되었다. 박정희를 비롯한 국가지도자들은 공항에서 수많은 인파의 환영을 받았고, 제주의 성공한 운동선수들 또한 공항에서 꽃다발을 받고 제주 시내까지 카퍼레이드를 벌였다. 제주공항은 성공한 제주인들이 금의환향하는 개선문이었던 것이다. 또한 제주공항은 가족 상봉을 위해 방문한 해외동포들이 조국의 발전과 은혜에 감사하는 기자회견을 여는 장소이기도 했다. 무엇보다도, 제주공항의 근대화된 모습은 그 자체로 제주의 근대화와 지속적인 발전을 상징하는 것이었고, 그곳을 통해 들어오는 관광객은 제주의 성장과 미래 발전을 위한 보증수표였다. 낙후된 제주를 발전시켜야 한다는 열망 속에서 관광개발은 거의 유일한 해결책이었고, 이를 위한 제주공항의 근대화와 확장은 도전받지 않는 '절대명제'였다.

2. 관광개발과 공항: '해결책'에서 '문제'로

지금 제주공항의 근대화와 확장이라는 '절대명제'는 심각한 도전에 직면하고 있다. 두 가지 이유가 존재한다고 할 수 있다. 첫째, 이 같은 도전은 지속적인 공항 확장 및 그것을 추동한 관광개발의 과정에서 미처 고려하지 않았던 가치들이 새롭게 발견되어 온 과정을 반영하고 있다. 과거 군사독재 시절과 달리, 제주 제2공항 반대운동의 과정에서 주민의 생존권과 자기결정권, 국책사업 과정의 절차적 합리성과 민주주의의 중요성이 중요한 쟁점으로 거론되고 있는 것이다. 또한 인간의 생활터전을 단순히 부동산이 아니라 역사문화적 가치를 지닌 것으로 보려는 시각이 늘어났고, 제주를 인간만의 욕구를 위해 마음대로 개발할 수 있는 땅이 아니라 이곳에서 살아가는 모든 생명체들과 공존해야 할 공간으로 바라보는 생태적 감수성 역시 중요한 가치로 부상하고 있다. 요컨대, 우리는 근대화와 (관광)개발이 절대적인 가치로 인정받던 시대로부터 생태적인 지속가능성 등 탈근대적 가치들이 더욱 중요한 시대로의 이행 과정에 놓여 있는 것이다.

둘째, 지속적인 공항 확장 및 그것을 추동한 관광개발의 과정은 긍정적인 결과뿐만 아니라 부정적인 유산 역시 축적해 왔고, 최근에는 그것이 한계에 도달했다는 인식이 급격히 확산되어 왔다.

과거에도 제주사회 안에서 외지자본에 의한 무차별한 난개발과 정경유착에 대한 비판의 목소리는 존재했다. 대표적으로 1988년에 제주사회를 뜨겁게 달구었던 탑동매립반대운동으로부터 시작하여 1991년 제주도개발특별법반대운동에 이르는 '지역운동의 폭발기' 동안에 제주사회는 '도민주체의 개발', '개발이익의 환수'와 같은 요구들을 정치적 의제로 부각시켰다. 하지만 이 시기에도 관광개발 자체에 대한 본질적인 문제제기는 미약했고, 더구나 공항에 대한 문제제기는 아예 존재하지 않았다.

그런데 2016년 무렵부터 제주사회 안에서 오버투어리즘(overtourism: 과잉관광), 투어리스티피케이션(touristification)과 같은 말이 회자되기 시작했다. 2016년은 내국인과 중국인 관광객이 폭증하면서 관광객 증가가 정점에 달하여 한 해에 1,600만 명의 관광객이 제주를 찾은 해였다. 제주공항은 관광객들로 넘쳐났고, 비행기는 연착되기 일쑤였다. 제주로의 이주열풍 역시 정점에 달해서, 제주의 어디를 가도 '공사중'이라는 표지를 발견할 수 있었다. 어떤 사람들은 흐뭇해 하며 만족감을 표시했고, 또 어떤 사람들은 아연실색하며 불안해 했다.

그리고 2016년 9월 4일에는 제주사회를 경악케 한 충격적인 장면이 〈MBC 시사매거진 2580〉을 통해 보도되었다. 제주공항에 인접한 도두동의 제주하수처리장에서 정화되지 않은 오폐수를 제주 앞바다에 무단으로 방출하고 있는 장면이 방송 영상으로 그대로 비춰졌던 것이다. 이후의 후속 보도와 연구에 따르면, 제주하수처리장은 2015년 6월19일부터 12월31일까지 총 125일간 총질소(T-N)가 기준치(20mg/L)의 5배 이상 초과하는 하수를 바다로 흘려보냈다. 2016년 1월부터 7월까지 202일간 법정 기준에 맞춰 정화수를 방류한 경우는 단 5일에 불과했다. 같은 기간 기준치를 초과한 부유물질(SS) 방류 기간도 141일이나 됐다.[2]

---

2 〈제주의소리〉, 2018.02.05., "제주 하수처리 포화는 도시계획 실

그림 1 제주하수처리장에서 무단 방류되는 오·폐수

  제주의 쓰레기 매립장 역시 2018년 말 시점에 대부분 포화상태에 이르렀다. 매립하지 못한 쓰레기들이 노상에 그대로 적재된 채 방치되었고, 2019년 3월에는 제주의 쓰레기가 필리핀으로 불법 수출되어 다시 한 번 제주사회에 충격을 주었다. 2019년에 동복리에 제주환경자원순환센터를 열었으나 아직 소각장도 완성되지 않은 상태이며, 늘어난 인구와 관광객들이 배출한 쓰레기를 얼마나 처리할 수 있을지도 미지수인 상태다. 제주의 교통난과 주차난 역시 서울의 도심보다 문제가 심각하다는 이야기가 나올 정도로 해를 갈수록 심각한 사회문제로 떠오르고 있다. 한마디로 지난 몇 년 동안, 제주사회는 급격한 변화를 경험하고 있으며, 제주가 감당할 수

패...그런데 제2공항?"

없는 수준으로 인구와 관광객이 늘고 있고 그로 인해 발생하는 문제들을 해결하기 힘든 것은 아닌가, 더 나아가 그러한 증가 자체가 문제가 아닌가 하는 의문이 제기되고 있는 것이다.

"제주가 버티지 못 한다"는 우려가 여기저기서 들리기 시작했다. 과잉관광이나 투어리스티피케이션이라는 말은 바로 이러한 현실적 맥락 속에서 등장한 것이었다. 같은 맥락에서 제주의 '사회적 수용력', '환경수용력'에 대한 관심이 커졌다. 이 같은 새로운 언어들의 출현은 모두 인간이 자연과 사회에 가할 수 있는 압력이나 영향에는 '한계'가 있다는 생각을 반영하고 있다. 그것은 곧 "제주에 2개의 공항이 필요한가?"라는 질문으로 이어진다. 절대명제였던 관광개발 그리고 제주 근대화의 상징이었던 공항을 2개로 늘리는 것은 제주가 안고 있는 문제들에 대한 해결책이 아니라 오히려 문제의 원인이라는 생각이 점점 더 확산되고 있다. 도민사회에서 이런 심각한 우려가 제기됨에도 불구하고, 국토부와 제주도정은 일방적으로 제2공항 건설 계획을 추진하고 있다. 이 과정에서 소음피해와 재산권 침해를 비롯한 공항 주변 주민들의 고통도, 성산지역 주민들의 생존권과 자기결정권도 철저하게 무시되고 있다. 우려와 반대 여론이 높다는 것 자체가 근대화와 관광개발, 그리고 제2공항이 과거와는 상이한 상황 속에서 진지하게 재검토해야 할 사안이 되었다는 점을 보여준다. 사람들의 비명과 신음소리가 들려온다는 사실 자체가 제주의 사회적 수용력이 한계에 도달했다는 점을 보여준다. 제주 개발의 과정에서 한 번도 고려하지 않았던 환경수용력의 문제를 이제는 진지하게 고민해야 할 때다.

요컨대, 근대화와 관광개발 그리고 그것을 위한 공항확장은 더 이상 제주가 안고 있는 문제들에 대한 '해결책'이 아니라, 오히려 '문제의 근원'이라는 점이 점점 더 분명해지고 있다. 따라서 우리는 현재 제주 제2공항 건설을 둘러싸고 벌어지고 있는 갈등과 주민/시민들의 문제제기가 제주의 미래를 위해 진지하게 논의할 시간과 공간을 제공하는 소중한 기회로 인식되기를 바란다. 이 책은 이런 '기회'를 유실시키지 않으려는 시민들의 노력과 헌신의 결과물이다.

제2장 제2공항을 말하는 담론들

1. 숙원 사업: 누구의 어떤 숙원인가?

2015년 11월 10일, 국토교통부는 국토부 청사와 제주도청에서 '제주공항 인프라 확충 사전타당성 검토' 용역의 결과를 발표했다. 포화상태에 이른 제주국제공항의 수용능력을 해결할 최적의 대안으로 '제2공항 건설안'을 제시하고 그 예정지를 서귀포시 성산읍 신산리 일대로 제시한 것이다. 원희룡 제주도지사와 구성지 제주도의회 의장은 '제주공항 인프라 확충 계획 발표에 즈음한 담화문'을 통해 "지난 25년간 논의만 거듭하면서 표류하던 제주공항 인프라 확충 방안이 이제 명확한 결론을 내고 역사적 대사업의 첫발을 내디디게 됐다"며 적극적인 환영의 의사를 표명했다. 언론에서도 "백년대계, 제주 제2공항 확정", "25년을 이끌어 온 제주도민의 숙원사업인 '제2공항' 건설이 서귀포 '성산읍' 지역으로 결정"이 났다고 보도했다.[3] 2019년 7월 민선7기 도지사 취임 1년을 맞아 진행된 언론 인터뷰에서도 원 지사는 "제2공항은 제주도민의 오랜 숙원사업이자,

---

3 〈중앙일보〉, 2015.11.11., "백년대계, 제주 제2공항 확정"

도민 요구에 따라 추진된 국책사업"이라고 강조했다.⁴

일반적으로 숙원(宿願)이라고 하면 오래된 소원을 의미한다. 제주에서 제2공항 문제가 일정에 오르면서 국토부와 제주도청뿐만 아니라 제2공항을 찬성하는 여러 단체들은 '제2공항이 제주도민의 숙원'이라는 말을 반복해 왔다. 숙원이라는 프레임(frame)은 제2공항을 추진해야 한다는 가장 강력한 언어 가운데 하나가 되었다. 하지만 그것이 언제부터 숙원이 되었는지, 그리고 그것이 누구의 숙원이었는지를 명확하게 밝히는 것은 어려운 일이다. 그럼에도 불구하고 이 말이 유행하게 된 데에는 두 가지 이유가 존재했다고 볼 수 있다.

첫째, 민주화 이후에 지방자치제도가 실시되자, 각 지방정부는 국책사업의 유치에 경쟁적으로 나서기 시작했다. 이때 지방정부는 자신들의 개발 프로젝트가 정당한 명분을 가지고 있다는 점을 증명해야 했는데, 가장 손쉬운 방법은 그것이 '지역 주민들의 오랜 숙원'이라고 주장하는 것이었다. 더구나 1997년 외환위기 이후 한국 경제 전체가 경제위기와 저성장을 반복하자 국책사업을 유치하는 일은 지방정부에게 사활을 건 과제가 되었다. 이것은 지역 주민들의 입장에서도 마찬가지다. 예컨대, 제주시 구좌읍 동복리 일대에 추진되고 있는 사파리월드 조성사업에 대해 동복리 마을회는 "동복리민의 숙원사업으로써 중단없이 추진돼야 한다"고 밝혔다.⁵ 열대

---

4 〈뉴시스〉, 2019.06.27., "[민선7기 1년] 원희룡 제주지사 "2공항은 숙원사업, 자유토론 보장돼야""

5 〈제이누리〉, 2017.07.06., "사파리월드, 동복리민 숙원사업 ... 중단없이 추진."

동물들을 데려와 제주에 동물원을 짓는 것이 언제 어떻게 지역주민의 숙원사업이 되었는지 알 길이 없다.

둘째, '숙원'이라는 말은 일정한 장소와 주체를 전제로 하는 언어라는 점이다. 오래된 소원이라는 의미에서 알 수 있듯이, 숙원은 특정 지역에서 오랫동안 살아 온 사람들, 즉 '주민'들의 것이라는 점이 전제되어 있다. 그런데 이런 개발사업이 영향을 미치는 범위와 주체들을 명확히 하는 것은 사실상 거의 불가능하다. 한국에서는 대개 토지나 바다를 수용당해서 경제적 손실을 보게 되는 사람들을 일차적인 이해관계자로 설정하고 그 손실을 보상해 왔다. 하지만 새만금 개발사업이나 제2공항 건설사업의 경우처럼, 해당 지역의 주민들 내부에 강력한 반대의견이 존재하거나 규모가 큰 국책사업의 경우에는 도(道)나 광역시 등 보다 큰 범위에서 숙원사업의 주체가 설정된다. 이 과정에서 유력 정치인들은 국책사업을 자신의 업적으로 사유화 한다. 즉, 숙원사업이라는 말은 주민들에게 결정권을 주고 그것을 수용한 듯한 인상을 주지만, '숙원'의 주체인 주민의 범위는 정치적으로 결정되는 것이다. 그러므로 '숙원'이라는 말을 통해 특정한 주체들을 공적인 토의의 장에서 체계적으로 배제하려는 움직임이 동시에 일어난다. 오랫동안 살아온 주민들에 포함되지 않는 '이주민', '외지인', '전문시위꾼' 등은 지역의 사정을 잘 모르는 자들로서 배제되어야 할 '외부세력'의 위치에 놓이게 된다. '성산읍정착민회'라는 단체가 붙인 "제2공항 대안은 없다 조속히 추진하라"는 플래카드와 "대안 없는 반대는 사회를 망친다"는 '제주를 사랑하는 사람들'이라는 정체불명 단체가 붙인 플래카드 옆에는 '제2공항추진위원회'가 붙인 "성산지역 주민갈등 조장하는 외부세력 물러가라"는 내용의 플래카드가 붙어있다. '숙원'이기에 거기에 대한 질문도 필요없고 '대안'도 존재하지 않는다. 질문하는 자는 '외부세력'으로 배척될 뿐이다.

 요컨대, 숙원사업이라는 말은 개발사업에 정당성을 부여하는 언어임과 동시에 개발에 대한 문제제기를 봉쇄하는 말이다. 동시에 그것은 개발사업의 논의 과정에서 특정 주체들이 배타적으로 영향력을 행사하기 위해 다른 주체들을 배제할 목적으로 사용하는 언어이기도 하다.

 그렇다면 이 숙원사업은 누구의 숙원인가? 정작 제2공항을 자신의 숙원사업이라고 주장하는 사람이나 단체는 없다. 〈골프산업신문〉이 2018년 6.13 지방선거를 앞두고 실시된 여론조사 결과를 보도하면서 '제주 제2공항' 혹은 '제주 제2공항 성산읍 건설'에 대해 "제주도 골프업계의 숙원사업"이라며 찬성 의견이 더 높게 나왔다고 보도한 것이 유일하다.[6] '대신 '도민의 숙원사업'이라는 말은 널리 사용되고 있다. 하지만 '도민'의 숙원사업이라는 말을 통해 '숙원'의 '정당성'에 대한 질문을 받아야 할 책임있는 주체는 사라지고 만다. 도민 여론에서 반대의견이 더 높게 나와도 '숙원'이란 말은 그 정당성의 근거를 과거의 어느 시점(반대의견이 제시되지 않던 어떤 시점)으로 소급할 뿐이기 때문이다. 현재의 권력은 '숙원사업'이라는 말을 통해 시민들의 문제제기를 책임질 수 없는 과거로 떠넘긴다. 원희룡 도지사와 제주도정이 숙원사업이라는 말을 남발하는 이유도 이 사

---

6 〈골프산업신문〉, 2018.03.05., "제주도 골프장의 숙원사업 '제주 제2공항' 도민 찬성 53.2% vs 반대 38.3%"

업에 대한 질문을 봉쇄하고 '무응답'의 정당성을 확보하기 위한 것이라고 할 수 있다. 결론적으로, '숙원'이라는 언어는 제2공항 사업 전반에 만연한 무책임 행정의 이데올로기적 배경이 되고 있다.

2. 국책사업: 국가폭력의 징후

한국보건사회연구원이 2016년에 펴낸「사회통합 지수 개발 연구」보고서에 따르면, 한국은 OECD 30개국 가운데 29위로 사회통합지수가 이스라엘 다음으로 낮은 것으로 나타났다. 한국의 사회통합지수는 1995년에도 0.26으로 최하위 수준이었고, 20년간 거의 변함없이 최하위를 기록하고 있다. 많은 국민들은 다양한 사회집단들 가운데 정부가 사회통합에서 중심적인 역할을 해야한다고 생각하고 있다. 하지만 실제로는 중앙정부와 지방정부가 국책사업의 추진 과정에서 사회적 갈등의 당사자가 되고 있고, 공권력을 동원하여 갈등을 무마하려는 유혹에서 벗어나지 못하고 있다.

'국책사업'이라는 말은 국가가 주도적으로 재원을 조달하여 시행하는 대규모 사업을 지칭하지만 법률에 의해 명확하게 정의된 용어는 아니다. 국가재정법 제38조에서는 '총사업비가 500억 원 이상이고 국가의 재정지원 규모가 300억 원 이상인 신규 사업'과 같은 '대규모사업'의 경우에는 기획재정부장관이 예비타당성조사를 실시하여 국회의 소관 상임위원회와 예산결산특별위원회에 제출하도록 하고 있다. 여기에는 '건설 공사가 포함된 사업', '국가정보화기본법에 따른 정보화 사업', '과학기술기본법에 따른 국가연구개발사업' 등이 포함된다. 그리고 '사회복지, 보건, 교육, 노동, 문화 및 관광, 환경 보호, 농림해양수산, 산업·중소기업 분야의 사업' 등 중기재정지출 사업의 경우에는 재정지출이 500억 이상이 되는 경우에 예비타당성조사를 실시해야 한다. 보통 이 정도 규모의 재정지출이 필요한 사업을 '규모의 측면'에서 국책사업이라고 말할 수 있을 것이다. 하지만 대규모 재정이 투입되는 사업도 그 성격에 따라서 '선거공약사업', '순수 대형국책사업', '지역참여형 국책사업', '지역균형발전사업', '국고지원사업' 등으로 구분될 수 있다.

일반적으로 국가비전이나 국가의 중장기전략에 따른 사업으로서 공익적 성격이 크고 중앙정부가 직접 수행하는 사업을 국책사업이라고 부를 수 있을 것이다. 국책사업의 대략적인 추진 과정은 다음과 같다. 국책사업은 지자체 등 여러 국가기관에서 사업 아이템을 발굴하고 사업계획서를 작성하여 소관부처에 제출하면, 소관부처에서 우선순위를 검토하여 예비타당성조사를 요구하게 된다. 여기에서 예비타당성조사 대상으로 선정되면 한국개발연구원(KDI)이나 (연구개발사업의 경우에는) 한국과학기술기획평가원(KISTEP)에서 예비타당성조사를 수행하고, 사업의 타당성이 확보되면 국가예산이 배정된다. 그리고 소관부처에서 기본계획과 실시설계 등 세부 시행계획을 수립하면, 그에 따라 국가예산이 집행된다. 실시계획의 승인과 고시가 이루어지면, 토지보상과 착공을 거쳐 최종적으로 준공에 이르게 될 것이다.

제2공항 건설 사업은 초기에는 신공항 건설 사업으로 인식되었다. 1989년에 노태우 대통령이 새로운 공항의 필요성을 언급했지만 재정난으로 인해 연기되었고, 2007년 대선 과정에서 이명박 후보가 제주신공항 개발사업을 공약으로 내세우기도 했지만 당선 이후에 유보 결정을 내렸다. 2010년 우근민 제주도지사의 신공항 조기건설 요구와 이에 따른 '제주공항 개발구상 연구'에서는 김녕, 신도, 신산, 위미 등이 신공항의 후보지로 거론되었다. 그리고 2012년 대선과정에서 박근혜 후보가 '제주 공항인프라 확충'을 공약으로 채택한다. 그 후에 국토교통부가 발주하고 한국항공대가 시행하여 2014년 9월에 발표한 「제주 항공수요조사 연구」는 2018년에 제주공항 수용능력이 한계를 넘어설 것으로 전망했고, 이를 근거로 2014년 12월에 시작되어 2015년 11월 10일에 발표된 「제주 공항인프라 확충 사전타당성 검토 연구」는 2045년을 목표연도로 항공이용객 4,500만, 운항횟수 연간 29.9만 회가 가능한 공항 인프라 확충이 필요하다고 전제하고, 최적의 대안은 제2공항 건설이며 성산읍 지역이 최적의 입지라는 결론을 내렸다. 이후에 진행된 예비타당성 조사는 사전타당성 검토의 결론을 전제로 한 것이었고, 2019년 6월에 발표된 기본계획 용역의 결과 역시 마찬가지였다. 그리고 10월에는 기본계획의 고시가 예정되어 있다.

　위와 같은 일련의 과정을 돌아보면, '국책사업'으로 선전되고 있기는 하지만 대규모 재정의 투입과 중앙정부(국토교통부)의 주도성 이외에, 공익성의 측면에서 보면 제2공항 사업은 국가 수준보다는 제주의 지역적 현안이라는 성격이 짙다. 원희룡 도지사는 "제2공항은 도민의 오랜 숙원사업이자 도민 요구에 따라 추진된 국책사업"이라며 그 필요성을 강조했고 동시에 "제2공항은 국토교통부가 주도하는 국책사업"이라며 기본계획 등에 도민의 요구를 반영할 것이라고 주장해왔다.

그러나 제2공항 사업이 국책사업이라는 주장은 객관적인 사실을 그대로 진술하고 있는 주장은 아니다. 우선, 국책사업이라는 말은 제주도민의 오랜 숙원이 실현될 기회를 맞이했으니 적극적으로 환영해야 한다는 점을 감성적으로 자극한다. 그리고 다른 지자체는 한 푼이라도 더 국가재정을 따기 위해 안달인데 5조 원의 재정을 거부하냐는 비판으로 이어진다. 요컨대, 이 주장은 제2공항 사업이 낙후된 제주사회를 개발할 수 있는 절호의 기회라는 '개발주의'의 논리를 배경에 깔고 있다. 둘째, 국책사업 논리는 항상 '국가의 사업'이기 때문에 국민들이 반대해서는 안된다는 '국가주의'의 논리를 직간접적으로 의미해왔다. 경부고속도로건설과 같은 과거의 국책사업뿐만 아니라 인천국제공항의 건설이나 평택미군기지 확장, 제주해군기지 건설과 같은 안보사업 역시 "국책사업이기 때문에 반대해서는 안된다"는 논리 하에 추진되어 왔다. 이러한 두 가지 이데올로기적인 맥락은 제2공항 사업에 찬성하는 제주도민들의 대중적 심성을 구성하는 것이기도 하다. 그리고 반대하는 시민들의 질문을 봉쇄하는 논리이기도 하다.

그러나 제2공항 사업이 진정으로 국책사업이라면 공론장 내에서 그 타당성을 입증받아야 하며, 사업의 공공성과 타당성을 증명할 책임은 국가에 있다. '제주 공항인프라 확충 사전타당성 검토 연구' 보고서(이하 사전타당성 보고서)를 보면 '전문성'이 완전히 결여되어 있음을 한눈에 알 수 있다. 과정은 생략되었고 결과는 자의적이었다. '전문가연' 하지만 아니었다.

국토부와 제주도정은 걸핏하면 "전문가가 알아서 했다"고 하면서, 시민사회의 문제제기에 대해 "그것은 전문가의 영역"이라고 주장해 왔다. 복잡한 수식과 전문용어가 남발되고 있지만, 찬찬히 뜯어보면 자료의 출처는 불분명하고 기준의 근거도 자의적이다. 사전타당성 보고서는 정부측에서 주장해 온 전문가주의의 실력과 민낯을 보여주는 '한심한' 보고서다. 그 '전문성'을 설계하고 감리해야 하는 국토부 관료들은 국책사업을 위한 책임감을 보여주지 못했다. 출발 기점인 국토부의 과업지시서는 설계부터 감리까지 허술하고 무책임했다. 부실하고 조작된 혐의조차 농후했지만 그냥 수용되었다. 논란이 끊이지 않자 수행된 재조사 용역에서조차 그 부실함을 그대로 용인하고 말았다. 그리하여 급기야는 '입지선정타당성 재조사 검토위원회' 구성이라는 치욕적인 일이 벌어졌다. '한심한' 보고서에 기반을 둔 '무모한' 국책사업이다. 보면 볼수록 신뢰를 떨어뜨리는 국책사업에 의해 제주의 미래가 결정된다. 그래서 그것은 곧 '재앙'이다.

　　공론을 형성하고 모으는 과정을 생략한 채 추진하는 국책사업의 당연한 귀결이겠지만, 그래서 제2공항 건설사업 추진 과정에는 '갈등의 심화'만 있고 '갈등에 대한 책임있는 개입'이 전혀 없다. 예컨대, 입지선정은 국책사업에서 가장 중요한 절차다. 규모가 크고 기간이 오래 걸리는데다가 거쳐야 할 단계가 많고 관련된 이해관계자가 복잡하게 얽히고설키기 때문에 도처에 갈등의 소지가 잠복하고 있다. 예상하고 대비책을 강구하고 있었어야 한다. 과거 한국에서 국책사업의 입지선정 과정은 대부분 정책담당자 또는 소수의 전문가에 의해 일방적으로 결정되었고 형식적인 주민참여를 통해 '결정-발표-옹호(decide-announce-defend)'를 반복해 왔을 뿐이다. 그리고는 "갈등관리가 부족했다"는 사후 보고서를 쏟아낸다.

최근 들어서는 절차적 정당성을 중시하는 가운데 이해관계자의 참여와 여론수렴을 필수화함으로써 갈등을 최소화하는 쪽으로 변화도 나타나고 있다. 대규모 재정이 투입되는 국책사업이 '공익'적 성격을 지니고 있다고 하더라도, 절차적 정당성을 갖추고 공론장 속에서 검토될 수 있어야 공공성을 확보할 수 있다는 점이 널리 수용되고 있기 때문이다. 그런데 이번 '제2공항'에 대한 정부와 지자체의 태도는 예전의 방식으로 돌아가고 있는 모양새다. 더욱 나쁜 것은 제주해군기지 건설을 추진하는 과정에서 강정마을 주민들에게 국책사업이라는 이름으로 수많은 고통과 상처를 남겼음에도 성찰하고 배운 것이 하나도 없다는 것이다. 요컨대, 제주해군기지 건설 당시와 마찬가지로, 제2공항 추진 과정에서도 '국책사업'이라는 언어는 공공성을 의미하기보다는 '국가폭력'을 예감케 하는 언어가 되고 있다.

3. 환경적·사회적 수용력: 제주가 버티지 못 한다

> "(질문) 국토부에서는 제주도가 연간 4,500만 명을 받을 수 있다는 검토가 된 상태에서 지금 신공항 추진이 이루어지고 있는 것인지 묻고 싶다"
> "(답변) 사실 저희가 항공수요를 추정할 때 그런 부분은 저희가 반영하지 않습니다. 왜냐하면 저희가 그런 부분을 반영할 수 있는 근거도 없는 것이고 방법론도 없는 상황입니다."

지난 5월 15일 제주테크노파크에서 열린 '제주 제2공항 입지선정 타당성 재조사, 도민 공개토론회'에서 한 시민의 질문에 대해 국토부 신공항기획관 사무관이 답변한 내용이다. 한마디로, 국토부와 제주도정이 강행하고 있는 제2공항 건설 사업이 제주의 환경적·사회적 수용력을 전혀 고려하지 않은 상태에서 추진되고 있다는 점을 국토부 관계자가 스스로 고백하고 있는 것이다.

'수용력(carrying capacity)'이란 원래 방목학에서 나온 개념으로, 일정한 범위의 지역이 수용할 수 있는 동물의 개체수를 의미하는 것이었다. 1960~70년대에는 환경학과 생태학에서 이를 수용하면서 "일정 규모의 서식환경에서 그것이 훼손되지 않는 가운데 생존할 수 있는 최대 개체 밀도"를 생물학적·생태학적 수용력으로 정의해 왔다. 그러다가 1980~90년대에는 사회환경적, 심리적 요소가 반영된 사회적 수용력에 대한 논의로 확장되었다.

'수용력'이란 개념이 중요한 이유는 인간이 이용할 수 있는 자연의 혜택과 자원에 '한계'가 존재한다는 점을 알려주기 때문이다. 그 동안 제주사회와 중앙정부가 추진해 왔던 여러 개발정책에는 환경적 수용력, 사회적 수용력이라는 사고가 전혀 반영되지 않고 있었다. 그렇다면 수용력 개념을 통해서 제주의 현실을 어떻게 파악할 수 있는가?

오늘날 환경학·생태학 연구자들은 일반적으로 수용력의 유형을 생태적 수용력, 물리적 수용력, 사회심리적 수용력 등으로 구분하고 있다. '생태적 수용력' 혹은 '환경적 수용력'은 "자연생태계에서 자기회복능력이나 정화능력의 한계 내에서 인간 활동을 흡수하고 지탱할 수 있는 최대의 위락활동의 범위와 밀도"를 의미한다.

'사회·심리적 수용력'은 "인간이 일정수준의 이용경험의 질을 유지하고 만족을 느끼기 위해 필요로 하는 환경적 조건"을 의미한다. '물리적 수용력'은 "인공구조물이나 시설물의 최적 공간 규모, 즉 시설이 수용할 수 있는 능력"을 의미한다. 현재 국토부와 제주도정이 강조하는 것은 '물리적 수용력', 그 중에서도 제주공항의 수용력 문제에 한정되고 있을 뿐, 환경적 수용력과 사회적 수용력은 전혀 고려되지 않고 있다.

그렇다면 제주의 환경적 수용력을 고려할 수 있는 제도적 여건이 미비해서 이런 문제가 발생하는가? 그렇지 않다. 지난 2006년 제정된 '제주특별자치도 환경기본조례'는 "모든 개발과 자원이용은 현재상태의 평가와 미래 변화 등을 감안하여 현재 또는 미래의 가능한 환경용량 범위안에서 이루어져야 한다"고 명확하게 규정하고 있다(환경기본조례 제22조(환경용량의 수용)). 여기에서 '환경용량'이란 "일정한 지역에서 환경오염 또는 환경훼손에 대하여 환경이 스스로 수용, 정화 및 복원하여 환경의 질을 유지할 수 있는 한계"를 말한다(환경기본조례 제5조(정의)). 이미 제주특별자치도의 조례 속에 환경적 수용력을 고려할 것을 규정하고 있고, 이를 위한 기본적이며 종합적인 시책의 마련을 도지사의 책무로 규정하고 있는 것이다(환경기본조례 제6조(도지사의 책무)).

그러나 환경용량에 대한 제대로 된 조사나 연구도, 이에 따른 개발사업들의 조정 역시 이루어지지 않고 있는 것이 오늘날 제주의 현실이다. 환경적 수용력, 환경용량의 개념은 독자적인 의미를 가지고 정책의 계획이나 평가의 기준으로 적용되지 못하고 있고, '관광수용력'이라는 개념 속으로 통합되어 관광개발의 한계를 규명하기 위한 개념으로 차용되고 있다. '관광수용력'이란 일반적으로 "관광목적지의 물리적, 경제적, 사회문화적 환경을 파괴하지 않고 (이용객의) 관광 만족을 감소시키지 않는 범위에서 특정 관광목적지를 동시에 방문할 수 있는 최대한의 사람의 숫자"로 정의되고 있다. 즉, 관광객의 만족도에만 관심을 두어 왔던 기존의 관광정책과 달리, 관광지 주변 주민들의 주거환경이나 생활문화를 파괴하지 말라는 주민측의 요구를 반영한 전제 위에서 관광이 가능한 범위를 말하는 것이다. 이 관광수용력 개념은 관광 활동이 특정 한계를 넘어서면 환경에 영향을 미치며, 지역주민의 허용 수준에 따라서 관광 활동의 수준이 결정되고 또한 조정되어야 한다는 점을 지시하는 것이라고 할 수 있다.

그런데 관광지역의 환경적·사회적 수용력에 대한 기존의 논의들은 주로 국립공원이나 특정 관광지, 관광행사 등에 집중되어 왔고, 제주도처럼 관광지와 수거지역뿐만 아니라 농업·산업 지역과 자연보호구역 등이 복합적으로 존재하는 큰 규모의 지역에 대한 연구는 존재하지 않는다. 그런 점에서 제주연구원이나 제주대학교 등 지역의 연구기관들이 수행해 온 역할 역시 비판되어야 할 것이다. 여기에서는 일단 이런 한계를 인정한 바탕 위에서, 최근에 나온 3가지 연구보고서에서 설정하고 있는 환경적·사회적 수용력 논의를 통해서 제주도의 환경적 수용력과 제주도민의 사회적 수용력이 어느 수준에 이르고 있는지를 살펴보려고 한다.

제주관광공사가 발주하고 제주대학교가 수행하여 2017년 12월에 제출한 「제주관광 수용력 연구」는 제주도 규모에서의 수용력을 연구한 최초의 시도였다는 점에서 주목을 끈다. 이 보고서에서는 정량적 수요예측 기법을 사용하여 관광객 수요를 추정하고 제주 관광의 물리적, 심리적, 경제적 수용력을 측정하고 있다. 물리적 수용력으로서 편의시설, 숙박시설, 교통시설의 최대 인원 규모를 연구하였고, 심리적 수용력으로서 도로 혼잡, 쓰레기 처리, 하수 처리에 대한 거주민의 심리적 불편함을 측정하였으며, 경제적 수용력으로서 관광 수입과 경제활동의 증가에 대한 긍정적인 평가가치와 관광객의 초과 공급으로 나타나는 환경파괴, 도시 기능의 상실, 소음 등의 문제에 대한 부정적인 평가 가치를 비교하고 있다. 그 결과를 보면, 현 수준에서 물리적 수용력의 측면에서 주차장 등 편의시설은 이미 수용력의 범위를 넘어선 상태이고 교통시설도 허용 범위를 초과하고 있다고 한다. 심리적 수용력의 측면에서 제주도 거주민들이 관광객 증대에 따른 불편함을 실제로 인식하고 있는 것으로 평가하고 있다.

이러한 심리적 요인에 대한 결과는 한국은행 제주본부가 2017년에 발표한 보고서 「제주 투어리스트피케이션 현상이 지역주민의 삶의 질에 미치는 영향」에서도 확인되고 있다. 이 보고서는 제주시 연동, 월정리, 동문시장 등 관광지 인근 10곳에 거주하는 주민 200명을 대상으로 관광지화와 삶의 질의 연관관계를 분석하고 있다. 이에 따르면, 주민들은 관광객의 증가가 부동산가격, 물가, 지역의 자연환경, 안전, 범죄율과 교통사고율의 증가에 부정적인 영향을 미친다고 응답하고 있다. 특히 관광지화로 인한 자연훼손, 소음, 생활공간 침해 등으로 인한 정서적 만족도 저하로 삶의 질이 악화되고 있다는 점이 확인되고 있다. 하지만 이 보고서는 주로 주민들의 주관적 인식에만 집중하여 수용력에 대한 종합적인 검토라고 보기에는 무리가 있다.

　위의 「제주관광 수용력 연구」 보고서는 경제적 수용력의 측면에서 흥미로운 결과를 내놓고 있다. 관광객의 증가는 일정 수준까지는 경제적 총효용을 증대시키지만 일정 수준을 넘어서면 환경파괴, 도시 기능의 상실, 소음 등의 문제로 인해 경제적 총효용이 오히려 감소한다는 점을 지적하고 있는 것이다. 그리고 그 수준은 대략 최소 1,990만 명에서 최대 2,270만 명의 범위에 이른다. 이 같은 결과는 현재의 기반시설을 전제로 할 때의 계산이기는 하지만 현존 기반시설을 무한정 확장할 수 없다는 점을 고려할 때, 관광개발이 주는 총이익 역시 무한정 증가하는 것이 아니라 '한계'가 존재한다는 점을 보여준다.

　마지막으로, 제주관광공사에서 펴낸 「2018년 제주관광 수용력 관리방안 연구」는 수용력 자체에 대한 실증연구라기보다는 해외의 유사한 사례들에서 사용하고 있는 '수용력 관리방안'에 초점을 맞추고 있다. 다만 지역주민, 관광객, 관광업계 관계자들에 대한 설문조사와 면접 조사를 통해서 관광에 대한 만족도나 관광개발에 대한 필요성 등에 관한 인식을 조사하고 있다. 그 결과를 보면, 제주도민들은 제주의 복잡성, 교통체증, 쓰레기 문제, 물가 등에 대해 부정적인 평가를 내리고 있다. 또한 제주도민들은 거주지역에서의 추가 관광개발은 반대하지만, 제주도 전역에 대한 개발에는 긍정적인 응답을 보여주었고, 제주시보다는 서귀포시 지역의 주민들이 추가적인 관광개발에 더 긍정적인 것으로 나타나고 있다.

　위와 같은 제주의 관광수용력 연구들은 주로 관광시설의 물리적 수용력이나 심리적 수용력의 측면에서 연구를 진행했고, 일회적인 조사에 그치고 있다는 점에서 한계를 지니고 있다. 무엇보다도, 제주의 자연환경 수용력이나 사회문화적 수용력에 대해서는 조사와 연구를 진행하지 못했다는 점에서 결정적인 한계를 지니고 있다. 다시 말해서, 우리는 여전히 제주의 환경적·사회적 수용력의 정도에 대해서 정확한 정보를 가지고 있지 못하다. 그런 의미에서 지난 3월에 언론에 보도된 서귀포 정방폭포 인근 앞바다의 오염 문제를 돌아보자. 언론 보도에 따르면, 해당 바다에는 1m이상의 쓰레기와 오물이 쌓여 있었고 해당 관청에서는 정확한 실태조차 파악하지 못하고 있었다. 2016년 오·폐수 방출로 인한 충격으로부터 우리의 인식과 실천, 책임이 얼마나 더 나아갔는지 묻지 않을 수 없다. 또한 제주의 지하수 오염과 부족에 대해 우려하는 수많은 언론보도에도 불구하고 제주 지하수에 대한 정확한 정보는 제공되고 있지 않다. 최근에는 대표적인 관광지인 용눈이오름에 너무 많은 관광객이 방문해서 탐방로의 침식과 훼손이 심각하다는 보도가 나오기도 했다. 그러나 이와 같은 수많은 보도들은 환경오염과 자연의 훼손에 대해 더 많은, 더 나은 지식을 제공해주지 않는다. 단지 우리 주변의 환경오염과 자연의 훼손 상태에 대해 우리가 완전히 무지하다는 점을 확인시켜 줄 뿐이다.

 이런 상황에서 제주에 2개의 공항이 들어서면 현재에 비해서 2배 가까운 관광객이 제주를 방문할 수 있는 공항수용력을 갖추게 된다. 그것이 어떤 결과를 낳을 것인가? 분명한 것은 제주의 환경과 사회가 관광객의 증가를 수용하는 데에는 분명한 한계가 존재한다는 것이며, 2016년의 오·폐수 방출사태에서 알 수 있는 것처럼 일단 그 한계를 초과하게 되면 피해는 돌이킬 수 없을 정도로 폭증한다는 사실이다. 그리고 우리가 이미 '재앙'을 만난 적이 있다는 사실을 잊어서는 안된다.

수용력이라는 개념은 우리 주변의 여러 환경들이 일정한 한계 속에서만 유지될 수 있으며, 그 한계를 초과하는 변화는 심각한 결과를 낳을 수 있다는 것을 말해준다. 현재 제2공항의 필요성, 혹은 기존 공항의 확충 필요성을 둘러싸고 진행되고 있는 논쟁과 갈등은 우리에게 제주의 환경적·사회적 수용력에 대한 사고와 검토의 기회를 제공하고 있다. 그런 의미에서 제2공항에 대한 국토부와 제주도정의 일방적인 강행은 제주를 살아가는 인간과 자연에게는 위기이면서 동시에 전환의 계기와 기회가 될 수 있다.

4. 지속가능한 미래

제주 제2공항이 제주의 환경적·사회적 수용력을 고려하지 않은 상태에서 추진되고 있다는 점은 제주의 지속가능성에 대해 심각한 우려와 불안을 낳고 있다. 환경적·사회적 수용력의 문제가 중요한 이유 가운데 하나는 우리가 제주뿐만 아니라 한국, 더 나아가 세계인류가 지속가능성을 위협받고 있는 위기와 전환의 시대를 살고 있기 때문이다. 현대사회는 경제 위기, 환경 위기, 에너지·자원 위기 그리고 정치 위기 등 다양한 형태의 위기들이 복합적으로 결합된 '복합위기'의 시대라는 진단이 나오고 있다. 제주 역시 이러한 복합위기로부터 벗어날 수 없으며, 현재의 공항 확장뿐만 아니라 장래의 관광개발 비전에서도 지속가능성의 문제는 회피할 수 없는 문제가 되었다.

근대화와 산업화 과정은 인간에게 물질적·문화적 풍요와 생활의 편리성을 제공했지만, 동시에 자연의 원래 질이 오염되고 파괴되는 등 심각한 환경 문제를 유발시켰다. 오늘날 환경문제가 인간의 생존 자체를 위협할 수준으로 심각한 단계에 이르렀다는 점에서, 인간은 근대화와 산업화의 수혜자이면서 동시에 피해자라고 할 수 있을 것이다. 이러한 모순을 해결하고자 1987년 환경과 발전에 관한 세계위원회(World Commission on Environment and Development, WCED)는 '지속가능발전'이라는 개념을 제창했다. 발전의 일차적 목적은 인간의 욕구 충족이며, 인간의 욕구 충족은 시간적으로는 세대를, 공간적으로는 국가를 초월하여 자연자원에 기초하여 이루어지기 때문에, '지속가능한 발전'이란 "미래 세대가 그들의 필요를 충족시킬 능력을 저해하지 않으면서 현세대의 필요를 충족시키는" 것으로 정의되고 있다. '경제발전과 환경보전의 조화'에 초점을 둔 이 개념은 1992년 리우환경회의에서는 "환경적으로 건전하고 지속가능한 발전" 개념으로 이어졌다. 하지만 1990년대부터 자연환경의 보전과 경제발전이 결국 모순적일 수밖에 없다는 비판이 제기되었고, 자연과 경제라는 두 요소만 고려한 지속가능발전 개념의 한계에 대한 지적이 이어졌다. 즉, 자연의 지속가능성과 경제발전 자체가 인구, 기술, 문화풍토 등 다양한 요소들에 의해 영향을 받기 때문에 경제, 자연, 사회의 여러 요소들이 모두 지속가능할 때, 즉 지속가능사회(sustainable society) 속에서만 지속가능발전이 가능하다는 비판이 제기된 것이다. 또한 2000년대 이후에는 지속가능발전의 여러 요소들 가운데 환경을 최상위의 개념으로 설정하고 다른 구성

요소들을 환경의 하위요소로 다루어야 한다는 논의도 등장하게 된다. 그 결과, 생태계와 사회체계를 통합적으로 바라보는 시각 역시 등장했다.

지속가능한 발전 그리고 그 이후에 제기된 지속가능사회 등의 여러 개념들이 전하고 있는 가장 중요한 메시지는 자연에 대해 전례없는 인위적 손해를 입힌 결과 인류 스스로가 자신의 웰빙에 심각한 위협이 되었고 생존까지 위협받게 되었다는 것이다. 산업혁명 이후 대규모로 증폭된 인간의 경제활동은 기후, 물의 순환과 질소의 순환, 바닷물의 성질까지 바꾸고 있다. 또한 인류가 너무 많은 땅을 사용하면서 다른 종들을 멸종 위기로 몰아가고 있다. 인류가 초래한 재앙들 가운데 가장 대표적인 것으로 이른바 '기후변화'에 따른 재앙들이 거론된다. 수문기상학적(hydrometeorological) 재앙으로 알려진 호우, 초대형 폭풍, 고강도 허리케인과 태풍, 대규모 홍수와 가뭄은 인류에 대한 직접적인 피해뿐만 아니라 장기적인 식량 공급을 위협하고 다른 생물종들의 생존을 위협하는 질병과 해충도 확산시키고 있다. 이러한 변화의 심각성 때문에, 영국의 대표적인 언론인 〈가디언(The Guardian)〉은 '기후변화(climate change)' 대신에 '기후비상사태(climate emergency)'나, '기후위기(climate crisis)', '기후붕괴(climate breakdown)' 등과 같은 용어를 사용해야 한다고 주장한다. 또한 '지구온난화(global warming)'라는 용어가 사태를 정확하게 표현하지 못한다고 보고, 이를 '지구가열(global heating)'로 바꿔 부를 것을 제안하고 있다.

지속가능한 발전, 지속가능사회 등 지속가능성과 관련한 개념들은 인간이 유발한 이러한 변화를 깊이 이해할 것을 요구한다. 몇

년 전부터 과학자들은 인류의 탄소 배출이 기후뿐만 아니라 지구의 전반적인 자연시스템을 파괴하고 있다고 경고하고 있다. 지구와 인류의 웰빙에 대한 위협으로 제시된 사례로는 '기후위기'뿐만 아니라 '바다의 산성화', '성층권 오존 고갈', '질소 순환', '인의 순환', '글로벌 담수 사용', '토지 사용의 변화', '생물다양성 감소', '대기 중 에어로졸 밀도', '화학적 오염' 등이 거론된다. 과학자들은 지구를 안전하게 운영하기 위해서 이 각각의 사례들에서 한계치, 즉 '지구위험한계선'을 찾는데 주력하고 있다. 예컨대 산업화 이전 시대에 280ppm 정도였던 대기 중 이산화탄소 농도를 400ppm까지 높이는 것은 위험하며 450ppm까지 올리는 것은 매우 파괴적일 것이라고 경고하고 있다. 하지만 작년과 올해 관측된 이산화탄소 농도는 이미 410ppm을 넘어섰고, 매년 2ppm 이상씩 증가하고 있다. 이에 따라 연평균기온 역시 해마다 최고지를 갈아치우고 있는 실정이다. 위에서 거론한 사례들 가운데, '생물다양성 감소'와 '질소 순환'은 이미 지구위험한계선을 넘어섰고, '기후변화'는 한계치에 근접하고 있다.

제주의 상황은 어떠한가. 한국환경공단의 자료에 따르면, 2013년 353만 톤인 제주도 온실가스 총 배출량은 2030년에는 2005년 대비 59.1% 증가한 567만 톤으로 증가할 전망이다. 대책으로서, 제주는 '카본프리 아일랜드 2030' 계획을 통해 2030년 제주도 내 전력 사용량 100%(4,311MW)를 신재생에너지로 공급한다는 목표를 세웠다. 또한 전기차와 스마트그리드 인프라를 도입하여 제주도의 탄소배출을 "0"으로 만들겠다고 밝혔다. 이에 따라 점점 더 많은 지역에 풍력과 태양광 발전기가 들어서고 있다. 그러나 제주도의 기후변화 대책은 주로 직접적인 산업발전과 연계된 발전설비 분야에 치중해 있고, 자연환경과 생태계 보호는 등한시되고 있다. 특히 각종 대형 개발사업을 추진하면서 산림과 초지의 대규모 훼손과 파괴가 이루어지고 있어서, 제주도의 카본프리 정책은 이율배반적이라고 평가할 수 있다. 환경부에서 2014년도에 펴낸 「통계로 본 국토·자연 환경」 보고서를 보자. 1980년대 대비 2000년대의 산림 및 초지 면적의 변화를 보면, 한라산 국립공원의 존재에도 불구하고 제주의 산림면적 비율은 전국 최하위 수준이며 1980년대 대비 가장 큰 폭으로 감소했음을 한 눈에 알 수 있다. 제주의 오름, 벵디, 목장 등의 존재로 인해 여전히 전국에서 초지 면적 비율이 가장 높지만, 1980년대 대비로 보면 가장 큰 폭으로 감소했음을 알 수 있다. 이러한 산림과 초지 면적의 감소가 자연생태계에 미친 영향은 명백하다. 동식물의 서식지가 대규모로 파괴됨으로써 생물종다양성이 심각하게 위협받았다는 것이다.

위의 환경부 보고서에 등장한 생태자연도[7]를 보자. 생태자연도는 국가환경종합계획, 환경보전중기종합계획 및 시·도의 환경보전계획에 활용되며, 사전환경성검토협의 대상 행정계획 및 개발사업과 환경영향평가 대상사업 등에 활용되는 자료이다. 대한민국 전체를 보면 1등급 7.7%, 2등급 43.1%, 3등급 40.8%, 별도관리지역 8.4%로 구분된다. 제주는 1등급 5.8%, 2등급 15.7%, 3등급 69.7%,

---

[7] '생태자연도'란 산, 하천, 내륙습지, 호소, 농지, 도시 등에 대하여 자연환경을 생태적, 자연적, 경관적 가치 등에 따라 등급화(1~3등급 및 별도관리지역)한 지도로, 자연환경보전법 제34조에 근거한 것이다.

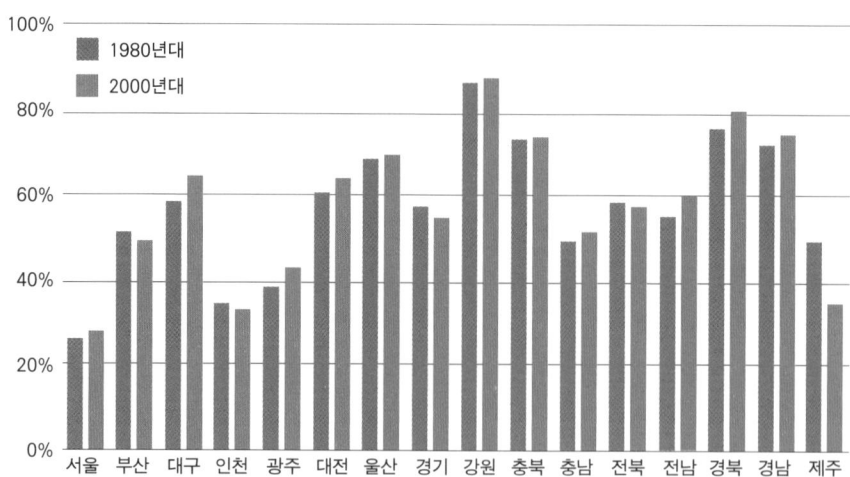

그림 2 한국과 제주의 산림지역 면적 비율 변화
출처: 통계청(2014), 「통계로 본 국토·자연 환경」, 22쪽.

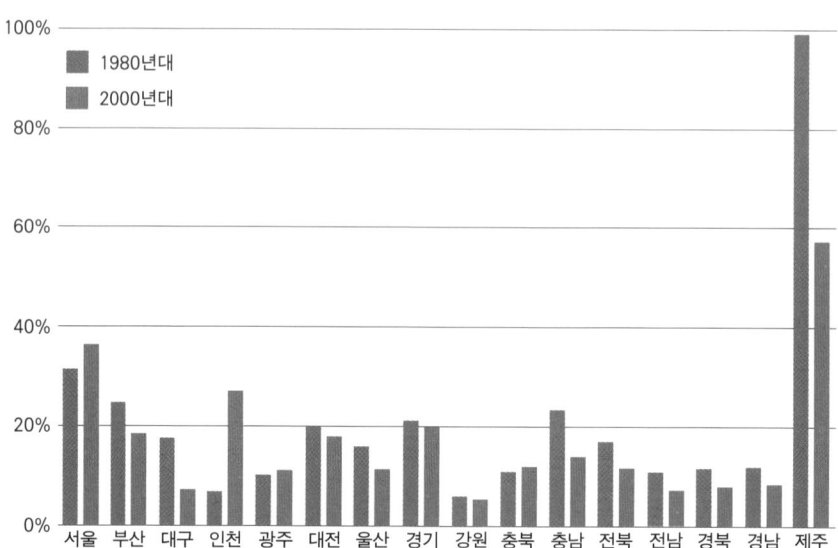

그림 3 한국과 제주의 초지 면적 비율 변화
출처: 통계청(2014), 「통계로 본 국토·자연 환경」, 22쪽.

별도관리지역 8.8%로 나타나고 있다. 전국 대비 1~2등급 지역이 적고 3등급 지역이 압도적으로 많은 것을 알 수 있다.

그렇다면 제주에서는 자연환경과 생태계 보호를 위한 종합적인 계획과 전망을 마련하고 있는가. 그렇지 않다. 제주에서는 1997년부터 환경지표를 개발하고 적용하여 개발과정에서의 환경파괴를 최소화한다는 방침을 세운 바 있다. 대기환경, 소음, 하천 수질, 해양 수질, 지하수 등에서 국가가 권장하는 기준치보다 강화된 기준을 적용한다는 것이었다. 또한 국내에서는 처음으로 지역환경용량을 산정해서 중장기적으로 관리하기로 했다. 예컨대, 적정 자동차 수(24만 대)와 임야(최소 70만 ha), 적정인구(60~70만), 관광객 수(연간 1천5백만 명)을 정해서 지역환경영향을 평가한다는 것이었다.[8] 그러나 제주의 자동차 등록대수는 2017년 말에 이미 50만 대를 돌파한 상태다. 제주의 산림면적은 88,022ha로 제주도 면적 가운데 산림률 47.60%를 보이고 있지만, 이것은 전국의 17개 광역지자체 가운데 13위에 불과한 것이다. 대도시에 해당하는 서울, 부산, 인천, 광주보다는 높지만 대전, 울산, 세종시보다도 낮은 수준이다. 현재 진행되고 있는 대규모 개발사업들이 중산간 지역을 대상으로 하고 있어서 산림의 파괴 정도는 더 심해질 전망이다. 인구는 2019년에 70만 명을 넘어설 전망이고, 관광객 수는 2016년에 1,600만 명에 근접한 상태다.

지난 2006년에 제정되어 3차례 개정된 '제주특별자치도 환경

---

8 〈중앙일보〉, 1997.08.28., "제주도, 환경지표·기준 강화...親환경개발 유도."

기본조례'는 도지사에게 '환경보전기본계획 수립'과 '환경지표 개발'을 의무사항으로 규정하고 있고, 이에 따라 현재 제3차 환경보전중기기본계획(2016-2020)이 수립되어 시행되고 있다. 여기에서 대기질, 수질 및 물관리, 폐기물, 소음·진동, 토양 및 유해물질, 해양환경, 자연환경보전, 환경교육, 국제협력 분야로 나누어 부문별 관리계획을 제시하고 있다. 이 같은 정책의 실행에 있어서 환경기본조례는 도지사에게 다음과 같은 원칙을 부과하고 있다(환경기본조례 제15조 ①항).

1. 자연환경의 보전은 개발보다 우선되어야 하며, 자연의 이용과 개발은 조화와 균형을 유지할 수 있는 범위내에서 이루어져야 한다.
2. 자연환경은 오염과 훼손으로부터 보호되어야 하며, 오염되거나 훼손된 자연 환경은 가능한 한 원래의 상태로 복원되어야 한다.
3. 야생 동·식물은 보호되어야 하며, 그 종족과 서식처는 보존되어야 한다.

위의 원칙들은 제주의 지속가능성을 확보하기 위한 최소한의 조건이며, "인간의 생존과 생활의 기본인 자연환경과 생태계"를 보전하기 위해 반드시 필요한 원칙이라고 할 수 있을 것이다.

그렇다면 이와 같은 원칙들이 제주도의 개별 개발사업에 얼마나 실효성있게 적용되고 있는가? 그리고 지속가능성을 확보해야 한다는 인류 공동의 책무 속에서 제2공항 사업을 어떻게 평가할 수 있을 것인가? 우선 지적해야 할 부분은 제2공항을 추진하는 과정 전반에 걸쳐 기후위기와 지속가능성에 대한 놀랄 정도의 '무관심'이다. 제주도정은 '카본프리 아일랜드'나 '세계환경수도'와 같은 계획과 제2공항 사업이 어떤 관계에 있는지에 대해 어떤 언급도 없다. 국토부는 제주의 자연환경이 지니는 가치를 의도적으로 축소하고 자의적인 기준을 적용한 사전타당성 검토 용역 결과에 대한 비판의견을 전혀 받아들이지 않고 있다.

무엇보다 제주공항 인프라 확충 자체가 절대적인 정당성을 가진 것으로 인정되면서, 수요관리를 통한 현 상황의 유지나 환경적 재조정, 생태적 전환의 필요성은 제주도민이 선택할 수 있는 대안의 영역에서 완전히 제외되었다. 우리는 제2공항 문제에 대한 시민적 대안의 하나로서 그리고 생태적 전환을 향해 나아갈 출발점으로서 공항이용객 규모에 대한 수요관리정책의 필요성이 제주도민의 공론장 속에서 논의될 필요가 있다고 생각한다. 어떤 사람들은 지구적 규모의 환경위기에 대처하기 위한 공동의 노력에 대해 "먹고 살기도 힘든데, 한가한 소리를 한다"고 폄하할 지도 모른다. 하지만 앞에서 언급된 여러 보고서와 통계수치들을 보면 환경적 위기의 현실을 더 이상 외면할 수 없는 상황이다. 제2공항 추진 과정에서 폄하되었던 제주의 환경적 가치도 재평가되어야 한다. 비자림로 공사 현장에서 며칠 동안 시민들이 밤새워 새들의 울음소리를 녹음하고 전문가들에게 자문을 구해서 팔색조와 같은 멸종위기종 동식물들을 발견해 낸 것처럼, 공항 문제의 대안들 역시 제주의 자연환경이 지닌 가치의 발견과 평가 속에서 검토되어야 할 것이다.

소결: 지속가능하며 정의로운 제주를 위한 조건들

앞에서 살펴본 것처럼, 우리는 지금 기후변화를 넘어 '기후위기'의 시대를 살고 있다. 이와 같은 환경위기는 자원·에너지 위기나 경제위기와 결합되어 있고, 경제적 이익뿐만 아니라 안전과 위험의 공정한 분배와 해결을 요구하는 시민들의 저항을 낳고 있다. 그러나 이러한 위기들을 무시하거나 위기에 편승하여 정치경제적 이익을 획득하려는 기득권 세력의 존재로 인해 정치적 갈등과 위기 역시 고조되고 있다. 그리고 이와 같은 위기와 전환의 시대적 흐름에서 제주 역시 예외가 될 수 없다. 즉, 현재 제주 제2공항을 둘러싼 갈등은 복합위기의 시대 속에서 불안과 위험을 느끼면서 체제의 전환을 요구하는 시민들과, 지금까지 관광개발의 과실을 독점하면서 그것이 야기하는 부정적인 결과들에 애써 눈감아 온 정치경제적 권력과의 대립이다. 또한 동료 시민들과의 연대와 창의적인 사고를 통해 문제를 적극적으로 해결하려는 시민들과, 과거와 동일한 방식으로 경제적 이익만을 위해 맹목적으로 질주하는 관료 집단과의 갈등이라고 할 수 있다. 이 같은 갈등을 해결할 수 있는 유일한 길은 우리가 직면하고 있는 다양한 현실의 위기와 가능성을 냉철하게 인식하고, 풀뿌리 민주주의에 기반한 공론을 형성함으로써 제주 도민사회 전체가 이 문제적 과정에 책임감 있게 참여하는 것이다.

  제주 도민사회가 이 문제들을 진지하게 대면하기 위해서는 우리에게 주어진 책무의 존재를 인식하는 것이 중요하다고 생각된다. 우선, 기후변화를 넘어서 기후위기의 시대를 맞이하고 있는 현 세대의 인류와 미래세대에 대한 책임이다. 제주는 섬이라는 어느 정도 독립적인 지리 속에 놓여 있지만 제주의 환경과 사회는 지구 수준에서의 환경과 세계시민사회와 연결되어 있다. 따라서 제주의 개발로 인한 효과는 곧바로 주변 지역에 영향을 미치며, 세계적인 변화들 역시 제주에 영향을 미친다. 제주에서 발생하는 쓰레기를 다 처리하지 못해서 필리핀으로 불법 수출한 것이나, 중국의 급격한 개발로 인한 황사와 미세먼지가 제주에도 심각한 문제를 낳고 있는 것은 단지 하나의 사례에 불과하다. 과거처럼 우리 자신의 이익과 이해관계만을 고려해서 근대화와 개발로 질주하는 방식으로는 지속가능한 미래를 보장받을 수 없는 시대가 도래한 것이다. 따라서 더 이상의 난개발과 자연의 훼손을 방지하는 문제는 제주를 살아가는 우리 자신의 과제임과 동시에 인류사회에 대한 책무이기도 할 것이다.

또한 제주의 자연환경을 터전으로 살아가는 비인간 존재들에 대한 책무를 생각할 필요가 있다. 지속적인 경제 위기 속에서 이와 같은 요구를 한가한 소리로 치부하려는 경향도 존재한다. 그러나 한국경제의 성장률은 추세적으로 하락해 왔고 이것은 세계경제 역시 마찬가지다. 한 동안 세계경제 성장을 이끌어 왔던 중국경제 역시 성장 속도가 느려지고 있다. 세계경제 전체가 저성장 혹은 제로성장의 시대로 접어든지 오래다. 이 같은 현실을 냉철하게 판단하면, 지금 우리에게 필요한 것은 경제성장만을 위한 맹목적인 질주로부터 벗어나 탈성장사회로의 진입을 위한 준비라고 할 수 있을 것이다. 그리고 그 가운데 하나는 삶의 질의 핵심적인 요소로서 자연친화적이며 생태적인 삶의 방식을 복원하는 것이라고 할 수 있다. 멸종 위기에 처해있는 다양한 생물들과 공존하는 형태로 인간의 삶의 방식을 전환하는 것이 인간 자신에게도 이롭다는 인식의 전환이 절실하다.

　나무들이 무참히 베어진 비자림로의 폐허에서 시민들이 발견한 것들을 되돌아 보자. 제주도가 2015년 3월에 공개한 '비자림로 도로 건설 공사 소규모환경영향평가서'에서는 "계획노선에 멸종위기야생동·식물, 주요 철새도래지, 각종 보호 야생 동·식물의 서식지는 없는 것으로 조사됨"이라고 나와 있다. 하지만 시민들은 비자림로의 폐허에 텐트를 치고 전문가들의 자문을 얻어 생명들의 목소리에 귀를 기울였다. 녹음기를 들고 숲으로 들어가서 밤을 새면서 기록했다. 그러자 팔색조와 애기뿔쇠똥구리를 비롯한 멸종위기종 동식물들이 다수 서식하고 있으며, 다양한 종류의 양치식물들이 서식하고 있는 것이 발견되었다. 한마디로 비자림로 숲은 인간들이 단순히 '가치 없음'이라고 평가내릴 수 없는 다양한 가치를 지닌 풍부한 생명의 숲이었던 것이다. 비자림로 공사는 다시 중단될 수밖에 없었지만, 비자림로의 생태계는 이미 심각한 상처를 입은 후였다. 자칭 전문가들의 허술한 조사와 오만한 행정이 결합하여 빚은 결과였다. 시민들의 행동과 항의가 없었다면 '가치 없음'이라는 거짓과 오만이 사실과 진실로 굳어졌을 것이다.

　우리는 인간의 잘못된 판단과 행동이 미치는 파괴적인 영향을 비자림로의 숲에서 또 한번 확인했다. 지구적 규모의 기후위기와 비자림로의 소동을 통해 우리가 얻은 결론은 명확하다. 제주 섬을 모든 생명들이 안전하고 평화롭게 살 수 있는 곳으로 만들어야 인간의 행복과 지속가능한 삶도 보장된다는 것이다. 그리고 그런 제주를 만들기 위해 제주사회 스스로가 모든 생명들이 마주하는 위험과 취약성에 민감한 공동체로 탈바꿈하지 않으면 안 된다는 것이다.

2

제2공항 너머, 시민의 대안

성산 제2공항 건설안:
부실과 거짓 위에 쌓은 모래성

사진: 김수오 작가

제3장 제2공항 '사태'의 전말

1. 2015년 11월 10일

'날벼락'이었다!
박근혜 정부 시절인 2015년 11월 10일 '제주 제2공항' 건설사업 계획이 '성산 입지선정'과 함께 발표되었다. 지역 언론과 중앙의 언론을 통해 알려지기까지 지역의 주민들에게는 아무런 정보도 주어지지 않았다.

국토교통부와 제주특별지치도는 이날 오전 10시 제주도청 탐라홀에서 원희룡 제주도지사와 구성지 제주도의회 의장, 손명수 국토부 공항항행정책관, 용역을 수행한 한국항공대 김병종 교수 등이 참석한 가운데 '제주공항 인프라 확충 사전타당성 검토 용역 최종 발표 보고회'를 개최했다. 국토부는 이날 발표를 통해서, 제주공항이 2018년이 되면 포화될 것으로 예상된다며, 이에 대한 대안으로 기존공항 확장, 기존공항 폐쇄 및 신공항 건설, 기존공항 유지 및 제2공항 건설 등 3가지 대안을 놓고 검토해 왔다고 밝혔다. 이 가운데 신공항 건설안은 2015년 9월 8일의 2차 도민설명회에서 배제되었고, 기존공항 확장안은 대규모 바다 매립이 불가피해 해양환경 훼손과 공사비가 9조 4천억 원이나 들어가는 문제점이 있다고 했

그림 4 국토부가 밝힌 제2공항 입지
출처: 국토교통부 발표

다. 마지막으로, 제2공항 건설안은 제주공항을 그대로 운영하면서 활주로 1본의 신공항을 추가로 건설하는 방안으로, 환경훼손이 적고 상대적으로 공사비(4조1000억 원)도 적게 들어가는 것으로 나타났다. 또 2개 공항 운영에도 문제가 없는 것으로 확인됐다고 국토부는 설명했다.[9]

원희룡 제주도지사는 구성지 제주도의회 의장과 공동 명의로

---

9 〈제주의소리〉, 2015.11.10., "제주 신산리에 제2공항 건설…2025년 이전 개항"; 〈헤드라인제주〉, 2015.11.10., "제주 신공항 건설 확정…성산읍 신산리에 '제2공항'"

이를 환영하는 〈담화문〉을 발표했다. 원 지사는 담화문을 통해 "지난 25년간 논의만 거듭하면서 표류하던 제주공항 인프라 확충 방안이 이제 명확한 결론을 내고 역사적 대사업의 첫발을 내디디게 되었다"고 강조했다. 그리고 바로 이튿날 급거 상경, 청와대와 국회를 방문하여 조속히 이를 추진해주도록 요청하고 나섰다. 원 지사는 청와대를 방문한 자리에서 "예비타당성 조사를 비롯해 공사 중 거쳐야 할 여러 행정절차가 빨리 진행될 수 있게 박근혜 대통령의 의지로 뒷받침해 달라"고 요청했고, 이병기 대통령비서실장은 "박 대통령께서도 제주공항을 매우 중요하게 생각하고 있다. 조속하고도 안전한 건설을 위해 최대한 뒷받침하실 생각"이라고 화답했다. 안종범 경제수석은 "제주공항은 다른 지역 공항들과 연계돼 있어 대한민국 전국 각 곳의 지역경제 활성화에 중요하다. 최대한 빠른 시일 내에 공항이 완성될 수 있도록 돕겠다"고 약속했다.[10]

제주도정이 '제주 미래 100년 프로젝트'라고 명명했던 이 사업은 가까운 미래에 현 제주공항이 포화 상태가 될 것이므로, 가능한 대안들 가운데 비교적 합리적인 대안인 제2공항을 건설한다는 산단한(?) 결론을 내리고 있는 것처럼 보인다. 그러나 애초에 제주 미래 100년을 내다보는 프로젝트는 몇몇 전문가들이 간단히 결론을 내릴 수 있는 사안도 아니었고, 결정의 과정과 절차 역시 전혀 합리적이지 않았다. 거기에는 여론 반발을 최소화 하려는 정치공학, 더 많은 성장과 관광개발을 원하는 지역 관광업계의 이해관계, 대규모

---

10 〈프레시안〉, 2015.11.12., "제주 2공항 후보지 '깜짝 발표'… 정작 웃는 이들은?"

개발사업을 유치하여 정치적 영향력을 확보하려는 지역 정치권의 이해관계, 부동산 투기에 뛰어든 수많은 부동산개발업자의 이해관계, 지역 주민들의 의사를 고려하지 않는 일방적이고 독선적인 관료행정 등이 복합적으로 개입되었고, 이 모든 이해관계는 허위 정보와 거짓으로 쌓아 올린 부실하기 짝이 없는 용역보고서에 의해 그럴듯한 결론으로 종합되었다.

앞에서 살펴본 것처럼, 제주에서는 근대화 과정에서 공항의 확충을 바라는 움직임이 계속해서 존재하고 있었다. 1970년대 이후 항공수요가 급증하자 정부는 1975년부터 제주 신공항 건설을 추진하기 시작한다. 1976년에는 국제민간항공기구(ICAO)에 요청해 제주국제공항 확장 타당성을 조사하면서, 그 안에 '신공항' 건설안을 포함시키고 구좌읍 월정리를 제1후보지로 낙점하기까지 했다. 하지만 우여곡절 끝에 1978년에 기존공항 활주로를 3km로 확장시키는 것으로 최종 결론이 내려졌다. '신공항'안이 다시 떠오른 것은 1989년에 노태우 대통령이 제주를 방문했을 때 "세계적인 관광지인 제주의 관문 제주국제공항의 수용능력이 부족하므로, 새로운 공항이 필요하다"고 언급한 것이 계기가 되었다. 이에 1990년 4월 교통부는 제주권 신국제공항 개발 타당성 조사를 실시했지만, 1990년대 초반 여러 대규모 건설 프로젝트로 인한 재정난 때문에 제주 신공항은 계속해서 연기되었다.

그리고 2006년에는 제주공항 이용 인원이 2020년 이후 수용능력을 초과할 것이라는 연구보고서가 발표되고, 2007년 대선 과정에서 이명박 후보가 제주신공항 개발사업을 공약으로 내세운다. 이에 제주신공항건설 범도민추진협의회가 출범하기도 하지만, 2008년

이명박 대통령은 신공항 개발사업을 전격 유보한다. 2010년 우근민 제주도지사는 제주 신공항 조기건설을 중앙정부에 건의하고, 2010년 6월에는 제주도가 발주한 제주공항 개발구상 연구 용역을 국토연구원이 시행하여 2012년 4월에 「제주 공항 개발구상 연구」 보고서가 공개된다. 연구 과제는 기존공항 확장과 신공항 건설 두 가지 대안에 대한 비교 검토였는데, 신공항의 경우에는 김녕, 신도, 신산, 위미 등 4곳이 후보지로 선택된다. 그리고 2012년 10월 대선과정에서는 박근혜 후보가 '제주 공항인프라 확충'을 공약으로 채택한다.

국토교통부가 발주하고 한국항공대가 시행하여 2014년 9월에 발표한 「제주 항공수요조사 연구('13.8~'14.8)」 용역은 2018년에 제주공항 수용능력이 한계를 넘어설 것으로 보고 2035년 경에 항공여객이 4,500만 명에 이를 것으로 추정했다. 이를 근거로, 2014년 12월부터 1년간 「제주 공항인프라 확충 사전타당성 검토 연구」 용역이 시행된다. 이 사전타당성 연구는 2045년을 목표연도로 항공이용객 4,500만, 운항횟수 연간 29.9만 회가 가능한 공항 인프라 확충이 필요하다는 전제 하에, 최적의 대안으로는 '제주 제2공항'을, 최적의 입지로는 '성산읍 지역'을 특정하는 결과를 내놓는다. 그리고 2015년 11월 10일, 공항인프라 확충을 위한 계획을 발표하기에 이르렀던 것이다. 2017년 착공, 2025년 완성을 목표로 하는 것이었다.[11]

---

11 보고서 원본은 온-나라 정책연구 홈페이지(http://www.prism.go.kr) 참조.

2. 부실과 조작 의혹 위에서 갈등이 폭발하다

예상치 못했던 '성산'공항 소식에 지역주민들은 반대대책위를 꾸리는 등 즉각 반발하고 나섰다. '제2공항' 논란은 공항부지로 특정된 성산지역 주민들을 중심으로 "왜 사전에 주민들과 협의하지 않았느냐?"로 시작하여 "왜 우리 지역이냐, 성산을 입지로 선정한 근거가 타당한가?"로 이어지더니, 점차 제주도 전역에서 개인과 시민사회단체들이 가세하면서 "과연 제2공항이 필요한가?"라는 차원의 문제제기로 확산되어 왔다.

성산에 제2공항을 건설한다는 용역 결과가 발표된 직후인 11월 16일 온평리를 필두로 수산1리, 신산리, 난산리 등에서 마을별 비상대책위가 잇따라 구성되어 제2공항 반대투쟁에 나섰다. 마을별 집회가 열리고 1월 11일 성산체육관에서 열릴 예정이던 '제주 공항인프라 확충 사전타당성 최종보고서 주민설명회'는 단상을 점거한 주민들의 저지로 급히 성산읍 사무소로 옮겼으나 여기서도 몸싸움이 벌어지면서 파행을 겪었다. 난산리 주민 김경배 씨는 겨울 내내 제주도청과 여의도, 청와대, 한국개발연구원 등을 전전하며 1인 시위를 벌였다. 수산, 난산, 신산 세 마을대책위는 연대하여 주민수용성, 하도 철새도래지 문제, 용암동굴 조사 부실 등 사전타당성 용역의 문제점을 파헤치면서 여론전과 투쟁을 이어나갔고, 7월 25일에는 3개 마을이 연합한 '제주제2공항성산읍반대대책위원회(이하 성산읍대책위)'가 공식 출범했다. 반면 온평리 비상대책위원회는 성산읍대책위에는 참여하지 않고 독자적인 활동을 벌였다.

시민단체들의 대응은 조금 늦게 시작되었다. 2016년 5월 서울에서 '육지사는 제주사름'이 갈등해결전문가인 강영진 박사와 수산리 비상대책위원회 오신범 홍보차장을 초청하여 제2공항 추진과정과 사전타당성 용역의 문제점에 대한 공개토론회를 열었다. 이어 제주지역시민사회단체들도 '제2공항 시민사회 원탁회의'를 구성하여 7월 29일 제주도의회에서 '제2공항 해법모색을 위한 토론회'를 개최하였다. 이어 9월에는 14개 단체가 참여한 '제2공항 전면재검토와 새로운 제주를 위한 도민행동'(이하 도민행동)이 출범하여 본격적으로 제2공항 반대운동에 나섰다. 성산읍대책위와 도민행동은 사전타당성 용역 부실과 조작 의혹, 동굴 조사 필요성, 공군기지 의혹 등을 제기하며 국정감사에서 제2공항을 쟁점화하고 예비타당성 용역 중단을 요구했다.

대책위와 도민행동은 연대하여 사전타당성 용역의 각종 문제점과 의혹을 지속적으로 제기하였다. 2016년 11월 24일에는 위성곤 의원실 주재로 국회에서 반대 측 주민, 시민단체 대표와 국토부 및 사전타당성 연구진이 참가한 가운데 과업지시서 위반, 대안산 비교검토의 불균형, 동굴조사 부실, 정석비행장 안개일수 의혹, 정석비행장 활용시 부소오름 절취 문제, 소음피해 보상 범위 문제, 주민수용성과 절차 문제 등에 대해 7시간 동안 쟁점 집중토론회를 열기도 했다.

한국개발연구원이 시행한 예비타당성 검토가 2016년 12월에 발표되었다. 예비타당성 검토는 주로 사업이 경제성이 있느냐를 검토하는 것이다. 예상대로 비용-편익분석이 1.23으로 경제성이 있다는 결과가 나왔다(비용-편익분석이 1 이상이면 경제성이 있는 것으로 판단한다). 그러나 사전타당성 당시 비용-편익 분석 10.58에 비하면 1/9로 줄어든 것으로, 사전타당성 검토가 얼마나 엉터리였는가를 보여준다. 이와 함께 수평표면과 원추표면에 저촉되는 오름이 10개나 되고, 선회비행할 때 한라산 방향을 사용하지 않고 바다 방향만 사용하는 절차를 수립하더라도 대수산봉은 잘라내야 한다는 사실도 확인되었다. 용암동굴에 대한 면밀한 조사 필요성도 지적되었다.

예비타당성 검토를 거친 국토부는 2017년에 기본계획 수립 용역을 시행하려고 했다. 성산읍대책위와 도민행동은 지역 국회의원들을 압박하는 등 기본계획 예산을 저지하기 위한 투쟁을 벌였다. 결국 총 47억 원의 기본계획 예산은 통과되었지만, '예산을 집행함에 앞서 공항예정지역 및 소음피해지역 주민들과의 충분한 협의를 통하여 사업추진을 둘러싼 갈등을 사전에 방지할 수 있도록 방안을 마련한다'는 부대조건이 붙었다. 이 부대조건 때문에 국토부는 곧바로 기본계획에 착수하지 못했다. 주민과의 협의가 진행되지 않은 가운데 국토부는 5월 24일 '제주 제2공항 건설 동굴 등 현황조사 및 전략환경영향평가 용역'을 공고했다. 원래 전략환경영향평가는 기본계획을 전제로 그에 따른 환경영향을 평가하는 것으로 기본계획과 동시에 발주되어야 한다. 그런데 동굴조사 부실 문제가 계속 제기되자 동굴조사를 포함한 전략환경영향평가를 먼저 발주한 것이다. 이 용역은 ㈜선진엔지니어링종합건축사무소와 ㈜퍼스트엔지니어링이 총 6억6천억 원에 낙찰을 받아 2017년 7월부터 1년간 수행하게 되었다. 그러나 지역주민들과 도민행동은 사전타당성 용역에 대한 검증부터 실시하라며 이를 거부했고 8월 29일 예정된 주민설명회도 주민들의 저지로 무산되었다.[12]

---

12   2019년 8월 22일 '제주 제2공항 건설사업 전략환경영향평가서(초

이처럼 국토부는 '주민과의 충분한 협의를 통한 갈등 해소'라는 기본계획 예산 부대조건에 대한 이행 없이 전략환경영향평가 용역에 착수한 데 이어 기본계획 수립 용역도 발주할 움직임을 보이고 있었다. 제주도 역시 '제2공항 주변지역 발전 기본구상 용역'을 추진하며 국토부의 일방 추진 움직임에 장단을 맞추었다. 9월 18일에는 국토부와 제주도가 공동으로 서귀포 김정문화회관에서 제2공항 추진상황 설명회를 강행하려다 또다시 주민과 시민들의 항의로 무산되었다.

　　2017년 10월 10일 성산읍대책위와 도민행동은 도청 앞에서 천막농성에 돌입했다. 난산리 주민인 김경배 성산읍대책위 부위원장은 농성과 함께 단식에 들어가 42일에 이르는 단식투쟁을 벌였다. 김경배 씨 단식 35일째인 11월 13일 대책위와 제주도는 (1)사전타당성 용역과 관련된 부실의혹 해소를 위해 검증조사와 제2공항 기본계획 용역을 분리 추진하도록 국토부에 요구하고, (2)사전타당성 검증에 공정성을 기하며, (3)사전타당성 검증결과가 기본계획 발주 여부를 결정하는 구속력을 갖는 것 등을 합의했다. 그러나 대책위와 제주도가 합의하여 보낸 요청에 대해 국토부는 타당성 재조사를 수용한다고 하면서도, 재조사는 전문기관의 용역에 맡기고 그 결과와 후속조치에 대해 전문기관의 의견에 따라야 한다는 입장을

안) 공청회'가 성산국민체육센터에서 열렸다. 전략환경영향평가서에서는 해당 지역의 숨골이 8곳이라고 했지만, 주민과 전문가로 구성된 동굴숨골조사단이 한 달도 안돼 61곳을 추가로 발견한 내용이 발표되었다. 전략환경영향평가 역시 부실로 판명난 것이다.

밝혔다. 대책위는 이를 거부하고 농성을 계속하는 한편, 11월 28일부터 12월 1일까지 민주당 제주당사 농성에 이어 12월 6일부터는 광화문으로 옮겨 환경운동연합, 녹색당, 육지사는 제주사름 등과 함께 상경 농성을 벌였다. 12월 19일에는 청와대 분수대 앞에서 긴급기자회견을 열고 강원보 집행위원장 등 5명이 기본계획 절차 중단과 공정한 타당성 재조사를 요구하며 삭발투쟁에 나서기도 했다.

성산읍대책위는 사전타당성 용역의 의혹을 검증하기 위해 주민 추천위원이 용역연구에 공동으로 참여할 것을 요구했으나 국토부는 전문기관의 용역에 맡겨야 한다는 입장을 완강하게 고수하면서 '제2공항 입지선정 타당성 재조사 및 기본계획 수립 용역' 발주를 강행했다. 결국은 타당성 재조사를 용역 방식으로 진행하되, 재조사 용역의 투명성과 공정성을 확보하기 위해 검토위원회를 구성하는 합의가 이루어졌다. 그런데 국토부는 타당성 재조사 및 기본계획 수립 용역을 수행할 업체로 사전타당성 검토를 수행했던 ㈜유신 컨소시엄을 선정하여 반발을 자초했다. 논란이 계속되자 결국 ㈜유신이 계약을 포기하면서 6월 29일 새로운 용역업체로 포스코엔지니어링 컨소시엄이 선정되었다. 그 중에서 타당성 재조사 용역은 아주대학교 산학협력단이 맡아서 3개월 동안 진행하고 그 결과에 따라 기본계획 등 후속조치를 실시한다는 것이었다. 그러나 국토부가 이렇게 기본계획과 재조사 용역 절차를 일방적으로 진행하는 동안 재조사 용역을 감시할 검토위원회 구성은 지지부진했다. 끝까지 논란을 벌였던 쟁점은 크게 두 가지였다. 하나는 운영기간으로 대책위는 6개월 이상을 요구했으나 국토부는 3개월을 고집한 끝에 3개월 운영하되 필요시 2개월 연장 운영하기로 합의했다.

또 하나는 공론조사의 비중 문제였다. 재조사 용역의 결과는 뻔히 예상할 수 있었고, 검토위원회는 국토부와 대책위 동수로 구성되기 때문에 결론을 내리기 어려운 상황에서 결국은 공론조사 결과의 구속력을 놓고 팽팽하게 맞섰던 셈이다. 대책위는 '제주도 또는 제주도의회 등이 공론조사를 시행할 경우, 국토부는 그 결과를 존중하여 후속조치에 반영하며 전문기관 조사결과, 검토위원회 권고 등을 종합하여 관련법에 따라 처리한다'는 의견을 제시했다. 공론조사 결과를 가장 중시해야 한다는 의미였다. 그러나 국토부는 '타당성 재조사 연구기관의 조사결과, 검토위원회의 권고, 공론조사 시행시 그 결과를 모두 함께 존중한다'는 입장을 견지했다. 재조사 용역 기간이 한 달도 남지 않게 되면서 이에 대해서는 명문화를 하지 못한 채 추가적으로 협의해 나가기로 하고 일단 검토위원회를 구성, 가동하게 된다.

결국, 국토부는 대책위에서 양보한 이 두 조항 모두를 악용했다. 우선 3개월이 경과한 시점에서 검토위원회에서 하기로 합의한 과제들이 남아있었는데도 2개월 연장을 거부하고 파행적으로 종료시켜버렸다. 그리고 이후 당정협의에 따라 검토위원회를 재개하는 과정에서 국토부는 공론조사에 대해서는 합의된 사항이 없었으므로 아예 언급조차 할 수 없다는 입장을 고수했다. '타당성 재조사 연구기관의 조사결과, 검토위원회의 권고, 공론조사 시행시 그 결과를 모두 함께 존중하는 것이 바람직하다'는 장관 명의의 공문 내용조차 없었던 일로 치부해 버린 것이다.

국 토 교 통 부

수신 제주 제2공항 성산읍 반대 대책위원회
(경유)
제목 제주 제2공항 입지선정 타당성재조사 검토위원회 구성·운영 관련 의견회신

1. 귀 위원회에서 우리부로 송부한 의견서('18.8.14)에 대한 우리부 검토의견을 아래와 같이 알려드립니다.

- 아 래 -

○ 객관적이고 과학적인 타당성 재조사를 위해 정부는 예산을 투입하여 전문기관이 용역을 수행토록 하였으며, 이에 따라 우리부는 객관적 재조사 결론도출과 예산집행 측면을 종합 고려시 '타당성 재조사 연구기관의 조사결과', '검토위원회 권고', '공론조사 시행시 그 결과' 모두를 함께 존중하는 것이 바람직하다고 판단되며,

○ 또한, 정부는 국민의 안전과 편리를 위해 '제주공항인프라 확충'의 조속한 추진이 필요하다고 판단되는 만큼, 공론조사 실시기한에 대한 사전 미협의시 의사결정의 장기화 등으로 인해 국민의 안전을 보장해야 하는 정부의 역할을 적기에 수행하는 것에 대한 차질이 우려되는 바, 공론조사를 실시할 시 그 기간을 '검토위원회 운영기간 중'으로 명시하는 것이 필요하다고 사료됨.

2. 우리부는 제주 2공항 입지선정 타당성 재조사 연구와 관련하여 귀 위원회를 포함한 다양한 이해관계인(단체)의 의견을 충분히 수렴하며 진행하기 위해 최선의 노력을 기울이고 있으며, 이와 관련하여 검토위원회 구성·운영 등 방안에 대해서도 귀 위원회에서는 우리부의 입장을 고려하여 전향적으로 협의·검토해 주실 것을 당부드립니다. 끝.

주무관		시설사무관		신공항기획과 전결 2018. 9. 3.	
조만기		전진		과장	주종완
협조자					

시행 신공항기획과-1306 (2018. 9. 3.)   접수

우 30103 세종특별자치시 도움6로 11 국토교통부 / http://www.molit.go.kr

전화번호 044-201-4139 팩스번호 044-201-5653 / s21975@molit.go.kr / 비공개(5)

일자리가 성장이고 복지입니다.

그림 5 검토위원회 구성 직전에 대책위에 보낸 국토부의 공문

3. 파행으로 끝난 제1기 검토위원회

타당성 재조사와 검토위원회의 구성은 김경배 씨의 단식을 포함하여 지난한 투쟁의 작은 결실이었다. 물론 여기에는 국회에서 기본계획 예산이 통과될 때 붙은 '주민과의 충분한 협의'라는 부대조건과 함께 촛불혁명으로 문재인 정부가 들어서는 정치적 상황도 크게 작용했다. '절차적 투명성과 주민과의 상생방안 마련을 전제로 제2공항의 조기개항을 적극 지원한다'는 문재인 대통령의 선거공약 자체는 모순이고 이중적이었다. 주민들은 당연히 '절차적 투명성'을 내세워 투쟁했고, 국토부는 '조기개항'에 방점을 찍고 절차를 진행하려 하였다. 그러나 국토부로서도 '절차적 투명성'이라는 공약 자체를 완전히 무시할 수는 없었다. 국토부는 시종일관 타당성 재조사와 검토위원회를 형식적 통과의례로 간주했다. '중대한 오류가 확인되지 않는 한 계획대로 추진한다'는 국토부와 제주도정의 입장은 사실 어떤 문제가 나와도 '중대한 오류는 아니다'라고 결론을 내리겠다는 의미를 함축하고 있었다.

이런 상황에서 검토위원회에 참여해야 하는지에 대한 우려가 나오는 것은 당연했다. 그러나 선택의 여지가 없었다. 검증을 요구해 놓고 불참한다면 역선전으로 명분을 잃을 우려도 있었다. 투쟁의 동력이 저하된 상황에서, 새로운 돌파구가 필요한 상황이었다. 어쨌든 검토위원회가 운영되면 언론과 도민들의 관심이 집중되기 마련이다. 그렇게 관심이 집중되고 이슈화가 되는 상황에서 성산제2공항 추진에 반대하는 명분과 논리를 더 쌓고 도민의 여론을 움직여야 투쟁의 동력도 다시 일으킬 수 있다는 것이 당시 대책위와 범도민행동의 판단이었다.

지지부진한 협상 끝에 국토부와 대책위가 7명씩 추천하는 검토위원회가 9월 19일 가동되었다. 검토위원회는 '입지선정 타당성 재조사'의 객관성과 투명성, 공정성을 확보하기 위해 '재조사' 용역 과정을 철저하게 모니터링하여 그 결과를 재조사 과정에 반영시키도록 하는 것, 그리고 그 과정을 주민들에게 알리면서 여론을 최대한 수렴하는 것을 주목적으로 하는 기구였다. 검토위원회 운영규정(제1조 목적)에 의하면, 검토위의 기본 임무는 다음 네 가지로 규정되어 있다.

1. 타당성 재조사 연구진의 연구 정기적 모니터링
2. 그 과정에서 제기되는 다양한 문제점 검토
3. 도민들의 의견 수렴
4. 최종 권고안 제시

처음 두 번의 회의는 상견례와 운영규정, 의제와 일정 논의였기 때문에 실질적인 논의가 시작된 것은 한 달 뒤인 10월 18일부터였다. 검토위원회가 파행종결된 12월 13일까지 두 달 동안 타당성 재조사 연구진의 보고를 듣고 토론을 통해 쟁점을 도출하고 자료를 요구하면, 연구진이 다음 회의까지 제출해서 다시 토론하는 방식으로 진행되었다.

검토위원회에서 다루어진 쟁점은 크게 세 가지였다. 첫째는 공항확충의 규모와 관련된 항공수요의 문제였다. 사전타당성 연구진이 제시한 수요예측(2045년 4,560만 명)이 타당한지도 문제였지만(예비타당성 검토에서 500만 명 축소), 대책위측에서 집중해서 제기한 문제는 단순 수요예측이 아니라 제주도의 환경·사회적 수용력과 지속가능성을 고려한 적정수요 목표를 세우고 이에 따라서 확충의 필요성과 규모를 판단해야 한다는 것이었다. 국토부측은 제주도의 상황에 대해서는 어느 정도 공감하지만 수용력을 고려하는 적정수요를 설정할 수 있는 제도화된 지침이나 방법론이 없고 사례도 없어서 현재로서는 불가능하다고 맞섰다.

두 번째 쟁점은 확충대안 비교검토가 공정하고 충실하게 이루어졌느냐 하는 문제였다. 사전타당성 검토에서는 용역 중간에 제주도지사의 요청으로 신공항 건설안(기존공항 폐쇄)이 배제되고, 기존공항 확장안도 단 하나의 안만 겨우 2쪽으로 간단히 검토하여 탈락시켜 버렸다. 그리고 제2공항 건설안만을 집중적으로 검토했다. 세 가지 카테고리별로 여러 대안들을 비교 검토하여 대표대안을 도출하고, 각 카테고리의 대표대안을 다시 비교 검토해서 최적대안을 선정하라는 과업지시서를 위반한 셈이었다.

셋째는 제2공항을 전제로 하더라도 성산을 입지로 선정한 평가가 타당하게 이루어졌느냐 하는 문제였다. 이와 관련하여 평가방법론에서부터 성산, 신도, 정석 등 주요 후보지에 대한 평가에 수많은 의문이 제기되었다. 검토위원회가 열리기 전까지는 2단계에서 탈락한 정석 후보지와 관련하여 안개일수의 근거자료와 산정방법, 공공시설지원, 오름 절취 여부 등 평가의 공정성과 방법론 문제가 가장 큰 쟁점이었다. 이 문제는 검토위원회에서도 해소되지 못했다. 그러나 더 크게 부각된 새로운 쟁점은 최종 3단계에 올라갔다가 2위로 탈락한 신도2 후보지 문제였다. 신도2 소음등고선과 관

표 2 제2공항 입지선정 재조사 검토위원회(제1기) 경과

1차	2018. 9. 19. 한국공항공사	검토위원 상견례, 위원장 선출
2차	2018. 10. 04. 설문대여성센터	운영규정 채택, 일정과 의제 논의
3차	2018. 10. 18. 한국공항공사	재조사용역팀 1차 보고 및 토의. 공항 확충의 필요성과 규모 (수요예측 vs 사회경제적 수용력과 지속가능성)
4차	2018. 11. 01. 제주 웰컴센터	각 대안별세부평가 부재, 기존 공항 확장안평가 부재 쟁점 논의. 첫번째 언론 브리핑.
5차	2018. 11. 15 한국공항공사	신도후보지 활주로 위치 변경 문제 제기, 토의. 평가항목과 기준, 배점 등 방법론 문제 토론
6차	2018. 11. 22 설문대여성센터	신도2 후보지 위치 변경, 정석 후보지 평가 문제 토의
공개 보고회	2018. 11. 22. 제주농어업인회관	검토위 경과와 주요 쟁점 요약 설명, 질의 응답
7차	2018. 11. 29 한국공항공사	정석 후보지 평가 등 입지선정 주요 쟁점 토의
8, 9차	2018. 12. 13. 한국공항공사	8차(오전) 정석 및 성산 후보지 평가, 방법론 등 기존 쟁점 정리 및 추가 쟁점 제기 9차(오후) 검토위 연장 여부 논의. 국토부의 연장거부로 파행 종결.

련된 의혹을 확인하기 위해 활주로 좌표를 받아 검토한 결과 신도 2 후보지가 원래(1단계)의 위치에서 원래의 신도1 후보지 근처로 이동한 사실이 확인된 것이다. 그 결과 녹남봉이 공항부지로 편입되어 환경성이 악화되고 소음도 크게 나빠졌다. 이에 반하여 성산 후보지의 경우 군 공역이 진입표면에 중첩됨에도 불구하고 평가기준에 따른 감점이 이루어지지 않은 사실이 확인되었고, 안개일수도 10년 치 평균을 구하면서 성산기상대는 7년간 측정자료 밖에 없는데 이를 10으로 나누어, 실제 평균은 17일인데 12일로 축소한 사실

이 확인되었다. 성산을 후보지로 정해놓고 신도와 성산 후보지 평가를 왜곡, 조작했다는 의혹이 커지면서 지역사회에서 큰 파장을 불러왔다. 검토위원회를 통해 의혹을 해소하겠다는 국토부의 입장과는 반대로 의혹은 더 증폭되었다.

위 세 가지를 중심으로 재조사 연구진의 보고와 대책위측 검토위원들의 문제제기를 통해 쟁점을 도출하는 과정이 한 순배를 도는 시점에서 1차 시한(3개월)이 다가왔다. 이제 재조사 연구진의 보고와 검토위원들의 문제제기 과정에서 산발적으로 도출된 쟁점들을 핵심적인 사항 중심으로 체계적으로 정리해서 쟁점별로 토론을 벌이고, 도민의견을 수렴하는 토론회를 거쳐서 권고안을 작성해야 하는 과정이 남아 있었다. 3개월을 바로 앞둔 12월 13일에는 집중적인 토론을 위해서 오전(8차), 오후(9차) 두 차례 회의를 하기로 했다. 그런데 오전 회의 후 국토부측이 2개월 연장에 동의할 수 없다고 나왔다. 검토위원회의 임무가 끝나지 않았다는 사실을 인정하면서도 "기간을 연장해도 서로 평행선을 달릴 거 같다"는 황당한 이유를 내세워 완강하게 연장을 거부했다. 11월 22일 제주도 농어민회관에서 열린 검토위원회 진행경과 설명회에서 검토위원이기도 한 국토부 신공항기획과장은 조만간 공개토론회를 열어서 도민들의 의견을 수렴하겠다고 공개적으로 약속한 바 있었지만, 이 약속도 헌신짝에 불과했다.

쟁점 토론, 여론수렴, 공론조사, 그리고 권고안 형태의 활동보고서도 만들어지지 못했는데 검토위는 종결되었다. 강영진 검토위 위원장은 마지막 검토위원회에서 대략 다음과 같은 취지로 그 동안의 검토위 활동을 정리했다.

"1항 재조사 연구 모니터링은, 재조사 연구가 2018년 6월에 발주되었고 그 후 3개월이 지난 9월에야 검토위가 구성되는 바람에 연구 진행 과정에서의 모니터링은 불가능했다. 따라서 용역진의 연구결과를 보고받고 사후에 추가 보완 지시를 하는 형식으로 일이 진행되는 것은 불가피했다. 2항 다양한 문제들을 도출하고 검토하는 작업은 활발히 진행되는 상태였다. 3항 도민들의 의견수렴을 위한 설명회는 11월 22일 단 한 번 치러졌다. 그 자리에서 위원장 등 주최측에서는 도민들에게 차후 토론회 등 도민들의 의견을 수렴하는 자리를 마련할 것이라 약속한 바 있는데, 검토위 활동이 여기서 종료되게 되면서 검토위가 도민들에게 한 약속을 지키지 못하게 되었다. 4항 최종 권고안은, 위 세 가지 활동을 모두 수행한 후 위원들간의 논의와 평의, 평결 작업을 토대로 만들어져야 하는데, 활동 시한 종료로 전혀 이루어지지 못했다. 필요하다고 결의할 경우 활동 시한을 2개월 연장할 수 있다는 조항도 있었으나, 정부측의 거부로 활동보고서도 만들지 못한 채 검토위는 종료되었다. 검토위원회 활동이 이렇게 매듭지어지게 된 데 대해 위원장으로서 대단히 아쉽고 책임을 통감한다."

국토부측 추천 위원이면서 검토위 위원장을 맡은 강영진 대표가 토로했듯이, 위원회는 "필요하다고 결의할 경우 활동 시한을 2개월 연장할 수 있다는 조항도 있었으나 정부측의 거부로 활동보고서도 만들지 못한 채 검토위는 종료되었다.". 이것은 분명한 팩트다. 국토부측도 알고 있었다. '입지선정 타당성 재조사'는 완결되지 못했다는 뜻이다. 활동 중 검토위 종결로 인해서 재조사가 '문제없음'이 최종 확인되지 못했다는 뜻이다.

'제주 제2공항 입지선정 타당성 재조사'의 객관성과 투명성, 공정성을 확보하기 위해 정부측과 반대대책위측이 합의하여 만들었어야 할 검토위원회 보고서는 법적 구속력이 없는 권고안의 형태를 갖지만, 그 의미는 매우 중차대하다. 국토부가 공식문서에서 다음과 같이 그 입장을 밝힌 바 있기 때문이다. 즉, 정부는 국민들과 제주도민들에게 "객관적이고 과학적인 타당성 재조사를 위해 전문기관이 용역을 수행토록 하였으며, 이에 따른 객관적 결론을 도출할 때, '타당성 재조사 연구기관의 조사결과', '검토위원회의 권고', '공론조사 시행시 그 결과' 모두를 함께 존중하는 것이 바람직하다고 판단된다"고 확언했다. 말하자면, 국토부는 재조사 용역, 검토위원회 권고, 그리고 공론조사 시행 시 그 결과를, 제2공항 사업에 본격적으로 들어가는 출발점으로서 공항시설의 배치나 운영계획을 포함하는 기본계획 설자에 들어갈 수 있는 조건으로서, '문제없음의 기준'으로 밝힌 것이다.

이들 3자는 분리된 게 아니라 본래부터 서로 얽혀 있다. 즉, 재조사 용역 연구는 검토위원회 활동을 거치고서야 비로소 마무리되게 되어 있다. 검토위원회 활동은 재조사 용역에 대해서 여러 형태로 개입할 수 있도록 약속되었다. 연구가 진행되는 과정에서 문제를 제기하거나 도민여론 수렴을 통하여, 그리고 이를 종합한 쟁점들에 대해 토론하고 평가한 보고서가 권고안 형태로 제시되게 되어 있었다. 그러나 도출된 문제들이 해명되거나 보완되지 않은 채, 주민여론을 수렴하지도 않은 채, 즉 검토위원회의 개입이 최종적으로 작용하지 못했는데도 재조사 용역은 자체 마감되었다. 검토 결과를 바탕으로 시행될 공론조사는 논의도 못했다. 결과적으로 국토부가 국민들 앞에 약속했던 세 가지는 어느 것 하나도 온전한 모습을 갖추지 못했다.

그럼에도 불구하고 국토부는 2018년 12월 18일 검토위원회 활동 종료를 선언하고, 사전타당성 용역 재조사 결과 제주 제2공항 입지선정에 결정적 하자가 없다는 용역진의 의견을 수용했다. 이때 우리는 정부가 국민들 앞에서 공공연하게 약속했던, '타당성 재조사 연구기관의 조사결과', '검토위원회의 권고', '공론조사 시행 시 그 결과' 모두를 함께 존중하는 대신에, '갑을 관계'나 다름없는 용역기관의 조사결과(그것도 검토위원회를 제대로 통과하지 못한 결과) 하나만 '존중'했다는 그 사실 하나는 분명히 해두어야 한다. 그들은 '검토위의 취지와 목적'을 무위로 만들고 만 것이다. 검토위가 12월 18일 종료된 지 10일 만에 국토부는 기본계획 용역에 전격 착수했다.

4. 진실을 향한 투쟁, 역풍을 맞은 국토부

국토부가 검토위원회 기간연장을 거부하고 파행 종결시킨 것은 문재인 대통령의 공약인 '절차적 투명성'을 팽개친 것이나 다름없다. 제2공항 건설을 움직일 수 없는 결론으로 정해놓았는데 검토위원회에서 제기된 의문과 의혹을 해소할 자신은 없었던 것이다. 그러나 이러한 국토부의 행태는 거센 역풍에 직면했다. 국토부가 검토위원회를 일방적으로 파행종결시킨 직후인 12월 19일 김경배 씨가

2017년에 이어 두 번째 단식에 돌입했다. 그리고 제주도정이 단식 농성 중인 천막을 강제철거한 데 항의하여 10여 개의 천막이 늘어선 천막촌이 만들어졌고, 도청 앞은 매일같이 격렬한 충돌이 이어졌다. 김경배 씨에 이어 엄문희, 윤경미, 최성희씨도 장기간 단식투쟁을 벌였다. 대책위와 범도민행동은 검토위원회에서 논의된 쟁점과 파행과정, 기본계획 강행의 부당성을 도민사회에 알리고 지역 정치권과 국회 국토위 의원들을 설득하고 압박하는 활동을 벌였다. 그리고 2월 27일 제주도의회는 기본계획 용역 중단과 도민공론화를 촉구하는 결의문을 채택했다. 지역 국회의원들도 검토위원회의 파행종결은 대통령 공약인 '절차적 투명성'에 위배된다는 점을 인정하지 않을 수 없었다. 지역 국회의원들의 요청으로 당 정책위원회가 나서서 당정협의가 열렸고 국토부는 검토위원회 재개를 수용하지 않을 수 없었다.

　　자신들이 파행 종료시킨 검토위원회의 재개를 수용한 것은 국토부에게는 굴욕이었다. 그러나 국토부의 입장이 바뀐 건 하나도 없었다. 당정협의에서 검토위원회 재개와 무관하게 기본계획은 그대로 진행한다는 입장을 관철시켰다. 국토부에게 검토위원회는 골치아픈 통과의례일 뿐이었다. 그 대신 민주당에서는 '제주특별자치도가 합리적, 객관적 절차에 의해 도민 등의 의견을 수렴하여 제출할 경우 이를 정책결정에 충실히 반영, 존중한다'는 내용을 담아냈다. 사실 이는 원래 검토위원회 구성과정에서 국토부가 제시했던 내용보다도 후퇴한 것이었다. 특히 의견수렴의 주체를 제주특별자치도(지사)로 한정하는 뉘앙스가 담겨있다는 점에서 그러했다. 다만 국토부가 기본계획 수립 등 제2공항 건설을 일방 강행하려고 하는 상황에서 공론화를 통해 이를 견제할 가능성을 남겨두는 의미가 있었다.

　기본계획 수립을 계획대로 진행하는 가운데 검토위원회를 재개한다는 당정협의 결과는 대책위를 비롯한 제2공항 반대운동에게는 곤혹스러운 딜레마였다. 국토부가 문제를 있는 그대로 검토해서 결정을 바꿀 가능성은 없었다. 어떻게든 2개월의 시간만 때우고 기본계획 조기 완료와 고시를 강행하려는 국토부에 절차적 정당성만 부여할 수 있었기 때문이다. 그래서 검토위원회 재개에 반대하는 의견도 만만치 않았다. 그렇다고 기본계획 중단을 요구하며 불참할 경우 점차 유리해지고 있는 여론이 반전될 위험이 있었다. 당정협의에 참여했던 지역 의원들이 할 수 있는 일을 다 했다고 물러서 버리면 민주당이나 국토위 의원들을 견인하기 어려울 것이라는 판단도 있었다. 대책위와 범도민행동은 수차례의 토론과 회의를 거쳐, 고심 끝에 기본계획 중단을 요구하되 이를 전제조건으로 삼지 않고 검토위원회를 재개하기로 결정했다. 당정협의 결과를 토대로 도민 공론화 추진 가능성과 정치적 구속력을 확보하고 검토위원회를 통해 추가 자료를 확보해 명분과 여론을 더 확장해 내는 데 방점을 둔 결정이었다. 이와 함께 확충규모와 대안 논쟁, 특히 기존공항 활용 가능성 문제로 싸움의 중심을 옮기기로 했다. 절차적 정당성과 입지 선정 의혹 중심의 싸움을 통해 여론이 많이 움직이긴 했지만, 장기화되는 갈등으로 이제는 어떻게든 결정을 내려야 하는 게 아니냐는 도민사회의 분위기를 고려해야 했다.

　대안 논쟁 중심으로 옮겨가는 과정에서 열린 제2기 검토위원회에서 핵폭탄급 이슈가 터져나왔다. 바로 파리공항공단엔지니어링(이하 ADPI) 보고서 문제였다. ADPI가 기존공항 활용극대화와 용량증대 방안을 검토하는 하도급 용역을 수행했다는 사실은 제1기 검토위원회가 끝나던 무렵에 언론을 통해 확인되었다. 그 이후 정보공개 청구와 국회의원들을 통한 자료 요구가 이어졌으나 국토부는 여러 가지 이유를 대면서 공개를 거부해 왔다. 그런데 2019년 5월 1일 열린 11차(제2기 2차) 검토위원회에 출석한 사전타당성 연구 책임자인 김병종 교수를 통해 ADPI의 연구내용이 일부 공개되었다. ADPI는 현재 단일활주로 개선을 통해 시간당 44회, 365m 이격한 2,200m 평행활주로를 건설할 경우 시간당 60회, 210m 이격한 3,200m 평행활주로를 건설할 경우 시간당 50회, 현재의 보조활주로를 교차활주로를 활용할 경우 시간당 60회의 용량증대가 가능하다는 의견을 제시했다는 것이다. 이에 대해 사전타당성 연구진은 우리나라 실정 상 세 가지 대안의 용량을 모두 시간당 50회로 보고, 미연방항공청 표준용량 계산법에 따라 연간 236,000회로 추산했다는 입장을 밝혔다. 이는 근집평행활주로와 보조활주로 활용시 연간용량이 모두 212,500회라고 보고했던 재조사 연구결과가 거짓이었음을 확인하는 것이었다. 김병종 교수의 구두 보고로 ADPI 연구결과의 요지가 확인됨에 따라 국토부도 보고서 공개 요구를 더 이상 묵살할 수 없었다. 결국, 국토보는 5월 10일 ADPI의 의견에 대해 '면밀한 검토'를 거친 결과 현실성이 없어서 채택하지 않았다는 변명과 함께 전격적으로 보고서를 공개하기에 이르렀다. 그러나 검토위원회에서 확보한 각종 회의 자료를 검토한 결과 '면밀한 검토' 과정은 존재하지 않았음이 확인되었다. 당시 용역책임자인 김병종 교수도 보조활주로 활용(연장) 등 기존공항 용량증대방안을 단기-2(즉, 1단계 단기확충방안 실행 이후에 2025년의 제2공항 개항 이전까지 수요를 충족하기 위한 추가 확충방안)에서 검토하기로 했으나 진행되지 않았다고 인정했다.

ADPI의 보고서가 공개된 이후 두 차례의 검토위원회 회의(5월 15, 29일)와 검토위 소위원회(6월 4일), 세 차례의 공개토론회가 열렸다. 토론회의 쟁점에는 제주도의 수용력과 확충 규모, 입지평가 의혹(특히 성산과 신도)도 있었지만, 역시 핵심쟁점은 ADPI의 연구결과를 중심으로 하는 기존공항 활용 문제였다. '주민을 내쫓지 않아도 되고 환경피해도 적고 비용도 훨씬 적게 드는 방안을 놓고 왜 굳이 입지 선정 의혹도 해소되지 않은 제2공항을 강행해야 하는가'라는 의문이 제기되면서 성산 제2공항 강행에 반대하는 여론이 강해졌다. 검토위원회와 공개토론회에서 국토부가 보인 태도는 한마디로 시간을 때우면서 면피하고 넘어가자는 것 이상도 이하도 아니었다. 특히 관심이 집중되었던 TV토론에는 국토부 공무원도, 사전타당성 연구진이나 재조사 연구진도 나오지 않았다. 많은 도민들에게 자신들의 입장을 설명하고 설득할 수 있는 기회를 스스로 걷어찬 것이다. 그만큼 설득할 자신이 없다는 반증이기도 했다.

6월 17일 검토위원회의 권고안을 논의하기 위한 마지막 회의가 열렸지만 아무런 결론을 내릴 수 없었다. 양측의 의견이 팽팽히 맞서자 강영진 검토위원장은 쟁점들에 대한 결론을 유보한 채 ADPI 연구결과에 대한 검증과 도민공론화를 권고하는 중재안을 내놓았다. 그러나 국토부는 자신들이 추천한 검토위원장의 권고안도 거부했다. 결국, 검토위원회는 아무런 권고안도 채택하지 못한 채 막을 내렸다.

표 3   제2공항 입지선정 재조사 검토위원회(제2기) 경과

10차 (2기 1차)	2019. 4. 17. 설문대여성문화센터	일정과 의제 논의
11차 (2기 2차)	2019. 5. 1. 한국공항공사	사전타당성 연구진 출석. ADPI 용역 경위와 내용 확인. 수용력과 적정규모 논의.
12차 (2기 3차)	2019. 5. 15. 설문대여성문화센터	ADPI 보고서 내용 논의
1차 공개 토론회	2019. 5. 15. 제주벤처마루	확충필요성, 규모, 대안 토론. ADPI 연구결과 등 기존 공항 활용 방안 중심.
13차 (2기 4차)	2019. 5. 29. 설문대여성문화센터	기존공항 활용방안 등 확충대안 문제, 입지선정 평가 의혹 토론
2차 공개 토론회	2019. 5. 29 제주농어업인회관	ADPI 연구결과 등 확충대안 문제, 성산과 신도 입지 평가 의혹 토론
소위원회	2019. 6. 4. 조계종전법회관	사전타당성 연구진 출석. ADPI 보고서 문제와 입지 선정 평가 문제 확인.
3차 공개 토론회	2019. 6. 12. KBS제주방송	수용력, 공항확충 대안(ADPI 연구결과 등), 입지평가
14차 (2기 5차)	2019. 6. 17 한국공항공사	권고안 채택 논의(무산)

　　국토부와 제주도정은 궁지에 몰렸음에도 허위와 거짓으로 일관했다. 심지어 자신들이 "국책사업에는 유례없는 재조사를 수용했다. 거기에 검토위원회까지 수용했다"며 제주도민과 국민들에게 국가가 나서서 특혜를 베푼 것처럼 진실을 오도하기까지 했다. 오히려 '유례없는 재조사'와 '검토위원회 수용'이 제2공항 계획이 가진 부실함과 문제점을 방증한다. 그리고 국토부는 검토위원회에서 일방적인 주장만 반복했을 뿐, 팩트와 논리를 가지고 의혹과 문제들을 전혀 해소하지 못했다. 오히려 검토위원회를 거치며 부실과 조

작, 은폐 의혹은 더 증폭되었고, 제2공항 건설의 정당성은 부정되었다. 그럼에도 불구하고, 국토부와 제주도정은 단지 절차를 거쳤다는 사실만을 내세우며, 독단적으로 '문제없음'이라고 결론을 강변하고 있다. 이는 '문제'의 핵심이 '보고서 내용'이 아니라 국토부와 제주도정의 관료 행정 자체에 있음을 보여준다.

5. 강행이냐 저지냐: 고비를 맞은 제2공항 투쟁

검토위원회가 종결된 데 이어 국토부가 진행해 온 기본계획 수립 용역도 6월 말로 마무리되고 전략환경영향평가가 진행되면서 성산 제2공항 건설 강행이냐 저지냐를 둘러싼 싸움은 새로운 국면으로 접어들었다.

사실 기본계획 최종안이 발표되면서 제2공항 건설을 주장할 수 있는 근거는 더욱 약해졌다. 우선 기본계획에 따르면 제주도가 필요로 하는 최대 항공수요는 연간 25.7만회이다. 그런데 ADPi의 제안을 차치하더라도, 사전타당성 검토 당시 국내 연구진 스스로도 제2공항 개항 이전까지의 수요(2025년 연간 3,940만 명)를 처리하기 위해 기존공항의 용량을 연간 25.9만 회(시간당 57회)로 늘릴 계획을 세우고 있었던 사실이 검토위원회 과정에서 확인되었다. 더구나 예비타당성 지침에 따라 지난 5년간 평균 탑승객 수 170명을 적용할 경우 기본계획의 2055년 여객 수요 4,109만 명을 수용하는 데 필요한 연간 운항횟수는 24.2만 회, 시간당 51회(미연방항공청 표준용량 계산법 적용)에 불과하다. 개트윅 공항, 슈트트가르트 공항, 뭄바이 공항 등에서는 단일활주로만으로 처리하고 있는 용량이다. 이것 하나만으로도 제2공항 건설의 필요성을 주장할 논리와 명분은 완전히 무너진다.

그러나 칼자루를 쥐고 있는 국토부과 제주도정의 입장은 처음부터 분명했다. 재조사나 검토위원회를 통해 어떤 문제가 있어도 '문제 없음', '중대한 오류는 아님'이라는 결론을 내리고 성산 제2공항을 강행한다는 것이다. 이를 위해 국토부와 도정은 제주도민들의 뜻을 무시하고 정해진 절차를 진행시키는 데 골몰하고 있다. 국토부는 6월 19일 제주도 농어업인회관에서 열리고 했던 기본계획 최종보고회가 주민과 시민들의 강력한 저지로 무산되자 25일 세종청사 회의실에서 열린 밀실 보고회로 대체했다. 7월 11일 성산국민체육센터에서 열리던 제주 제2공항 전략환경영향평가 주민설명회 역시 주민들의 저지로 무산되었고, 국토부는 주민설명회를 생략한다고 공고했다. 제수도 역시 주민들의 반대를 무릅쓰고 두 차례(6월 23일, 7월 4일)에 걸쳐 '기본계획 반영과제 발굴을 위한 도민공청회'를 시도했다가 무산되기도 했다.

국토부나 제주도정이 이유 불문하고 성산 제2공항을 강행하려고 하는 한 갈등은 격화될 수밖에 없다. 대책위와 범도민행동은 성산 제2공항 강행에 반대하는 도민여론을 확대하고 도민의 힘을 결집하여 범도민적인 투쟁을 벌여나가기로 했다. 이를 위해 22개 단체가 참여했던 범도민행동보다 외연을 확대한 제주제2공항강행저지비상도민회의(약칭 제2공항비상도민회의)를 구성했다. 성산읍대책위도 함께하는 제2공항 비상도민회의에는 박근혜퇴진행동본부에 버금가는 100여 개 단체가 참여했다. 국토부가 추진 중인 기본계획 고시를 막는 게 일차적인 과제다. 비상도민회의는 제주도민의 삶과 제주의 미래를 좌우할 제2공항 문제는 제주도민이 결정해야 한다는 도민공론화 요구를 중심으로 강력한 대중행동을 통해 성산 제2공항 일방 강행에 반대하는 도민여론을 확대하고, 제주도정과 도의회, 정부·여당을 압박해 나가고 있다. 도민여론을 무시하고 국토부가 기본계획 고시를 강행하고 제주도정이 장단을 맞춘다면 투쟁은 또 새로운 국면으로 접어들 것이다. 4년 가까이 끌어온 제주 제2공항 건설 여부를 둘러싼 투쟁이 최대의 고비를 맞고 있는 셈이다.

제2공항 너머, 시민의 대안

Beyond the 2nd Airport, Citizen's alternative

제4장 **풀리지 않는 의혹들: 왜 제2공항, 왜 성산인가?**

상황이 복잡하게 얽혀있고 어디서부터 풀어가야 할 지 알기 힘들 때는 출발점으로 되돌아가서 무엇이 잘못되었는지 재구성해보는 것이 사태를 이해하는 열쇠가 될 수 있다. 우리는 제2공항 사태의 초기 국면이 여러 가지 계기와 원인들에 의해서 구성되었다고 생각한다. 1부에서 살펴본 것처럼, 제2공항 문제는 오늘날까지 제주를 지배해 온 이념, 가치, 욕망, 정책, 제도, 관행 등의 복합체라고 할 수 있다.

하지만 이 모든 낡은 것들에 질서와 생명력을 부여하고, 그것을 행정권력과 연결시킨 것은 한 권의 보고서였다고 단언힐 수 있다. 이른바 '사전타당성 검토 보고서'라고 불리는, 법적인 근거도 갖지 않는 보고서다. 그것은 국토부와 제주도정이 어떠한 비판도 허용치 않았던 그들만의 경전이자 바이블이었다. 그 보고서로부터 "전문가가 상세히 검토했다"든가 "더 이상의 대안은 없다"는 또 다른 주장들이 생산된다. 따라서 시민의 대안을 찾고 구성하려는 우리의 입장에서 '제주 공항인프라확충 사전타당성 검토' 보고서를 상세히 검토하고 해체하는 작업은 불가피하다. 이하 4장의 내용은 상당히 많은 도표와 지도, 수치들로 구성되어 있는데, 그것은 보고서 자체가 그런 자료들을 '과학'이라는 이름으로 포장하기 있기 때문이다. 하지만 보고서는 단지 '포장된 과학'일 뿐이며, 정치권력의 개발주의 욕망에 의해 만들어진 거짓과 부실의 거대한 탑일 뿐이다.

1. 선행연구와 해외사례 검토의 부재: 역사 없는 연구

일반적으로 선행연구와 유사사례 연구는 후행연구의 주요한 길잡이로서 타산지석이 되기도 하고 반면교사가 되기도 한다. 선행연구와 유사사례 연구는 아이디어와 영감을 주기도 하고, 그것으로부터 연구의 설계도와 방법론이 나온다는 점에서도 중요하다. 그래서 모든 연구과정은 반드시 선행연구 검토부터 시작한다. 그러나 이번 사전타당성 검토의 선행연구 검토는 지극히 부실하기도 하거니와 그것의 목적이나 내용도 과업과 동떨어져 있다.

사전타당성 보고서[13] 제2장의 6절 '제주 공항인프라 확충 선행연구'를 살펴보자. 두 가지 심각한 문제가 있다. 첫 번째는 '선행연구'가 아닌 것들을 잔뜩 넣어놓았다는 것이다. 연구를 수행할 때 말하는 '선행연구 검토'란 시간적으로 앞선 모든 연구를 가리키는 것이 아니라, 동일한 연구 목적이나 주제를 가진 기존 연구들을 검토하는 것을 말한다. 즉, '제주 공항인프라 확충'이라는 주제에 관한

---

13 이하 제4장에서 사전타당성 보고서 혹은 보고서로 표기된 것은 '제주 공항인프라 확충 사전타당성 검토' 연구의 최종보고서를 지칭한다. 보고서 원본은 온-나라 정책연구 홈페이지(http://www.prism.go.kr) 참조.

연구를 검토해야 하는 것이다. 그런데 사전타당성 보고서에는 '제4차 국토종합계획 재수정계획', '국가기간교통망계획', '2025 제주광역도시계획', '제2차 제주국제자유도시 종합계획'과 같은 상위의 도시계획 보고서들을 주로 검토하고 있다.

두 번째 문제는 정작 분석해야 할 선행연구들을 겉핥기식으로 다루었다는 것이다. 선행연구는 85쪽에 표 하나에 요약한 것이 전부다.[14] 공항시설을 확충하는 문제는 1970년대부터 관광객이 급증하기 시작하면서 긴요한 과제로 떠오른 이후부터 지속적인 현안이었다. 현공항 확충이냐, 신공항 건설이냐 하는 대안 연구도 그 일환이었다. 가장 최근에 이루어진 연구는 제주특별자치도가 발주하고 국토연구원이 2012년에 수행한 「제주공항 개발구상 연구」(이하 2012년 연구)이다. 사전타당성 검토(2015)보다 3년 전에 보고서가 나왔는데, 자세하고 구체적으로 복수의 대안(기존공항 확충, 신공항 건설)을 놓고 비교 평가하고 있다. 그런데 이번 사전타당성검토 연구의 '제주 공항인프라 확충 신행연구'에서는, 2012년 연구가 검토된 흔적이 거의 보이지 않는다. 예를 들어 2012년 연구에서는 복수공항(제2공항)안이 제주 현실여건에 부합하지 않는다고 제외했는데 이에 대한 검토나 비판도 없이 최적대안으로 제2공항안이 선정되었다. 반면, 2012년 연구에서 기존공항 확장과 함께 주요하게 검

---

14 반면에 발주기관이 국토교통부인 '영남권신공항 사전타당성 검토 연구'에서는 'Chapter Ⅱ. 사전조사의 분석'이라는 별도의 장에서 20여 쪽을 할애하여 아주 자세하게 선행연구를 검토하고 자신들의 연구에 적절하게 활용했다.

토했던 신공항 건설안은 도지사가 요구했다는 이유로 간단히 제외해 버렸다. 또한, 나중에 입지선정 예비후보를 도출할 때, 용역진은 '제주공항 개발구상 연구'에서 다루었던 후보지 모두를 1단계 후보지로 올렸다고 했지만, 그 말도 거짓말이었다. 2012년 연구에서 1단계 후보지 19곳 중 2단계까지 올랐던 후보지 4곳이 빠졌다. 의도적으로 회피했을 가능성마저 보인다. 동일한 맥락에 있는 최신의 선행연구를 아예 무시해야만 했던 특별한 배경이나 이유가 있었던 것인가?

그렇다면 해외 사례들은 어떻게 다루었을까? '7. 해외 유사공항 건설 사례'에서는 24쪽에 걸쳐 내륙형, 해안형, 해상형으로 나누어 10개의 공항에 대한 간략한 조각 정보들이 나열되고 있다. 어떤 기준으로 '유사공항'이라 하여 사례를 들었는지, 그 선별 기준이 보이지 않는다. 내륙형, 해안형, 해상형 등의 분류도 뜬금없다. '유사공항' 건설사례를 살펴보려면, 제주 공항인프라 확충 대안들이 '기존공항 확충', '신공항', '복수공항' 등을 기준으로 유사한 해외 사례들을 선정해야 하는데, 왜 느닷없이 내륙형, 해안형, 해상형인가? 그렇다고 '유사공항' 건설 사례들을 종합적으로 평가해서 제주 공항인프라 확충을 위한 의미나 가치를 적극적으로 도출하지도 않았다.

이에 비해 '제주공항 개발구상 연구'(2012)에서는 'Chapter Ⅲ. 해외 우수공항 사례조사'라는 장을 따로 두고 50쪽에 걸쳐 16개의 공항에 대해 심도 있게 분석 검토했다. 그 결과는 이어진 연구과정에서 대안을 비교 검토할 수 있는 준거를 마련하는 데 십분 활용되었다. '영남권신공항 사전타당성 검토연구' 보고서에서는 'Chapter Ⅳ. 입지선정 사례에 대한 벤치마크'라는 독립된 장으로 90쪽을 할

애하여 기존 사례들을 세세하게 살펴보고 있다. 이들 두 연구에서 선행연구를 대하는 태도는 그들의 연구보고서에서 생생하게 나타난다. 사전타당성 검토 용역진은 제주의 공항인프라 확충과 관련해서 참조할 만한 연구의 역사가 없다는 듯이 가볍게 넘겼지만, 그것은 사실이 아니었다. 연구의 설계도는 연구의 초기에 만들어지지만, 설계도에 대한 설명은 보고서를 작성하는 최종 단계에서 다시 정리하는 것이 일반적이다. 이러한 기존 연구검토의 부재가 초기부터 존재한 것이라면 용역진의 무능력을 보여주는 것이며, 사후적으로 정리된 것이라면 '계산된' 무능력이라고 할 수 있을 것이다.

2. 공항인프라 확충대안 비교·검토: 황당무계

사전타당성 검토연구 보고서(142쪽)에서는 공항인프라 확충 대안평가 방법론과 관련하여 다음과 같이 말하고 있다.

- 대안의 평가방법은 그림 6과 같으며, 카테고리별 대안의 특성이 상이하기 때문에 본 연구에서는 각각의 카테고리별 분석을 진행한 후 대표대안을 선정한 뒤 이를 종합평가하여 최적대안을 결정함

    · Category 1은 기존공항의 활주로와 1,310 이상 이격된 독립평행활주로를 확충하는 대안으로 별도의 입지평가가 필요 없음

- Category 2는 신공항 후보지별 입지평가가 필요하며, 이중 최적입지를 대표대안으로 선정함
- Category 3은 기존 제주공항의 수용능력 증대방안별 비교평가를 통해 제2공항의 규모를 결정하는 것이 필요하며, 제2공항 입지평가도 요구됨. 이를 통해 제주공항 수용능력 증대 방안 최적과 제2공항의 최적입지를 대표대안으로 선정함

공항인프라 확충 대안평가 방법론에 이어 보고서 143~146쪽에 '카테고리 간 비교평가'라는 제목으로 카테고리 1, 2, 3의 대표

그림 6 '공항인프라 확충 대안 평가 방법' 개념도(사전타당성 보고서, 142쪽)

대안을 다루는 부분이 등장한다. 그런데 각 카테고리별로 대안들을 비교·분석·평가하기 위한 자료도 그것을 처리하는 과정도 없다. 카테고리 분류는 1, 2, 3으로 되어 있는데, 카테고리 1(기존공항 확장)에는 '그림 5-2 기존공항 확장 대안 개념도'라 하여 '평행활주로 1본을 추가한 약 9.4조 원짜리 해양매립형' 하나가 있을 뿐이다. 카테고리 2(신공항 건설)에는 '그림 5-3 신공항 건설 대안 개념도'라 하여 '약 7조원 사업비의 독립활주로 2본' 모델 하나가 있을 뿐이다. 그리고 카테고리 3(제2공항 건설)에는 '그림 5-4 제2공항 건설 대안 개념도'가 있을 뿐이다. 한마디로 카테고리별로 대안들을 분석하는 부분이 통째로 생략되었고, 그들이 어떤 기준으로 어떻게 비교평가가 이루어져 그 자리에 있게 되었는지 설명이 없다. 평가기준도 없고 평가과정도 없는 '평가 아닌 평가'다. 하나씩 살펴보기로 하자.

첫째, Category 1의 기존공항 확장안에서는 처음부터 기존 활주로로부터 1,310미터 이상 이격된 독립평행활주로 건설만을 상정했다. 수요를 충족할 수 있는 다른 대안은 아예 없는 것으로 긴주된 것이다. 그런데 ADPI는 365미터 이격된 2,200미터 길이의 근접평행활주로를 건설하거나 보조활주로를 교차활주로로 이용하는 경우에도 사전타당성 연구진이 전제로 삼은 연간 4,560만 명의 수요를 충족할 수 있다는 연구결과를 제시한 것으로 확인되었다. 뿐만 아니다. 사전타당성 보고서에는 1,310미터 이격된 독립활주로 건설과 관련해서도 두 활주로 사이의 바다를 매립하여 터미널을 신설하는 단 하나의 안만 제시했다. 이에 반해 2012년 연구에서는 1,310미터 이격된 독립평행활주로를 건설하는 경우에도 신설활주로와 터미널 사이를 다리로 연결하고 기존터미널을 확장하는 안을 제시한 바 있다. 요컨대, 사전타당성 보고서는 카테고리별로 가능한 대안들을 비교·분석하여 대표대안을 선정하는 과정이 없이 '최대의 매립'을 요하는 하나의 대안만을 내놓은 것이다. 그리고 보고서에서는 이 대안에 대해 '기존 공항시설 및 주변 인프라를 그대로 활용가능'하고 공역확보가 용이하다는 점만 간단히 언급한 채 단점만을 잔뜩 열거하고 있다.

둘째, Category 2의 신공항 건설안의 경우 '후보지별 입지평가가 필요하며, 이중 최적입지를 대표대안으로 선정함'이라고 되어 있지만 실제로는 이 과정은 진행되지 않은 채 제외되었다. 그 이유에 대해 사전타당성 보고서(145쪽)에서는 이렇게 말하고 있다. "제주공항을 중심으로 이루어져 있는 제주시의 지역경제의 공동화 우려가 있으며, 이에 대한 지자체 측의 신공항 반대 공식의견을 접수함." 그리고 "도민 다수의 반대와 지자체의 반대 의견으로 인하여 입지평가는 수행하지 않았음." 도민 다수가 신공항안을 반대한다고 했는데, 거기서 말하는 '다수의 반대 도민'은 누구인가? 도민 다수의 의사를 확인하는 절차도 거치지 않고 어떻게 반대를 확신한단 말인가? 지자체의 요청으로 제외했다는 것은 명백히 용역에 대한 정치적 개입이다. 더구나 원 지사의 평소 생각을 빌리자면, 지자체장은 관여할 권한이 없는 '국책사업'이 아닌가? 용역기관은 왜 정치적 개입을 허용했는가? 최종 선택은 나중 일이고, 일단 검토연구는 수행했어야 하는 게 아닌가? 용역기관은 과업지시서 위반이고, 도지사는 업무방해라 볼 수 있다.

사실 신공항안을 제외한 시점도 석연치 않다. 제주도가 신공항 제외 요청 공문을 보낸 시기는 2015년 9월이다. 2015년 11월 10

일에 사전타당성 검토 최종보고가 있었으니 용역 막바지다. 9월에 공문을 받고 제외한 것이라면 입지평가는 이미 진행되었어야 한다. 사전타당성 보고서에 실린 제2공항 입지평가 내용을 보면 상당히 긴 기간에 걸쳐 이루어졌다. 제2공항에 대해서는 용역 초반부터 입지평가가 이루어진 것이다. 그런데 왜 신공항의 경우에는 그때까지 입지평가를 하지 않고 있었던 것일까? 사실은 용역 초기부터 국토부와 제주도 사이에서 신공항안을 제외하기로 되어 있었는데, 연구진의 책임 문제 때문에 뒤늦게 공문을 보낸 것으로 봐야 할 것이다. 초기부터 제2공항 건설대안을 정해놓고 용역이 진행되었다는 합리적 의심을 갖게 하는 대목이다.

신공항의 장단점 분석도 단점에만 치우쳐 있다. 예를 들어 사업비를 7조 원으로 제시하고 '사업비가 과다'하다는 것을 단점으로 서술하고 있다. 그러나 기존공항을 폐쇄하고 신공항을 건설할 경우 기존공항 부지를 매각하거나 활용하여 비용을 충당하면 사업비 측면에서는 훨씬 유리하다고 할 수 있다. 2012년 연구에서도 신공항 건설안과 관련하여 기존공항 폐쇄 시 관광산업+상업, 관광산업+주거+상업(쇼핑), 관광산업+의료복지+상업 지역 개발안 등 기존공항 부지 활용안을 제시한 바 있다.

셋째, Category 3 역시 스스로 제시한 과업을 방기했다. 확충대안평가 방법론에서는 '기존 제주공항의 수용능력 증대방안별 비교평가를 통해 제2공항의 규모를 결정하는 것이 필요'하다고 하면서 '제주공항 수용능력 증대방안 최적과 제2공항의 최적입지를 대표대안으로 선정'한다고 되어 있었다. 그러나 이어진 카테고리 간 비교평가에서는 기존공항 용량증대 방안은 사라지고 '제2공항 건설'만 남았다. Category 3의 대표대안에는 제2공항의 최적입지와 함께 '제주공항 수용능력 증대방안 최적'이 포함되어 있어야 했다. 그러나 그것이 빠졌기 때문에 Category 3의 대표대안도 존재할 수 없다. 방법론에 따르면 제2공항의 규모는 기존공항 수용능력 증대방안 최적 대안의 수용능력에 따라서 결정되어야 한다. 그런데 느닷없이 '제2공항의 연간수용능력은 2,500만 명으로 설정하였으며, 현 제주공항에서는 2,000만 명을 처리하는 것으로 가정'하여 제2공항 건설 계획이 제시된다. 보고서 제4장에 기술된 1단계 단기확충방안(단기-1)만 실행해도 제주공항의 용량은 3,155만 명을 처리할 수 있게 된다(사전타당성 보고서 137쪽). 그것만 해도 제2공항은 1,400만 명을 수용할 수 있는 규모면 된다. 더구나 보고서에는 은폐되었지만 사전타당성 용역 착수보고회와 최종보고회 자료에 보면 2025년 제2공항 개항 이전까지 수요를 충족하기 위한 추가 확충방안(단기-2)의 연간 처리용량은 3,940만 명으로 제시되어 있다. 그 경우 당시의 수요예측에 따르더라도 제2공항은 500만명을 처리할 수 있는 규모면 족하다. 그런데 그렇게 되면 제2공항을 건설할 필요성 자체에 의문이 제기될 수밖에 없다. 아니나 다를까 기존공항 용량 증대 방안에 대한 연구를 의뢰했던 ADPI가 기존공항의 보조활주로만 활용해도 4,560만 명의 수요를 처리할 수 있다는 의견을 냈다. 제2공항 건설안이 폐기될 상황에 이른 것이다. Category 3에서 기존공항 용량증대방안 최적 대안이 실종된 이유다. 3,940만 명을 수용할 수 있는 규모로 확장된 기존공항에서 2,000만 명의 수요만 처리하면서 시설을 놀리고, 2,500만 명 수요를 처리할 수 있는 규모의 공항을 세운다는 것이 가당한 일인가!

카테고리별로 대안들 비교분석하는 과정이 없는 상황에서 카테고리 간 비교평가에서 내놓은 이른바 대표대안들은 자의적인 것에 불과하다. 그 대안들을 '종합평가'하는 기준도 과정도 없다. '카테고리 간 비교평가'에는 대표대안들을 비교해서 평가할 수 있는 평가항목이나 기준도 없다. '1.3 카테고리간 비교평가' 항의 첫줄에는 이렇게 적혀 있다.

> "카테고리별 개념도와 특징, 장단점 분석을 수행하여 최적대안을 선정함"(사전타당성 보고서, 143쪽)

수행했다는 카테고리별 분석은 없고, 이른바 '대표대안' 간의 종합평가는 평가기준도 없는 인상비평 몇 마디뿐이다. 총사업비마저 "사업비는 약 4~5조원으로 추정되며…"라는 서술뿐이다. 그럼에도 불구하고 '제2공항'이 최적내안이라는 결론이 제시되었다.[15]

---

15 '제주공항 개발구상 연구'에서는 분명하게 '제주공항 확장안'과 '신공항 건설안'이라는 복수의 대안들을 내놓고 몇 가지 평가기준들을 제시하면서 분석하고 있다. 이를테면, 이 연구에서 기존 제주공항 확장 카테고리(사전타당성 검토연구에서 말하는 카테고리 1)에서 대안은 4개이다. 이들 4개, 각각의 대안들은 '활주로 형태', '용량증대 효과', '추가 확장시설', '예상포화시기', 그리고 '예상사업비'를 평가기준으로 하여 세부적으로 분석, 비교, 평가되고 있다. 신공항 건설안 경우에도 처음 19개 대안들은 3단계 검토를 거치면서 4군데로 좁혀졌다. 각 단계마다 누구나 이해할 수 있는 객관적인 평가기준이 분명하게 있었다. 하지만 제주 공항인프라 확충 사

국토부와 제주도정은 "전문가들이 면밀히 검토했다", "국가에서 하는 일이니 믿어라"는 말만 반복하고 있다. 이런 '사기' 용역을 용납해야 하는가! 현재 제2공항 추진을 위한 모든 후속 조치와 계획은 이 어처구니없는 보고서를 근거로 이루어지고 있다. 이 '한심한 보고서'를 근거로, 평생을 성산에서 살아온 주민들에게 고향을 등지고 떠나라는 이야기를 할 수 있단 말인가! 제주의 백년대계를 논할 수 있단 말인가!

3. 입지평가 방법론의 문제: 자의적이며 편향된 기준

앞서 우리는 제주 공항인프라 확충의 대안들 가운데 '제2공항 건설, 복수공항운영'안을 결정하는 '초생략'된 과정에 대해서 살펴보았다. 다음 단계인 '입지선정' 역시 타당성 의혹에 휩싸였다. 입지선정의 평가과정은 그 출발부터 허술하다.

입지 선정의 방향과 기준의 문제

'입지 평가 방법론'과 관련하여 보고서는 '후보지 선정의 기본방향'을 서술하고 있는데, 국제민간항공기구(ICAO)의 9가지 평가항목을 단순 나열하고 있을 뿐이다. 제2공항이 어떤 성격의 공항이기 때문에 어떤 평가항목이 중요한지에 대한 논의는 없다. 국제적으로 인정되는 평가체제라고 할지라도 그것은 '국제표준'의 것이기 때문에

전타당성 검토 연구에는 이 모든 것이 생략되었다.

반드시 지역여건에 맞춰 '재평가'하고 '세부항목'을 잘 설정할 필요가 있다. 예를 들어, 제주지역에서는 안개가 아니라 바람과 태풍과 강우 그리고 눈이 대부분의 운항을 저해하는 요인이다. 그럼에도 불구하고 사전타당성 검토에서는 '안개일수'가 가장 주된 평가요소였다. 평가대상이 제주의 실정에 맞게 '재해석'되지 않았다는 것이다. 또한 '환경성'에 제주 고유의 자연유산인 오름이나 용암동굴, 철새도래지 요인이 전혀 반영되지 않았는데, 이것도 지역여건에 맞춰 '분석 평가'하는 과정이 없었던 탓이다. 이런 상황에서 최적의 입지 평가가 가능할까?

단계별 입지 평가기준

입지의 선정 과정은 가능한 모든 후보지를 먼저 선정한 뒤에 단계별로 후보지를 좁혀가는 과정을 따른다. 예컨대, '영남신공항 사전타당성 검토' 연구는 다음과 같은 단계를 밟고 있다. 1, 2단계에서는 기본적인 조건으로 후보대상을 간추리고 최종 평가단계에 이르러 비로소 국제표준(ICAO)의 평가항목을 아주 정교하게 적용했다.

1) 선행연구에서 35개 및 자체조사 과정에서 14개를 추가하여 최초 예비 후보지 명단 확보
2) 1단계: 인구 중심과의 거리 기준으로 25곳 선정
3) 2단계: 장애물 평가로 17곳 제외, 8곳 선정
4) 최종 평가: 8곳 대상. 평가항목은 ICAO를 기본체계로 하면서, 국제 가이드라인과 자체 벤치마크 조사를 참조해 작성.

표 4 제주 사전타당성 보고서의 단계별 입지평가 기준 일람표(사전타당성 보고서, 175쪽)

구분		1단계	2단계	3단계
운영측면	공역	·진입 표면 상의 중첩분석	·출도착 항로구성의 난이도	·세부적인 운항경로 및 공역 중첩 평가
	기상	·풍극률 기준 충족 여부(95% 이상)	·바람장미분석 ·안개일수	·바람장미분석 ·안개일수 ·연간측풍발생일수
	장애물	·진입표면 장애 면적(2D)	·장애물량(3D)	·장애물량(3D)
사회적 측면	소음	·소음피해 건축물 면적	·소음피해 가옥수	·소음피해 가옥수
	환경성	·필수 보존환경 침해여부(유네스코, 곶자왈 등) ·경관, 생태계 1등급 중첩 분석	·경관, 생태계, 지하수 1등급 중첩 분석 ·해양생태계 훼손	·경관, 생태계, 지하수자원 1, 2등급 중첩분석 ·녹지자연도 8등급 이상 중첩분석
	접근성	-	·주요배후도시(제주시, 서귀포시, 중문) 접근거리	·주요배후도시(제주시, 서귀포시, 중문) 접근거리
	지형조건	-	·부지조성 토공량	·(사업비항목에 통합)
	주변개발 계획	-	·제주개발계획지구중첩분석	·제주개발계획지구중첩분석
	공공시설	-	·주변지역 시/읍과의 접근거리	·(사업비항목에 통합)
비용측면	확장성	-	·장애물, 공사조건, 편입가구 등 확장성 분석	·확장에 따른 장애물 제한표면 절취량
	사업비	-	-	·후보지별 사업비

표 4는 '제주 공항인프라 사전타당성 검토'의 입지 평가다.

'단계별 입지평가기준' 일람표는 한눈에 보기에도 아주 복잡하다. 다른 연구에서는 정밀평가 단계에 적용됐던 ICAO의 평가항목들이 여기서는 1단계부터 시작되는데 2, 3단계까지 반복적으로 적용되고 있다. 반면, 평가항목들은 단계별로 경계가 애매모호하든가 중복된다. 기상과 환경성 기준은 세부항목이 중첩되어 적용되고 있으며 장애물, 접근성, 소음, 주변개발, 확장성은 단순 반복되고 있다. '영남신공항 사전타당성 검토' 연구나 '제주 공항개발 구상' 연구는 깔때기 식으로 진행되면서, 후보지의 숫자가 줄어드는 가운데 평가기준이 평가목적에 의거하여 점차로 엄격해지는 흐름이 명확하다. 그런데 이번 연구는 평가대상은 급격하게 줄어드는데, 평가기준은 많아지고 세분될 뿐 그것이 무엇을 평가하려는지 그리고 '입지선정'과 어떻게 관련되는지 분명하지가 않다.

1단계 31개 후보지 선정 기준의 문제

입지평가를 위한 1단계 평가 대상인 최초 예비 후보지 목록은 매우 중요하다. 최적입지 선정 작업이 최초 예비후보지로부터 시작되기 때문이다. 사전타당성 보고서 177쪽에는 1단계 후보지를 선정한 기준에 대해 다음과 같이 기술하고 있다.

> 문헌조사, 인터뷰, 현지방문 및 도상분석을 통하여 아래의 후보지를 모두 포함해 총 31개 후보지를 선정하였음.
> ① 제주 공항 개발구상 연구(국토연구원, 2012) 후보지
> ② 공역 및 기상여건상 활주로 운영에 유리한 후보지
> ③ 지형여건, 사인환경, 주거 밀도를 도상으로 분석하여 도출한 후보지

그러나 위 ①②③에 해당하는 후보지를 모두 포함해 총 31개 후보지를 선정하였다는 기술은 정직하지 않다. '제주 공항 개발구상 연구'에 등장한 후보지 가운데 무릉, 신평, 시흥, 한원 등 4곳이 빠져 있다. 의도적으로 기만하거나 실수한 것이다. ②번 기준도 이상하다. ②번의 경우 '공역 및 기상여건'은 ICAO 평가항목에 포함되는 전문적인 분야이다. 그 분야의 유리한 후보지를, 본격 평가단계로 들어가기도 전인데, 어느 곳을 대상으로 어떤 방법으로 선정

했다는 말인가?

1단계 평가 대상인 후보지 31개 가운데, '제주 공항개발 구상연구'에 들었던 19곳 중 알 수 없는 이유로 배제된 4곳을 제외한 15곳이 들어가 있지만, 나머지 16곳은 근거가 밝혀지지 않았다.[16]

단계별 평가방법의 문제점

어떤 검토와 논의 과정을 통해서 평가항목이 결정되든 간에, 모든 종류의 평가과정에서 가장 중요한 것은 평가기준이다. 그 기준이

---

16 비슷한 시기에 다른 지역에서 실시된 연구들과 비교해 보면 문제점이 명확하게 드러난다. '제주 공항개발 구상연구'는 1차 후보지의 근거를 투명하게 밝혀놓았다. 일차적으로 토지이용규제지역, 자연환경보전지역, 그리고 인구밀집지역을 제외한 다음, 최소면적 8,000,000m^2 이상을 충족하는 지역을 예비후보지로 선정했다. 그리고 나서 'KOPSS 후보지평가분석'을 통해 개발가능성이 높은 예비후보지를 추출했다. 'KOPSS 후보지평가분석'이란 보통 접근성, 인구, 지가, 경사도, 표고 등 다양한 인자들에 대한 공간연산을 통해 높은 지역을 추출하는 방법이다. 그리고 최종단계에서 ICAO 평가체제를 적용하여 최종정밀조사를 수행했다. '영남신공항 사전타당성 검토'는 선행연구를 철저히 활용했다. 2009년 국토해양부가 실시한 신공항 개발의 타당성 및 입지조사 연구에서 검토한 후보지 35곳을 우선 선정했다. 그리고 ADPI 자체의 최적화 과정을 통해 신규입지 14곳을 확인하여 총 49개 명단을 취합하였다. 그 49곳을 대상으로 인구중심을 기준으로 25곳으로 줄인 후, 다시 장애물 평가로 최종평가 대상을 8곳으로 확정했다. 그런 다음 이 8곳에 ICAO 평가체제를 적용했다.

표 5 사전타당성 검토 보고서의 3단계 평가결과

번호	후보지	공역	기상	장애물	소음	환경성	접근성	주변개발	확장성	사업비	계	순위	비고
	가중치	30	5	5	15	15	1	1	8	20	100		
1	신도-2	27.0	3.0	5.0	1.5	4.5	0.5	1.0	8.0	20.0	70.5	2	4조
2	하모-1	3.0	0.5	0.5	13.5	15.0	1.0	1.0	1.6	2.0	38.1	4	5조
3	난산	18.0	5.0	5.0	15.0	1.5	0.2	1.0	0.8	20.0	64	3	3.9조
4	성산	30.0	5.0	5.0	9.0	15.0	0.1	1.0	6.4	18.0	89	1	4.1조

신중하게 잘 결정된다고 하더라도 반드시 결과가 만족스럽지 않을 수도 있지만, 평가기준이 잘 선정되지 못했음에도 결과가 좋은 경우는 있을 수 없다. 표 5는 사전타당성 검토의 최종 평가결과다.

우선 4군데 후보지 대상 최종결과치곤 지나치게 점수 차가 크다. 최고점 89점, 최하점 38.1이므로 50.9점이나 차이가 난다. 최종 경쟁지의 경우에도 89점과 70.5점으로 18.5점 차이다. 부문별로 보면, 공역은 최고 30점, 최저 3점이다. 사업비의 경우에는 20점, 20점, 18점, 그리고 2점이다. 사업비의 실제 액수는 3.9소, 4조, 4.1조, 5조인데 말이다. 후보지별 점수 차이가 이렇게 극단적이고 실제값과 평가값이 이렇게 크게 차이가 난다는 것은 평가설계나 평가방법이 잘못되었다는 방증이다. 한마디로 왜곡이 너무 심한 것이다.

실제 평가과정에서 1점과 10점 격차 사례가 두 번이나 있었다. 9점 차이다. 한 후보지가 그 두 번 다 해당된다면 합계 18점이다. 예컨대 정석 후보지가 그렇게 순식간에 18점을 잃었고 결국은 2단계에서 최하점으로 탈락했다. 그런데도 최종 평가결과를 신뢰할 수 있겠는가?

그리고 1단계의 평가항목이 지나치게 많다. 처음부터 바로 국제민간항공기구(ICAO) 체제를 적용하고 있다. ICAO 스스로가 강조하듯이 공항부지의 입지선정은 철저하게 '지역성'을 전제해야 하는데, 그것을 평가하고 재해석하는 과정이 없었다. 그 작업을 제대로 했다면, 1단계에서부터 공항입지 최소요구조건에 대한 5개 항목 즉 공역, 기상, 장애물, 소음, 환경성 등을 한꺼번에 적용하는 일은 없었을 것이다. 대신에, 제주지역성을 제대로 반영함으로써 경관, 생태계, 지하수 보전지구, 그리고 유네스코 지정 세계유산과 곶자왈, 그리고 오름과 용암동굴 지대, 철새도래지 등의 중첩여부를 평가하는 것으로 1단계는 충분했을 것이다. 사전타당성 검토 용역진 스스로도 인정하듯이 '제주의 공항'을 위한 가장 기본적인 입지조건은 '환경성'이기 때문이다.

또한 소음의 경우 숫자가 많다는 이유로 피해 가옥수가 아닌 건축물 면적으로 평가하고 10등급 상대평가로 탈락 후보지를 결정했다. 건축물 면적을 기준으로 하여 5등급 이상은 통과, 6등급 이하 탈락시킨 것은 타당성을 인정받기 어렵다. 건축물 면적이라는 기준도 문제지만 6등급 이하 제척이 더 큰 문제다. 10등급 평가법은 상대평가만 가능하다. 공항의 최소요건을 평가하려면 그에 합당하는 기준을 전문가가 정해 평가하면 될 일이다. 상대평가가 적용되면 상호비교평가만 가능하므로 기준 충족여부를 판단할 수 없고(왜 5등급은 되는데 6등급은 안되는가?) 유력한 후보가 한 평가항목에서만 상대적으로 열등한 이유로 처음부터 배제될 위험성이 상존한다.

1단계에서 이렇게 '공항입지 최소요구조건'을 내세워 평가할 것이라면 그 단계에서 철저하게 평가하고 끝냈어야 한다. 그런데 세 단계에 걸쳐 평가를 거듭하다 보니, 같은 항목인데도 단계에 따라 평가방법, 배점기준이 달라지고, 앞뒤 단계에서 새로운 평가도 없이 점수만 반복해서 더해지는 이상한 일이 벌어진다. 대표적인 것이 '기상'의 경우이다. 하부요소로 풍극률(wind coverage), 안개일수, 측풍을 단계마다 하나씩 배치해놓고, 풍극률은 모든 단계마다 되풀이해서 배치했다. 안개는 두 번이다. 여기서 또 풍극률과 안개일수는 배점방식이 다르다. 그런데 두 요소의 점수를 그대로 합산, 평균하여 상대평가 점수를 냈다. 도무지 일관된 평가의 원칙이 보이지 않는다.

3단계 입지 평가의 문제점

일반적으로 비교 평가 연구에서는 최종 단계에 들어오면 직전까지의 분석을 바탕으로 하는 종합평가 국면으로 들어간다. 그런데 이번 연구는 전혀 그렇지 않다. 3단계의 평가기준은 '사업비 분석 포함, 세부분석 결과를 토대로 종합평가 후 최적입지 선정'으로 기술되어 있다. 그러나 '종합평가'는커녕, 3단계에서도 여전히 새로운 세부항목이 추가되면서 평가가 시행된다. 공역·기상·환경성과 같은 항목이 있는가 하면, 2단계 평가결과를 평가대상 숫자만 줄여서 3단계에 그대로 옮겨놓은 장애물·소음·접근성·주변개발계획 항목도 있다. 지형조건과 공공시설지원처럼 아예 사업비항목으로 흡수되어버린 항목도 있다. 3단계에 처음 등장한 사업비는 최종 후보지별 비교 평가를 위한 '사업비 분석'도 없다. 표 6에 나와 있는 것이 전부다.

명색이 '국책사업'인데, 비교 평가 자리에 내놓은 사업비 분석표는, 한참 게으른 자취생의 가계부만도 못하다. 후보지별 총사업비는 어떻게 산출했는가? 산출했다면 그 내용은 왜 싣지 않았는가? 후보지

표 6 사전타당성 보고서의 3단계 후보지 사업비 분석(사전타당성 보고서, 228쪽)

3단계 후보지 사업비 분석		
번호	후보공항	사업비(10억)
1	신도2	3,987
2	하모1	4,977
3	난산	3,940
4	성산	4,088

표 7 사전타당성 보고서의 3단계후보지의 가중치(사전타당성 보고서, 229쪽)

	공역	기상	장애물	소음	환경성	접근성	주변개발	확장성	사업비	계
가중치(%)	30	5	5	15	15	1	1	8	20	100

별 보상비, 공사비, 운영비 등의 세목들이 산출근거로 제시되어야 가중치 20%의 사업비를 평가할 것이 아닌가? 확충대안을 비교, 평가할 때와 마찬가지로 이 표 하나로 끝이다. 이것이 '제주 공항인프라 확충 사전타당성 검토' 연구의 실상이다.

가중치 적용의 문제점

표 7은 3단계평가 후 최종평가에 적용된 가중치를 표시한 것이다.
 먼저 환경성에 높은 가중치(15%)를 부여한 점은 일견 당연하게 보인다. 그러나 제주도의 자연환경을 중시하여 가중치를 높게 주었다는 용역진의 설명이 허구적이란 사실은 그들의 실제 평가 결과에서 드러난다. 사전타당성 검토 용역에서 환경성은 경관/생태/지하수 보전지구 1,2등급이 '공항부지와 얼마나 중첩되느냐'만을 기준으로 평가했다. 쉽게 말하면 공항부지만 피하면 환경성에 문제가 없다고 보는 것이다. 가중치를 높게 두어 환경성을 중시했다면 실제 환경훼손에 대한 평가기준이 있어야 하는 것이 아닐까? 예컨

대, 오름이 진입/전이/수평/원추 표면에 저촉되어 절취되는 경우, '장애물'로만 평가될 뿐 환경적 가치는 평가되지 않았다. 다시 말해, 오름이 공항부지 안에 들어올 때만 환경성 평가에 반영되었다는 것이다. 용암동굴이나 철새도래지에 대한 영향 역시 환경성 평가에 포함되지 않았다. 실제 제주 제2공항 후보지들의 장애물은 전부가 오름인데도, 장애물에 낮은 가중치(5%)를 부여한 것은 오름 절취문제를 평가에서 중요하게 고려하지 않았음을 입증하고 있다.

또한 확장성에 대해 장애물이나 기상보다 높은 가중치를 부여한 것은 제주도의 실정을 고려할 때 납득할 수 없다. 현 제주공항을 운영하는 상태에서 제2공항을 건설할 경우, 두 공항의 수용능력은 연간 6,000만 명 이상이다. 제주도의 환경·사회적 수용력과 지속가능성은 말할 나위도 없고, 단순히 장기 수요예측만을 고려하더라도 이미 과잉시설임이 명백한데, 추가적인 확장 가능성에 기상이나 장애물 보다 큰 가중치를 준 것은 납득하기 힘들다.

종합평가

최종 3단계이니 세심하게 다루었어야 하는 종합평가는 다음 한 문장이 전부다.

> "항공기 운항조건이 양호하고 관리보전지역 훼손이 최소인 '성산'을 최적입지로 제안."(사전타당성 보고서, 229쪽)

이것이 자칭 '전문가'들이 최종 3단계 평가에서 수행한 '사업비 분석 포함, 종합평가 후 최적입지 선정'의 전부다. 사업비 분석도 종합평가도 없었다. 이러고도 국책사업이라고 국민들한테 일방적 희생을 강요할 것인가?

우리는 '제주 공항인프라 확충 사전타당성 검토' 연구의 입지 평가가 투명성도 공정성도 객관성도 전문성도 신뢰성도 확보하지 못한 것이었다고 확신한다. 연구 용역진에게 최소한의 학문적 전문성이나 학자적 양식이 있었다면 이런 결과는 나오지 않았을 것이다.

4. 정석비행장: '기획된 탈락'인가?

입지 선정 과정에서 '정석'은 의외로 2단계 평가에서 탈락했다. 사실 정석비행장은 진작부터 '신공항' 후보지로 제주도민들 사이에 오르내리곤 했다. 무엇보다도 도민들이 주목하는 것은 이미 공항으

그림 7 정석비행장 항공 사진

로 운영되고 있다는 점인데, 사실 그로 인한 장점은 한두 가지가 아니다.

첫째, 가장 중요한 것은 환경파괴를 최소화할 수 있다는 점이다. 이 점은 역설적이게도, 성산읍 일대를 공항부지로 선정한 이유로 정부가 주민들한테 홍보하는 내용이기도 하다. 그렇지만 현재 계획대로라면, 성산읍 온평리 일대는 아스팔트와 콘크리트로 덮이게 된다. 공항부지 예정지 인근에는 오름 군락이 형성되어 있고 땅속으로는 용암동굴이 사방팔방으로 뻗어있다. 인근에는 철새도래지도 있다. 게다가 성산읍 일대에서 공항을 건설하려면 생땅 150만 평을 파고 메워야 하지만, 정석 비행장 부지는 이미 개발되어 있어서 추가로 훼손해야 하는 땅이나 환경도 상대적으로 작다. 둘째, 중산간인 정석후보지는 취락이 거의 형성되어 있지 않다. 따라서 강제로 이주해야 하는 지역주민들이 별로 없다. 신산, 수산, 난산, 온평 등 대대로 이어져온 마을공동체 해체를 막아낼 수 있다. 셋째, 비슷한 이유에서 정석비행장은 성산 지역에 비해 소음 피해를 최소화 할 수 있다. 넷째, 예산 문제도 상당 부분 줄어든다. 토지나 소음 피해 보상비도 줄어들 것이고, 전국에 놀고 있는 적자 공항들 중 하나를 대한항공의 훈련비행장으로 교체 제공하는 것을 검토할 수 있다. 비용과 직결된 공사기간도 확 줄일 수 있다. 다섯째, '제2공항'이 주로 국제선으로 운영될 경우 필요시 24시간 운영도 가능하다. 장점이 하나둘이 아니다. 그것도 사소한 게 아니라, 제주의 현실과 미래를 위해 결정적인 것들이다.

그런 숱한 장점들에도 불구하고 정석후보지가 진작 2단계에서 탈락했으니, 애초부터 의도적인 것이 아니었는가 하는 의문이 제기

표 8 2단계 후보지 평가 결과(사전타당성 보고서, 214쪽, 강조는 인용자)

구분	후보지	공역	기상	장애물	소음	환경성	접근성	지형조건	주변개발계획	공공지원시설	확장성	종합 계	최종후보
2	신도-2	10	2	10	1	7	5	10	10	7	10	72	선정
3	인성	1	1	1	8	10	10	8	9	8	1	57	탈락
4	하모-1	10	1	3	8	10	8	10	10	10	6	76	선정
7	정석	1	2	9	9	2	5	9	10	1	8	56	탈락
8	난산	10	10	6	10	6	3	1	10	9	6	71	선정
9	성산	10	10	9	6	10	2	9	10	6	8	80	선정

되는 것이 당연하다. 하나하나 살펴보기로 하자.

정석 후보지는 최종단계도 아닌 2단계에서 10곳 후보지들 중 평점 최하위를 기록하면서 탈락했다.[17] 최종입지로 선정된 성산 후보지가 2단계 네 항목(공역, 기상, 환경성, 공공지원시설)에서 36점(10, 10, 10, 6)을 받을 때 정석은 같은 항목에서 단 6점(1, 2, 2, 1)을 받았다. 이때 최종단계에 남은 신도2는 26점, 하모1은 31점, 난산은 35점을 받았다. 이렇게 격차가 나는 점수도 그렇지만 더욱 납득하기 어려운 점은 정석 후보지가 유리할 것으로 보였던 평가항목들에서 정작 최하위권 점수를 받았다는 사실이다. 이들은 하나같이 평가방법이 일관성을 잃거나 자의적이라는 공통점을 갖고 있다.

17 사실은 인성이 49점으로 최하점이다. '주변개발계획' 항목에서 연구팀이 엉터리로 평가했는데, 그 부분을 바로잡으면 9점이 아니라 1점이다. 하지만 이번 연구의 전반적인 전개양상으로 봐서는 또 어딘가, 실수든 고의든 오류가 있어도 아직 드러나지 않았을 가능성이 있으므로 이것 또한 최종적인 점수라 믿을 수는 없다.

공역

공역은 비행기들이 이착륙할 때 안전을 보장하기 위해 공항에 따라 정해놓은 공중의 배타적인 안전영역이다. 공역이 겹치면 항공기들이 위험해질 수 있기 때문에 공항을 건설하려 할 때는 공역 중첩이나 운항 난이도를 고려한다.

1단계 공역의 평가기준은 기존 제주공항과 후보지 공항의 진입표면 중첩면적으로, 31곳 중 5등급 이하가 탈락하고 정석을 포함한 10개 후보지가 2단계로 진출한다. 2단계 평가기준은, "제주공항과 후보공항의 진입표면 말단간의 거리를 고려하여 출도착 항로 구성의 난이도를 평가"한다고 나와 있다(사전타당성 보고서, 188쪽). 즉, 항로구성의 난이도를 평가하는 데 '진입표면 말단간의 거리'를 고려하겠다는 말이다. '진입표면 말단간의 거리'는 '접근성' 평가기준인 '주요배후도시와의 거리'처럼 정량화가 가능하다. 그런데 사전

표 9   2단계 공역 분석(사전타당성 보고서, 209쪽의 표에 점수를 추가)

번호	후보지	항로구성난이도	점수
1	두모	높음(제주공항 인접)	1
2	신도2	낮음	10
3	인성	높음(제주공항 인접)	1
4	하모1	낮음	10
5	하모2	낮음	10
6	위미	낮음	10
7	정석	높음(북측진입 곤란)	1
8	난산	낮음	10
9	성산	낮음	10
10	김녕1	높음(제주공항 인접)	1

* 후보공항 출도착 항로 구성 난이도를 분석

타당성 보고서 209쪽의 '공역 분석표'에는 '진입표면 말단간의 거리'는 아예 나와 있지도 않다. 여기서 '정석'은 '높음(북측진입 곤란)'을 사유로 1점을 받는다. 그 1점은 어디에도 객관적인 근거가 없다. '제주공항 인접'인 두모, 인성, 김녕1도 1점을 받았다. 그들도 근거가 없기는 마찬가지다. 각각 평가기준인 '진입표면 말단간의 거리'가 있으므로 그에 따른 점수를 10점 척도 등간격 상대평가로 점수를 매기면 되는데 말이다. 공교롭게도 3단계로 진출한 신도-2, 하모-1, 난산, 그리고 성산이 모두 10점이다. 그것 하나로 9점이나 차이가 난다. 으레 전문가의 '정성적 평가'를 주장하겠지만, 그것이라면 더더욱 점수차가 분산되었을 터이다.

기상

기상과 관련하여, 보고서는 9개 평가항목 중 가장 논란의 여지가 많은 평가방법을 사용했다. 정석 후보지는 '기상' 항목에서 2점을 획득했다.

    1단계 기상 항목에서 정석 후보지는 풍극률(wind coverage)[18] 99.72%를 기록, 2단계로 진출한다. 문제는 2단계에서 포착된다. 안

---

18   wind coverage: 활주로의 측면에서 부는 바람이 위험풍속(일반적으로 15mile/h)을 초과하지 않는 시간을 전체 측정시간에 대한 백분율로 나타낸 값으로, 풍극률 혹은 풍극범위라고도 한다. wind coverage가 높다는 것은 측면에서 위험한 바람이 적게 분다는 것을 뜻한다. 모든 비행장은 풍극률이 95% 이상이 되도록 그 방향을 정하고 있다. 사전타당성 검토에서도 95% 미만을 탈락시켰다.

표 10 2단계 기상 분석(사전타당성 보고서, 209쪽)

구분	후보지	wind coverage(%)	점수	연간 안개일수	점수	평균
1	두모	95.55	6	28	3	4.5
2	신도-2	97.55	8	28	3	5.5
3	인성	96.31	6	28	3	4.5
4	하모-1	96.31	6	28	3	4.5
5	하모-2	96.31	6	28	3	4.5
6	위미	99.95	10	23	5	7.5
7	정석	99.72	10	33	1	5.5
8	난산	99.61	10	12	10	10
9	성산	99.72	10	12	10	10
10	김녕-1	99.54	10	16	10	9.5

개일수가 평가기준으로 새로 등장하는데, 여기에 다시 또 풍극률이 평가기준으로 나타난다. 1단계에서 Pass/Fail을 가르는 것으로 끝난 줄 알았던 wind coverage(%)가 이번에는 점수로 환산되어 평가척도가 된다. 다른 평가항목에선 없는 일이다. 풍극률이 1단계에 적용되는 것으로 끝났다면, 2단계에서는 평가기준으로 안개일수 하나가 적용된다. 안개일수만 따지면 연간 33일이므로 상대평가로 확실한 1점이 된다. 풍극률 점수와 합산, 평균 5.5점으로 2점을 환산해 낼 필요가 없다. 안개일수만으로 바로 그냥 1점이다. 그것이 그냥 기상점수일 뻔했는데 거기에다 풍극률에서 1등급으로 10점을 받는 바람에 합산평균 5.5점이 되어 10등급 환산점수 2점을 받았던 것이다.

그런데 정석 후보지의 평점의 근거인 안개일수 33일은 신뢰할 만한가? 사전타당성 검토용역에서 모든 후보지들의 기상은 인근의 기상대 관측치로 평가했다. 문제는 오직 '유일한 예외'가 정석이란 점이다. 정석의 풍극률은 성산기상대 자료인데 안개일수는 성산

기상대 자료를 쓰지 않았다는 사실이다.[19] 그렇다면 왜 안개일수는 '성산' 후보지 12일과 '정석' 33일로 큰 차이가 나는가? 이것이 미스테리다. 그렇다면 정석의 안개일수 33일은 어디에서 왔는가? 정석비행장에도 직접 측정된 안개일수 자료는 없다. 용역진은 정석비행장의 자료를 토대로 다음과 같이 안개일수로 환산했다고 한다.

표 11 용역진이 밝힌 정석비행장의 안개일수 계산법

10년간 총 운영시간 2,377시간 중 시정과 운고 착륙최저치 미만인 213시간을 %로 환산 → (213/23,777)×100=9% → 1년으로 환산 안개일수 도출. 365일×0.09=33일

이런 복잡한 과정을 거쳐 정석 후보지는 10개 후보지들 중 가장 안개일수가 많은 것으로 설정되었다. 이처럼 타 후보지와는 전혀 다른 방식으로 측정치를 추출하고 안개일수라고 주장하는 용역진은 이에 대한 사유도 보고서에 밝히지 않고 있다. 안개를 포함하는 시정과 운고일수를 기준으로 도출했다는 안개일수가 타 후보지의 안개일수와 동일한 기준이 아니라는 점은 명확하다. 안개일수는 말 그대로 안개일수이며 시정과 운고는 안개를 포함한 강우, 눈, 황사, 연무 등 여러 시정 저해요소를 포함하는 개념일 뿐이다. 과학적 객관성과 평가의 공정성을 부정하는 편법임이 분명하다.

또한 과학적 개연성은 다른 가능성을 말해준다. 2010년 3월 '국립기상연구소'와 '제주지방기상청'이 낸 「제주의 기후변화」에 따르

---

19   미세한 측정치인 풍극률이 '성산' 후보지와 '정석'이 99.72%로 동일한 이유이다.

면 제주지역은 내륙지역보다 해안지역에 안개가 많이 발생한다고 적고 있다. 게다가 우리나라의 안개는 중국지역 내륙과 해수면 온도차로 인해 서해안에 주로 발생하며 육지에 오면 소멸되는 특성을 가진다. 해발 고지대에 발생하는 '안개'는 안개가 아니라 구름일 가능성이 높다. 객관적인 정황은 정석의 연간 안개일수 33일이 신뢰할 수 없다는 것을 보여주고 있다. 결론적으로 정석의 기상 평가는 신뢰할 수 없다.

환경성

정석 후보지가 환경성 항목에서 받은 평점은 2점이다. 활주로를 새로 건설해야 하는 성산 10점에 비해 현저히 낮은 점수다. 환경성은 공항건설로 인해 환경이 훼손될 수 있는 가능성을 평가하는 문제다. 정석은 평가척도가 된 경관·생태계·지하수자원 보전지구 등 중요한 관리보선시역이 중첩돼 있고, 성산은 중첩된 지역이 없기 때문에 그렇다는 결과가 나왔다. 표 12가 그 근거이다.

'정석'은 상시 비행훈련을 하고 있을 뿐만 아니라, **특별**한 경우 대형항공기가 이용하는 비행장으로 이미 개발된 후보지다. 공항으로 개발되어 사용하고 있으므로 그 지역은 이미 보전지구가 될 수 없다. 즉, 이미 개발된 지역을 보전지구로 표시하고 평가에 포함시키는 오류를 범한 것이다. 필요한 공항부지가 현 정석비행장보다 넓다 하더라도 저 정도 규모의 면적을 추가로 차지할 만한 보전지역은 찾을 수가 없다. 이에 대한 객관적 자료제시와 해명이 없으므로 의혹이 해소될 수는 없다.

표 12 2단계 환경성 평가(사전타당성 보고서, 211쪽의 표에 평가점수 추가)

번호	후보지	2단계 환경성 평가(단위 천㎡)			비고	평가 점수
		경관보전지구 1등급 (가중치 20%)	생태계보전지구 1등급 (가중치 40%)	지하수자원보전지구 1등급 (가중치 40%)		
1	두모	-	19	1		8
2	신도-2	107	-	107		7
3	인성	21	-	21		10
4	하모-1	-	-	-		10
5	하모-2	24	-	-	해양생태계	1
6	위미	-	-	-	해양생태계	1
7	정석	31	28	159		2
8	난산	181	-	-		6
9	성산	-	-	-		10
10	김녕-1	-	8	118		7

공공시설지원

정석은 공공시설지원 평가에서 역시 1점을 받았다. 평가결과를 쉽게 해석하자면, 정석이 유틸리티 연결비용이 가장 많이 든다는 뜻이다. 그런데 '영남권신공항 사전타당성 검토' 연구에서는 그것을 '기존망과의 거리'로 해석했다(404쪽). 주지하듯 정석에는 이미 그런 시설들이 작동중이다. 이를 감안하지 않고 '기존망과의 거리'만으로 평가해서는 안 된다. 그럼에도 불구하고 최하 평점을 받았다.

표 13을 보자. 정석이 읍 소재지에서 가장 멀므로 1점이고, 하모-1과 하모-2는 읍 소재지와 가장 가까우므로 10점이다. 쉽게 말하자면, 공공시설을 연결하는 데 드는 비용을 '기존 망과의 거리'가 아니라, 작은 지역 행정중심지와의 거리로 환산한 것이다. 읍사무

표 13 2단계 공공시설지원 분석(사전타당성 보고서, 213쪽의 표에 점수를 추가)

구분	후보지	점수	시읍 접근거리 (km)	행정중심지
1	두모	2	11.0	한림읍
2	신도-2	7	6.6	대정읍
3	인성	8	5.0	대정읍
4	하모-1	10	2.8	대정읍
5	하모-2	10	3.5	대정읍
6	위미	5	8.3	서귀포시
7	정석	1	12.7	남원읍
8	난산	9	4.2	성산읍
9	성산	6	7.6	성산읍
10	김녕-1	5	8.2	조천읍

소와의 거리가 실제로 공공시설지원비용을 대표할 수 있는가? 아마도 정석 후보지를 2단계에서 평가할 때까지는 그렇게 생각한 모양이다. 실제로 그랬다면 '국책사업'의 사전타당성검토용역을 맡으면 안 될 만큼 무능한 것이다. 그들은 평가기준을 '시/읍과의 거리'로 삼았다. 그 기준이 적합한가? 제주도에 자치단위가 아닌 작은 행정기구인 읍 소재지에서 직접 지원받을 수 있는 공공시설은 없다. 용역진은 정석 후보지가 탈락한 다음 3단계 와서야 그것을 알아차린 모양이다. 실제로 사전타당성 연구진은 총사업비를 산출할 때, 공공시설지원 평가기준을 '시/읍과의 거리'로 삼은 것이 타당하지 않음을 스스로 입증했다. 나중에 공공시설 비용의 근거로 삼은 것은 실제로 공공시설 지원이 가능한 곳, 즉 '성산'과 서귀포시와의 거리(L=38km)였다. 상수도와 도시가스, 외부전력시설 등 모든 공공시설을 가장 가까운 읍사무소가 아니라 서귀포시청 인근에서 인입

하는 것으로 전제하고 사업비를 추정했다. 이렇듯이 실제 공공시설지원은 단순히 행정 중심지와의 거리로써 평가해서는 안 되는 것이다. 기존 시설망과의 거리가 그 자리를 차지해야 한다. 평가기준을 정할 때 이를 지역현실과 부합하도록 조절하는 것은 전문가로서 당연한 임무이다.

공공시설지원은 그 실제적 의미에 비추어 정석이 최상급이다. 10점이 당연하다. 정석 후보지는 앞서 보았듯이, 실제로 상시 비행훈련을 하고 있을 뿐만 아니라 이를 위해 이미 2본의 교차활주로, 관제탑, 주기장, 격납고는 물론 계기착륙장치(ILS)까지 갖추고 있다. 이미 전기, 통신, 급수, 가스 등 공공시설이 기본적으로 연결되어 있는 민간비행장이다. 따라서 다른 곳에 비해 사업비를 크게 절감할 수 있다. 그런데 정석은 '기존 시설망' 연결가능성도 없는 남원읍과의 거리가 12.7km라 해서 1점을 받았고, 하모1은 '기존 시설망'도 없는 대정읍과 2.8km라 해서 10점을 받았다. 넌센스 중의 넌센스다.

'제주 공항개발 구상 연구' 역시 '공공시설지원' 평가항목에서 행정 중심지와의 거리를 기준으로 삼았다. 둘 다 똑 같은 과오를 저지른 것이다. 그런데 '영남권신공항 사전타당성 검토' 연구는 이렇게 평가했다(559쪽). "김해공항의 유틸리티 비용은 기존 시설을 재사용하기 때문에 타입지에 비해서 낮다." 이 말을 제주의 사례에 적용하면 이렇게 된다. "정석 후보지의 유틸리티 비용은 기존시설을 재사용하기 때문에 타입지에 비해서 낮다." 공공시설지원 평가의 오류를 명백하게 지적하고 있는 것이다. 정석이 공공시설지원에서 최하로 평가된 것은 용역진이 무능하거나 부정직하거나 아니면 다른 이유가 배후에 작용했을 거라는 합리적 의심을 일으킨다.

5. 신도2 후보지 이동 후의 불편한 진실: 뒤바뀐 결론

'신도2'는 사전타당성 검토 연구에서 하모1, 난산, 성산과 함께 제2공항의 최종 후보지들 중 하나였다. 2012년 '제주 공항 개발구상 연구'에서도 신도는 최종 후보지에 들었던 지역이다. 그런데 사전타당성 용역에서 지금까지 후보지로 언급조차 된 적이 없던 '성산'에 큰 점수 차이로 밀려 최종 탈락했다.

'신도2' 문제가 불거진 것은 검토위에서 확인한 결과, 원래 위치에서 이동한 후에 평가점수가 큰 폭으로 떨어졌다는 사실이 드러났기 때문이다. 즉, 이동 전의 후보지(원래의 신도2)가 이동 후 후보지보다 훨씬 유리한 곳이었다는 뜻이다. 이렇게 된 것일까? 검토위에서 사전타당성 용역진에게 31개 후보지 전체의 소음등고선을 요청해 그 좌표를 확인해본 결과, 신도2의 소음등고선 축과 활주로 중심선이 맞지 않고 틀어진다는 것이 발견되었다. 그림 8 가운데 짙은 녹색점으로 표시된 녹남봉을 가운데 두고, 파란색의 원래 신도1과 빨간색의 원래 신도2 활주로 중심선이 평행하게 지나가는데, 2단계 신도2의 중심선(노란색)이 1단계 중심선(빨간색)과 다른 것을 확인해낸 것이다. 즉 신도2는 위치와 방향이 이동되어 있었다. 이 문제는 신도와 관련된 여러 의혹의 끝 부분에서 집중적으로 살펴본다.

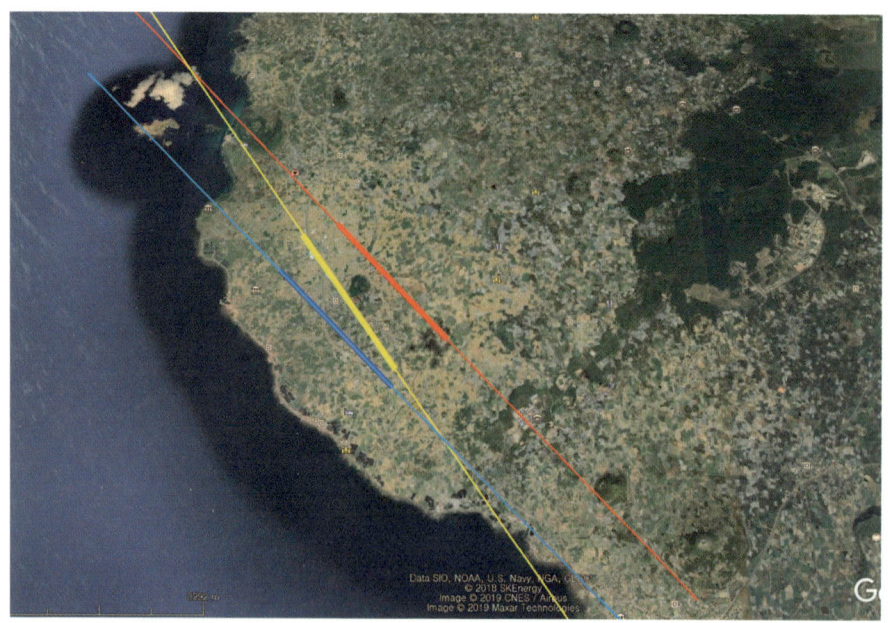

그림 8 신도 후보지들
출처: 제2공항반대범도민행동 조사팀
설명: 파란색이 신도1, 빨간색이 신도2, 노란색이 이동 후의 신도2

신도1 탈락: 소음피해 건축물 면적 기준 때문

먼저 신도1은 1단계 평가에서 '소음' 평가로 인해 일찌감치 탈락했다. 신도1은 해당지역의 소음피해 '건축물 면적' 등급이 상대적으로 높았기 때문에 공역·기상·장애물·환경성 항목에서는 통과했으나, 소음 기준에서 탈락했다. 그런데 건축물 면적을 소음피해의 평가기준으로 한 것은 비정상이다. 사전타당성 보고서에는 "공항소음 방지 및 소음대책지역 지원에 관한 법률의 소음기준에 따라 분석, 평가함"이라고 기술되어 있지만(사전타당성 보고서, 183쪽), 그 법률에는 아예 소음기준이라는 것이 규정되어 있지도 않다.[20] 모든 법령에서 소음피해 보상은 어디까지나 가구수 기준이다. 소음피해 대상을 '건축물 면적'으로 삼은 사례가 없으며, 재조사용역진도 평가기준으로 적용한 전례가 없다고 실토했다. 더욱 이상한 점은, 1단계에서는 소음피해 대상을 '건축물 면적'으로 삼았다가 2, 3단계에서는 '가구수'로 바꿨다는 점이다.

그림 9 '신도1 소음등고선'을 보자. 마을이 집중돼 있어 애초부터 소음피해가 클 수밖에 없는 지점이다. 왜 그런 지역을 후보지로

그림 9 **신도1의 소음등고선**
출처: 제2공항반대범도민행동 조사팀

---

20 실제 소음 기준은 '국토교통부고시 제2019-50호, 공항 소음대책 지역의 방음 및 냉방시설 설치기준'에서 규정하고 있다.

선정했을까? 일반적으로 인구밀집 지역은 애초부터 후보지에서 제외되는 것이 원칙이다. 그러면 인구밀집 지역과 겹치지 않는 곳이 없는가? 그렇지 않다.

신도0는(그림 10에서 해안쪽 분홍선) 사전타당성 검토 연구에서는 예비후보지 31곳에 들지 못했지만, 2012년도 수행된 '제주 공항개발 구상연구'에서 "환경과 소음피해가 가장 적고 오름도 절취할 필요가 없으며 삶의 터전을 떠나 이주해야 하는 가구도 거의 없는 곳"으로 평가됐던 신도리 해안에 위치한다.

이곳은 2012년 연구 당시에는 활주로 2본을 갖춘 '신공항' 후

그림 10 신도0 후보지
출처: 제2공항반대범도민행동 조사팀
설명: 분홍색이 신도0

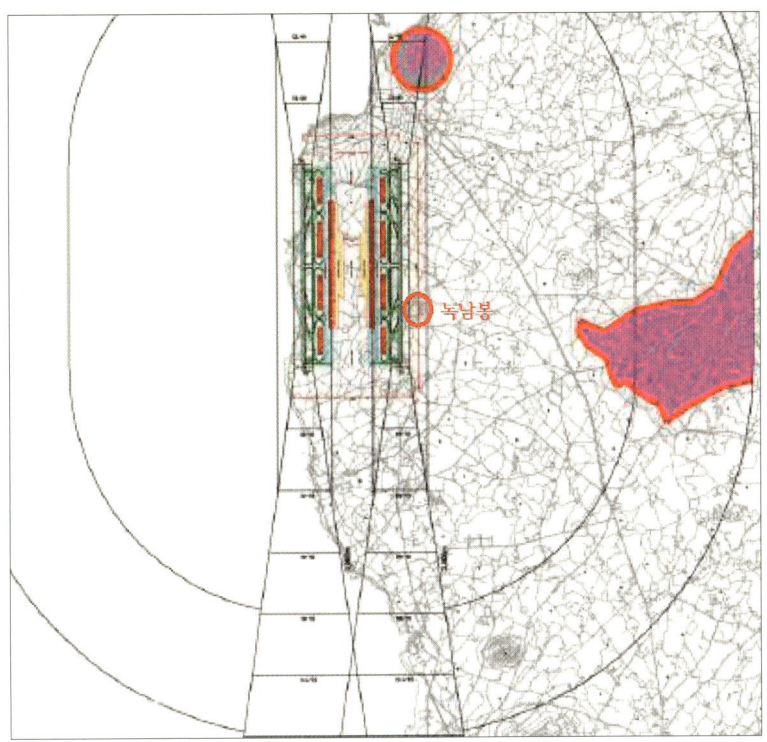

그림 11 '제주 공항개발 구상 연구'의 신노후보지 장애물도

보지의 하나였는데, 그중 좌측 해안 쪽 활주로보다 좀 더 남동쪽으로 내려온 위치로, 반대측 검토위원이 직접 검토한 가상의 최적지이다.[21] 오른쪽 활주로 구역은 당시에도 소음피해가 클 것으로 우려됐었다. 이렇게 유리한 후보지가 왜 애초부터 31개 예비후보지에도 포함되지 않았는지가 중요한 의문이다. 당시 책임연구원이 이번 사

---

21 2012년 연구의 오른쪽 활주로 구역은 당시에도 소음피해가 클 것으로 우려됐었다.

제4장 | 풀리지 않는 의혹들: 왜 제2공항, 왜 성산인가? 127

전타당성 용역에도 참가한 인물이므로 그곳에 대한 정보가 있었는데 왜 예비후보지에서도 누락됐는가? 사전타당성 보고서(177쪽)에는 '1단계 후보지 선정 및 평가방법'과 관련하여 "제주 공항개발구상 연구(국토연구원, 2012) 후보지"를 포함해 총 31개 후보지를 선정하였다고 기술하고 있기까지 하다. 이 기술이 사실이라면 '신도0' 또는 해안 쪽 신도후보지는 당연히 포함되어야 하지 않는가!

신도2, 이상한 이동, 그리고 '확실한 패배'

원래의 신도2를 왜 나중의 '신도2'로 이동시켰는지, 그것은 사타에 대한 핵심적 의혹 중 하나이다. 이동한 후 평가결과가 더 좋아졌다면 모를까, 신도2 후보지는 가중치가 크게 반영된 소음과 환경성 평가항목에서 이전보다 크게 나쁜 평점을 얻게 된다. 뒤에 살펴보겠지만 더 중대한 쟁점은 이동하기 전의 신도2의 평점이 성산 후보지보다 확실하게 앞서 있었다는 것이다. 이것은 사전타당성 용역의 '중대한 결함'이다.

이동 전과 이동 후를 확실하게 비교해보자. 그림 12에서 녹남봉을 중심으로 평행한 2개의 선은 원래의 신도2와 이동한 신도2 활주로 위치다. 녹남봉을 기준으로 보면 신도2의 활주로 중심선의 위치가 확실히 달라졌다. 2단계로 가면서 신도2 후보지의 위치를 이동시킨 것이다. 또 다른 사진자료를 보자. 성산과 비교 평가할 때, 그 '이동'은 치명적이었다. 이동했기 때문에 가중치가 부여된 환경성과 소음 등 거의 모든 평가항목에서 크게 불리해지고 감점됐기 때문이다.

그림 13에서 노랑선 부지는 이동전 신도2이고, 진한 보라색선 부지는 이동 후 신도2인데, 이동 후 신도2 안에는 짙은 고동색으로

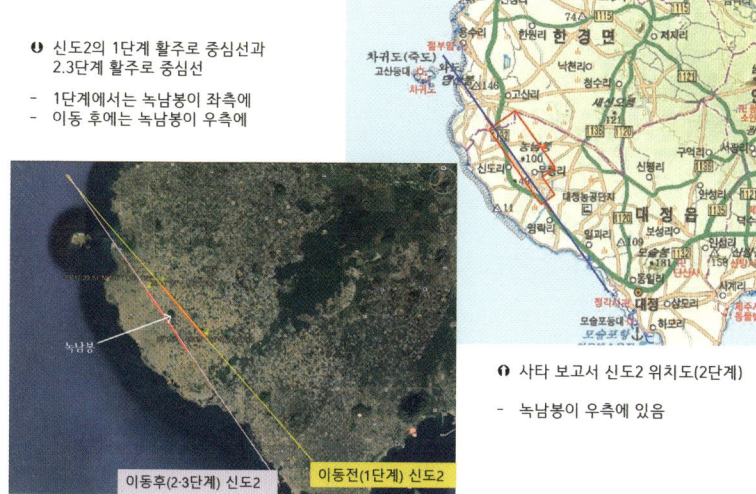

그림 12 이동 전후로 달라진 신도2의 활주로 위치
출처: 제2공항반대범도민행동 조사팀

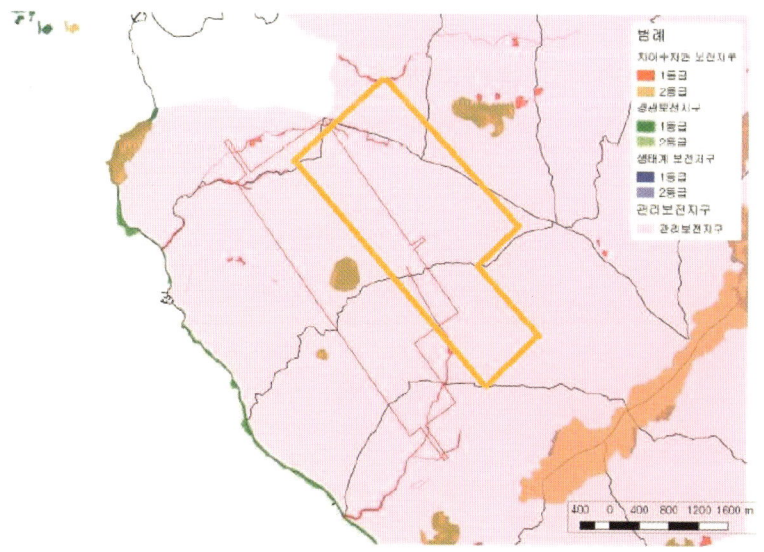

그림 13 신도2의 관리보전지구와의 중첩 현황(사전타당성 보고서, 222쪽)

제4장 | 풀리지 않는 의혹들: 왜 제2공항, 왜 성산인가? 129

녹남봉이 들어있다. 녹남봉은 경관 및 지하수에 중첩으로 지정되어 있는 관리보전지구다. 그런 녹남봉이 공항부지 안으로 들어오게 되었으니 평가에서 훨씬 불리해지게 되었다. 원래 신도2 부지는 사진에서 보듯이 녹남봉과 떨어져 있어서 환경성이 훨씬 양호했다.

소음의 경우를 보자. 그림 14에서 빨강직선은 원래 신도2 활주로 중심선이다. 소음등고선을 중심으로 신도2 후보지가 이동한 결과를 보면, 신도, 무릉, 영락, 일과리 등 주민이 많은 취락지역이 옮겨진 신도2 소음등고선 안으로 전격 편입되면서 소음피해 가구수가 대폭 늘어났다. 그 결과 소음피해 가구는 이동한 후에는 2,157가구, 이동하지 않았을 경우에는 600가구 미만으로 추정된다. 이런 불리한 결과를 예상할 수 있는 전문가들이 이런 선택을 할 만한 충분한 이유가 있었던 것인가?

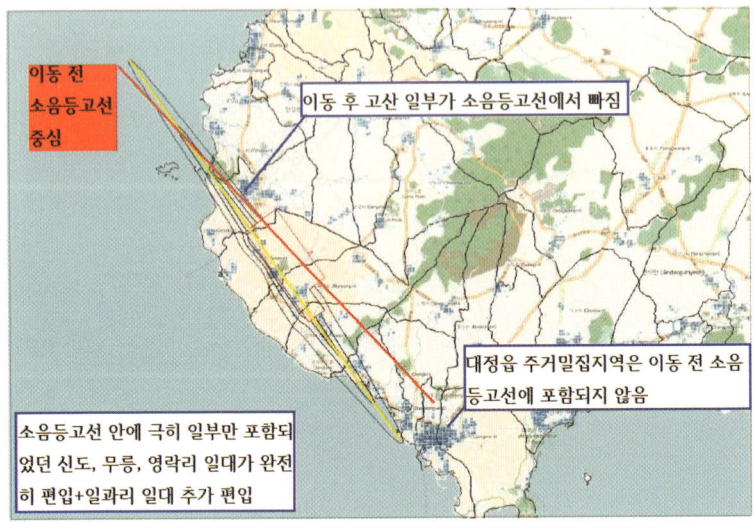

그림 14 이동 전후의 신도2의 소음등고선과 피해지역

표 14 3단계 후보지 소음 분석 (단위: 가옥수)

번호	후보지	제3종 구역			계
		'가'지구	'나'지구	'다'지구	
1	신도2	267	578	1,312	2,157
2	하모1	17	5	411	433
3	난산	3	2	98	103
4	성산	127	257	578	962

용역진에서는 신도2 후보지를 이동시킨 이유로 '최적화'를 들었다. '최적화'란 보다 좋은 평가를 위해 조건을 변경, 조절하는 것을 의미한다. 예를 들어 신도2에 공항부지를 예정했는데 1단계 심사를 하면서 살펴보니 약간 다른 쪽으로 이동하는 것이 평가에 유리하겠다(장차 공항을 건설하고 운영하는 데도)고 판단되어 변동시키는 것을 말한다. 문제는 '최적화'를 거치고 난 다음 좋아졌느냐, 나빠졌느냐이다.

그 결과는 우리가 지금까지 살펴본 바와 같다. 신도2는 확실히 이동전보다 특히 소음과 환경성 항목에서 나빠졌다. '최적화'를 시도한 이러저런 이유를 들었지만, '최적화' 결과가 이전보다 더 나빠졌다면 그것은 용역진이 무능했든가 부정직했든가 둘 중의 하나이다. 표 15는 신도2의 위치를 바꾼 후, 2-3단계평가를 거치고나서 가중치를 반영한 최종 평가결과다. 여기에서 신도2의 총점은 70.5점으로 성산 후보지 89점보다 한참 밑이다. 이동 후 환경성과 소음이 악화된 탓이 크다.

표 16, 17은 용역진이 1단계 평가 후 원래 신도2 후보지를 '최적화'하여 이동시키지 않았을 경우를 전제하여, '사타의 평가방식대로' 산출한 최종 평가점수다. 소음과 환경성이 결정적인 변수 역할을 했다. 1위 후보지가 바뀌었다. 신도2를 옮기지 않았다면, 제2

표 15 사전타당성 용역의 최종 평가 결과(사전타당성 보고서, 229쪽)

번호	후보공항	공역	기상	장애물	소음	환경성	접근성	주변개발	확장성	사업비	계	순위	비고
가중치(%)		30	5	5	15	15	1	1	8	20	100		
1	신도2	27.0	3.0	5.0	1.5	4.5	0.5	1.0	8.0	20.0	70.5	2	4조
2	하모1	3.0	0.5	0.5	13.5	15.0	1.0	1.0	1.6	2.0	38.1	4	5조
3	난산	18.0	5.0	2.5	15.0	1.5	0.2	1.0	0.8	20.0	64	3	3.9조
4	성산	30.0	5.0	4.5	9.0	15.0	0.1	1.0	6.4	18.0	89	1	4.1조

표 16 신도2 후보지를 이동하지 않았을 경우 소음 평가

번호	후보지	소음피해 가옥수	10점 척도 평가	가중치(15점) 적용	사타와의 차이
1	신도2	650 미만	4	6	+4.5
2	하모-1	433	7	10.5	-3
3	난산	103	10	15	0
4	성산	962	1	1.5	-7.5

표 17 후보지를 이동하지 않았을 경우 종합평가

번호	후보공항	공역	기상	장애물	소음	환경성	접근성	주변개발	확장성	사업비	계	순위
가중치		30	5	5	15	15	1	1	8	20	100	
1	신도2	30.0	3.0	5.0	6.0	15.0	0.5	1.0	8.0	20.0	88.5	1
2	하모1	3.0	0.5	0.5	9.0	15.0	1.0	1.0	1.6	2.0	33.6	4
3	난산	18.0	5.0	2.5	15.0	1.5	1.0	1.0	0.8	20.0	64.8	3
4	성산	30.0	5.0	4.5	1.5	15.0	1.0	1.0	6.4	18.0	82.4	2

공항 후보지는 달라졌다는 것이다.

빠른 이해를 위해 부가적인 설명을 하면 다음과 같다.

① 공역에서는 성산 진입표면의 군공역 중첩을 반영하면 성산과 신도2 둘 다 10점 만점에 10점이 되고 가중치(30) 적용 시에는 모두 30점이 된다.

② 소음에서는 이동 전 신도2의 소음피해는 최대 600가옥 미

만(소음등고선과 QGIS의 주택수를 비교·추산한 결과는 500가구 미만)이다. 따라서 소음피해 가옥수가 가장 많은 성산은 10점 만점에 1점으로 하락, 신도2는 10점 만점에 4점으로 상승한다. 가중치(15) 적용 시에는 성산은 1.5점, 신도2는 6점이 된다.

③ 환경성에서는 신도2 후보지의 공항부지에서 녹남봉이 제외됨에 따라 생태·경관·지하수 보전지구 1,2등급 중첩 면적이 없어지거나 최소화되어 신도2의 환경성 점수가 10점 만점으로 상향된다. 가중치(15) 적용 시에는 15점이 된다.

④ 신도2의 장애물과 확장성은 일부 나빠질 수 있으나 변동 정도와 가중치를 고려할 때 1~2점 차 정도로 순위와는 무관하다.

이렇게 최적입지가 바뀌는 중대한 결과를 제시하고 해명을 요구한 후에도 국토부의 대답은 핵심에서 한참 벗어나 있다. 위 표를 반박하는 객관적 기초자료와 평가 결과를 제시하여 전문가다운 해명을 하면 모든 게 해결될 일인데도 왜 그렇게 하지 않는가? 전문가를 믿지 않고 의혹만 제기한다는 궤변으로는 집단 지성의 대중을 설득할 수 없다. 더구나 영남권 사전타당성 검토에서는 각 후보지별로 최적화의 내용과 근거를 명확히 제시했던 데 반해, 제주 사전타당성 검토에서는 최적화의 근거는커녕 후보지를 이동시켰다는 사실조차 보고서에 밝히지 않아서 은폐했다는 의혹을 사고 있으니 어찌 전문가라는 이름으로 불릴 자격이 있겠는가?[22]

---

22 영남권 사전타당성 검토에서 최적화는 평가를 시작하기 전에 선행

6. 성산 입지 의혹: '최악'을 '최적'으로 바꾸는 기술

현재 '제2공항' 부지로 예정되어 있는 성산읍 일대는 지금까지 한 번도 공항후보지로 거론되지 않았던 곳이다. 가장 최근인 2012년 수행된 '제주 공항개발 구상연구'에서도 19곳 예비후보지에 들지 못했다. 이번 31개 예비후보지를 선정할 때도, 특별히 그럴만한 배경이 제시되지 않았다.

사실 성산 공항부지 일대와 그 인근은 제주도의 고유한 자연적 특성이 집약되어 있는 곳으로, 하늘과 물가에는 철새들이, 땅 위로는 오름들이, 그리고 땅속으로는 용암동굴이 꼬리를 물고 이어진다. 상식적으로 보아도, 그런 자연조건은 공항이 들어설 조건으로는 '최악'이다. '제주 공항인프라 확충 사전타당성 검토' 연구의 자칭 '전문가'들은 그런 악조건들에도 불구하고, '제2공항' 부지로서 '성산'이 도내 31개 후보지들 중 '최적입지'라는 결정을 내렸다.

과연 '성산'은 '제주 제2공항'을 위한 '최적입지'일까? 그 결정

> 연구에서 나온 후보지들을 검토하여 최적화하였고 본격적인 평가는 최적화 이후에 이루어졌다. 그러나 제주 사전타당성 검토는 선행연구에서 나온 후보지들이 아니라 사전타당성 검토 연구진 스스로 선정한 후보지를 대상으로 1단계 평가를 하고 난 후에 2단계에서 이동시킨 것으로서 전혀 의미가 다르다. 최적화는 평가대상 후보지를 선정하는 과정에서 사전에 하는 것이 맞지 않은가? 예컨대, 1단계에서 소음으로 탈락한 신도1을 평가전에 해안가로 이동하여 최적화를 시행했다면 최적 후보지가 될 수 있었다는 주장을 반박하려면 말이다.

그림 15 제2공항이 들어서면 사라질 풍경
사진: 김수오 작가

과정은 공정했는가? 결과는 신뢰할 만한가? '성산 입지'라는 결론에 도달하는 과정 전체를 살펴보자. 성산입지가 여전히 의혹인 이유'는 해소되지 않았다.

유리한 평가기준

앞서 보았듯 사전타당성 검토는 '제2공항'의 기본성격이나 '입지평가'의 기본방향에 대해서 아무런 논의도 하지 않고 바로 입지평가에 들어갔다. 이렇게 '제주의 공항'을 위한 지침이 없이 평가에 들어갔으니 그 평가기준이 제대로 되었을 리가 없다. 전체 9개의 평가항목들 중에서, 가중치를 높이 부여해 성산으로 결정되게 된 결정적 요인인 '환경성'을 보자.

　　　제주의 고유한 자연환경을 이야기할 때 오름과 용암동굴과 철새도래지를 빼고 이야기할 수 있을까? 곶자왈을 빼고 이야기할 수

표 18 **3단계 후보지 환경성 평가**(사전타당성 보고서, 221쪽)

번호	후보공항	경관 보전지구(천m²)		생태계 보전지구(천m²)		지하수자원 보전지구(천m²)		녹지자연도 8등급이상(m²)
		1등급	2등급	1등급	2등급	1등급	2등급	
1	신도2	107	31	-	-	107	31	-
2	하모1	-	-	-	-	-	-	-
3	난산	181	-	-	-	-	213	-
4	성산	-	-	-	-	-	-	-

* 신도2 후보지와 난산 후보지는 경관 보전지구와 지하수자원 보전지구가 중첩되어 지정되어 있음.

있을까? 일출봉을 빼고 이야기할 수 있을까? 한라산과 중산간 자연림 녹음지대를 빼고 이야기할 수 있을까? 1백 50만 평 대규모 대지를 아스팔트와 콘크리트로 덮는 대공사의 입지를 평가하기 위해 환경성을 평가한다면서 무시해도 될 자연환경요소들이 있는가? 단언컨대 없다! 그런데 오름과 용암동굴과 철새도래지를 평가기준에서 아예 뺐다. 위 종합평가에도 나왔듯이 '환경성' 평가는 '제주의 환경'을 전반적으로 반영하는 것이 아니라, 용역진 임의대로 설정한 '관리보존지구' 위주의 평가였다. 애초부터 평가기준상 성산은 유리할 수밖에 없었다.

'군공역 중첩'은 왜 계산되지 않았는가?
'공역'은 확실하게 사타 용역진이 실수한 대목이다. '성산 공역'은 군공역 MOA39에 일부 중첩된다. 그것은 감점요인이다. 그런데 어떤 이유에선지 중첩되지 않은 것으로 간주하여 감점하지 않았다. 오히려 '성산'보다 뒤쪽에 있는 '난산'은 5점을 감점했다.
이에 재조사 용역팀은 군공역이 해군 훈련구역이고 육지 부분

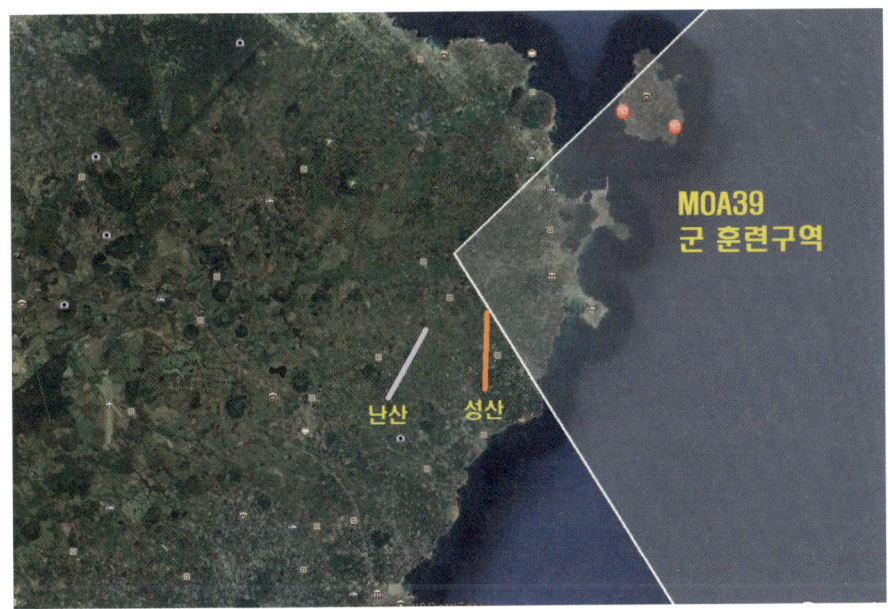

그림 16 군공역과 중첩되는 성산 후보지
출처: 제2공항반대범도민행동 조사팀

에서 중첩되기 때문에 평가에 반영하지 않았다는 주장했다. 용역팀은 해군 비행기이기 때문에 육상에서는 비행하지 않는다고 했지만 억지주장에 불과하다. 그런 논리라면 육상 부분을 훈련공역에 포함시킬 필요가 없다. 또한 차후에 중첩된 공역을 조정할 수 있다고 했지만, 조정 가능성 여부는 평가 이외의 사항일 뿐이다. 고무줄처럼 조정할 수 있다면 평가 대상에 넣을 필요도 없고 난산 후보지도 감점할 필요가 없다.

　　5점을 제대로 감점했을 경우 성산은 사전타당성 검토에서 적용하는 10점 등간격 척도에 따를 때 가중평균이 9.5점에서 9.0으로 낮아진다. 따라서 군공역 중첩 반영 시에도 점수변동이 없다는 용

표 19 3단계 후보지의 공역 분석(사전타당성 보고서, 216쪽)

번호	후보지	운항경로 간섭정도	군공역 중첩여부		민간훈련공역 중첩여부		가중평균
가중치		80%	10%		10%		
1	신도2	8.5	×	10	×	10	8.8
2	하모1	3.5	×	10	×	10	4.8
3	난산	8.0	△	5	△	5	7.4
4	성산	10.0	×	10	△	5	9.5

역팀의 주장은 사실이 아니다. 최종평가 시 환산점수는 원래 신도2가 27점, 성산 30점이지만, 이를 반영하여 정정하면 둘 다 30점이 된다. 신도2가 3점이 가산되는 것이다.

자의적인 기상 평가

기상의 경우에도 확실한 용역진의 부실이 드러난다. 연간 안개일수는 10년치 통계를 평균하여 반영한다. 그런데 성산기상대는 7년 치 통계 밖에 없으므로 합계를 7년으로 나누어야 하는데, 실수인지 고의인지 다른 기상대 자료를 따라 10년으로 나누었다. 그래서 사타는 성산 후보지 연간안개일수를 12일로 평가했다. 표 20이 그것이다. 사실은 올림 처리하여 17일로 해야 한다.

기초적인 데이터조차 제대로 확인하지 않은 것은 사전타당성 검토의 부실성을 보여준다. 용역진은 기상포탈의 자료를 활용하였다고 했는데, 기상포탈에서는 성산기상대 안개일수 자료가 10년 치가 아닌 7년 치라는 사실을 쉽게 확인할 수 있기 때문에 궁색한 변명일 뿐이다.

용역팀의 주장대로 사전타당성 검토의 10점 등간격 척도에 따르면 성산 후보지 안개일수를 12일에서 17일로 조정해도 점수에

표 20 기상청 홈페이지 데이터에 따른 안개일수(2002~2013)

기상청 홈페이지 데이터(2002-2013)에 따른 안개일수												
기상대	2004	2005	2006	2007	2008	2009	2010	2011	2012	2013	합계	연평균	사타
제주	11	11	23	13	21	13	20	15	8	18	153	15.3	16
고산	11	8	25	17	23	29	33	57	34	34	271	27.1	28
성산				10	10	10	24	33	11	17	115	16.4	12
서귀포	29	15	29	26	20	14	23	42	15	17	230	23	23

표 21 3단계후보지 기상 분석

3단계 기상 분석								
번호	후보지	wind coverage(%)	점수	연간 안개일수	점수	연간측풍 발생일수(20knot)	점수	평균
1	신도-2	97.55	8	28	1	78	10	6.3
2	하모-1	96.31	6	28	1	106	1	2.7
3	난산	99.61	10	12(17)	10	80	10	10.0
4	성산	99.72	10	12(17)	10	85	8	9.3

출처: 사전타당성 보고서, 217쪽의 표5-64에서 괄호 안의 수치를 추가

변동이 없는 것은 사실이다. 그러나 바로 이것이야말로 맥락을 무시하고 10점 등간격 척도를 적용하는 방법론의 문제점을 확연히 드러낸다. 비교할 수치가 두 개밖에 없는 상황에서 안개일수 차이가 1일이든 30일이든 10점 만점에 10점과 1점으로만 나뉘게 되어 과학적 타당성을 갖지 못한다.

이에 비해 영남권 신공항 사전타당성 검토의 경우 10등급 척도법을 적용하는 점에서는 동일하지만, 절대기준을 세워 비례적으로 점수를 매겼다. 예컨대 안개일수의 경우 40일을 절대기준(0점)으로 세워 비례적으로 점수를 매기기 때문에, 두 개의 수치만 있어도 10점/1점으로 나뉘는 게 아니라 수치에 따라 다르게 점수가 매겨진다. 가중치가 낮아 종합평가에 큰 영향을 주는 것은 아니지만 성산

이 기상에서 다른 지역보다 월등히 우월한 것처럼 왜곡하는 효과를 발휘한 점에서 고의적 조작의 의혹도 피할 수 없다.

생략된 동굴조사

사전타당성 검토가 정상적인 '공항입지' 평가였다면 다른 무엇보다 동굴조사를 빠트려선 안 되었다. 예비타당성 조사에서 지적되긴 했지만, 이는 입지를 정한 후가 아니라 정하기 전에 시행해야 할 일차적 과제. 제주도, 특히 동쪽 지역은 지하에 용암동굴들이 여기저기 뻗어있다. 발견된 것도 있지만 아직 드러나지 않은 것도 있을 수 있다. 육중한 항공기에 확인되지 않은 땅 밑의 사정은 절대 위험요소이기 때문에 공항 부지를 비교 평가하는 작업이라면 당연히 시행되어야 하고 평가에 반영되었어야 한다. 이 문제는 사타에서 실시한 연약지반 조사와는 다르며 문헌조사만으로 끝낼 수 없다. 즉 기존 지질자료를 활용하여 연약지반에 대한 개략분석은 가능하지만, 제주도의 경우 연약지반보다 동굴에 대한 정밀조사가 필요한 것이다. 기존의 문헌으로 검토했다는 2003년 동굴조사 보고서로는 수산굴의 가지굴과 미발견 동굴 등의 현황을 제대로 파악할 수 없기 때문이다. 더구나 검토위에서 동굴조사의 동행 검증을 요청하고 이를 국토부도 동의했으나 이루어지지 않았다. 무엇이 두려워 약속을 감추고 실행하지 않는가?

성산 철새도래지의 운명은?

성산의 철새도래지가 사전타당성 검토의 평가항목에서 빠진 것은 중대한 문제이다. 이는 천연기념물 등 희귀철새를 보호해야 하는 환경적 문제이면서 버드 스크라이크의 가능성에 따른 항공 안전상의 중요한 문제이기도 하기 때문이다. 반면 영남권 사전타당성 검토의 경우 '조류로 인한 운항 영향'을 이동식 장애물 항목으로, '조류방지 관련 시스템'을 고정식 장애물 항목에 넣어서 평가하였다.

그러나 제주의 경우에는 예비타당성 검토에서도 성산입지는 하도리 철새도래지만을 검토하였고, 제2공항 기본계획에서는 오조리와 종달리, 성산-남원 해안 철새도래지 존재를 인정하면서도 항공기와 충돌 가능성과 관련해서는 하도리 철새도래지만을 검토하였다. 즉 하도리 철새도래지(진입표면 시단으로부터 8.1km)가 북측 진입표면 내부에 있으나 그 지점의 항공기 비행 고도가 238m이므로 일상적인 비행고도가 90m 정도인 조류와 충돌 가능성은 낮다는 주장이다.

그러나 이 주장 또한 단편적일 뿐이다. 제주공항의 조류충돌 기록만 보더라도 최고 2,000m 상공에서도 조류와 충돌한 것이 확인된다. 더구나 철새는 도래지 근처에 머물러 있는 것이 아니라 이동하기 때문에 이동 중에 더 낮은 고도에서 충돌할 가능성이 있다. 그래서 국내외 규정에서도 조류와 관련해서는 진입표면 능에 위치하느냐 여부와 관계없이 공항으로부터의 반경 5마일(8km)을 적용하고 있는 것이다.

'조류 및 야생동물 충돌위험감소에 관한 기준'(국토부 고시)에 따르면 공항표점에서 8km 이내의 범위에 조류보호구역, 사냥금지구역, 음식물쓰레기 처리장의 설치를 금지하고 있고 미연방항공청(FAA)은 접근, 출발, 선회를 위해 공항부지 경계선으로부터 5마일의 이격을 규정하고 있다. 이 규정에 따르면 하도리, 종달리, 오조리, 성산-남원 해안 철새도래지 모두 이격거리 내에 분포하고 있다.

그림 17 FAA의 기준에 따른 성산후보지 주변 철새도래지 이격거리 범위

한편 조류충돌 관련 국내 최고 전문가인 유정칠 한국조류연구소장은 2017년 5월 22일 한국환경정책평가연구원 세미나에서 제2공항이 건설될 경우 조류충돌 위험성이 높다고 경고한 바 있다. 유소장은 제주 제2공항의 경우 중대형 수조류(물새)가 많이 서식하고

있어 대형사고의 위험성을 배제할 수 없다고 우려하였다.[23]

아래는 2017-2018년도 겨울철 조류 동시 센서스(국립생물자원관)의 성산후보지 인근 철새도래지 현황을 부분적으로 제시한 것이다. 이에 따르면 하도 지역에서는 12월에 24종 3,262개체, 1월에 24종 2,367개체가 관측되었고, 성산 지역에서는 12월 36종 2,012개체, 1월 32종 3,107개체가 발견되었으며, 성산남원 해안 지역에서는 12월 45종 10,475개체, 1월에 35종 9,514개체가 발견되었다.

표 22　성산 후보지 인근 철새도래지의 겨울철 철새 종수와 개체수

지역번호	조사지역	2017년 12월		2018년 1월		2018년 2월	
		종수	개체수	종수	개체수	종수	개체수
182	경포호	21	1154	25	726	19	767
183	남대천(강릉)	24	987	35	888	31	1281
184	강릉-주문진 해안	32	3521	61	8477	20	1057
193	간성-대진 해안	40	6635	44	5169	47	3178
194	고성군 해성	13	2749	18	1284	21	3564
195	성산-남원	45	10465	35	9514	43	8907
196	성산	36	2012	32	3107	32	2889
197	용담-대정	55	6665	69	8206	64	9960
198	서귀-안덕	34	2330	52	4059	53	6043
199	하도	24	3262	24	2367	23	1853
200	함덕-하도	24	5005	48	7572	44	7646
	합계	187	1084895	187	1446394	193	1002271

출처: 국립생물자원관, 『2017-2018년도 겨울철 조류 동시 센서스』, 환경부 국립생물자원관, 2018, 225-229쪽의 표 Ⅳ-2.

23　〈제주투데이〉, 2019.05.27., "조류충돌 전문가 "중대형 물새서식지 인근 제2공항 … 대형사고 배제 못해""

여기에서 특히 오조리와 종달리, 성산남원 철새도래지는 성산 부지에서 5km 내외에 위치하고 있고 도래지간 이동경로가 공항 부지를 가로지르기 때문에, 이착륙 시 낮은 고도에서도 항공기와 충돌할 위험성이 크다는 사실을 알 수 있다.

7. 공군기지 의혹: 중단되지 않는 군사화의 욕망

2006년 2월 21일 제정(7월 1일 시행)된 '제주특별자치도 설치 및 국제자유도시 조성을 위한 특별법'(이하 제주특별법)은 제155조(세계 평화의 섬의 지정)에서 "① 국가는 세계 평화에 기여하고 한반도의 안정과 평화를 정착시키기 위하여 제주자치도를 세계 평화의 섬으로 지정할 수 있다."고 규정하고 있다. 이 조항은 1990년대에 제주도에서 일었던 '평화의 섬' 논의를 배경으로 하고 있으며, 2000년 제주도개발특별법 개정안에 최초로 반영되었다. 그리고 이 법을 계승한 2002년 제주국제자유도시특별법 제12조로 계승되었다가 제주특별법으로 통합된 것이다. 이 조항을 근거로 고(故) 노무현 대통령은 2005년에 제주를 '세계 평화의 섬'으로 지정하였다.

하지만 2007년부터 강정마을에 제주해군기지를 건설하는 일정이 궤도에 오르면서, 평화의 섬으로서 제주의 위상은 크게 훼손되어 왔다. 그런데 2011년 5월 23일의 법 개정 과정에서 제3항이 추가되는데, "③ 「국유재산법」에도 불구하고 국가는 제2항제5호에 따른 기념사업을 위하여 필요한 경우 제155조의2에 따른 민군복합형관광미항이 신설되는 서귀포시 관할구역의 국유재산 중 일부를 제주자치도와 협의하여 무상 또는 대체재산 제공의 조건으로 제주자치도에 양여할 수 있다."는 내용이다. 여기에서 '민군복합형관광미항'이란 '제주해군기지'를 말하며, '서귀포시 관할구역의 국유재산 중 일부'는 제주도 남서쪽의 대정읍에 존재하는 '알뜨르 비행장'을 의미한다.

알뜨르 비행장은 일제가 만주로 진출하던 1930년대 초반에 건설되어 1937년 중일전쟁 발발시에는 중국의 남경 폭격에 이용되었으며, 1945년에 일제의 '본토결전' 준비 과정에서 확장된 공군기지이다. 해방 이후에 일시적으로 미군이 사용하다가 한국 국방부가 관리해 왔다. 그런데 1987년 국방부는 알뜨르 비행장 일대 195만평을 군사보호구역으로 지정하고(국방부 군시 42264-939호), 공군기지를 건설할 계획을 세운다. 이 계획은 지역주민들과 제주의 시민사회운동이 결합한 강력한 저항운동에 밀려 1989년에 백지화되기에 이른다. 이후 2005년에 제주도가 '세계 평화의 섬'으로 지정되면서 평화의 섬과 관련한 각종 개발사업이 입안되는 과정에서 알뜨르 비행장 일대를 '평화대공원'으로 조정하려는 계획도 등상했다. 하시만 국방부가 알뜨르 비행장의 양도를 완강하게 거부하여 평화대공원 계획은 10년 넘게 전혀 진척되지 못하고 있는 실정이다. 그렇게 된 핵심적인 이유는 국방부와 공군이 제주도에 공군기지를 건설할 계획을 가지고 있었기 때문이라고 할 수 있다. 국방부는 이미 1987년에 송악산 공군기지를 계획했을 때부터 '군 중·장기 전력증강계획'에 제주 공군전략기지 창설 계획을 반영해 놓고 있었다. 1992년에는 국방부와 당시 건설교통부가 민군 공용의 '제주 신공항' 건설을 합의하기도 했다. 또한 1997년에는 '국방중기계획(1999~2003년)'에 비행전대급 공군기지 계획이 반영돼 현재까지 이어지고 있다.

그리고 2006년에는 사업 명칭을 '제주 공군기지'에서 '남부탐색구조부대'로 변경했다. 그것은 한편으로 당시 해군기지 건설과 관련하여 제주도민들이 군사기지에 강한 거부감을 가지고 있었고 2006년 지방선거 과정에서 해군기지와 공군전략기지 문제가 선거의 쟁점이 되었기 때문이며, 다른 한편으로 미국이 일본과 한국 등 동맹국들에게 해군의 해외진출을 '탐색과 구조'라는 명분으로 추동하고 있기 때문이기도 하다.

2007년부터 시작된 제주해군기지 건설 사업은 해군기지를 거

표 23   제주 공군기지 추진 관련 연표

년도	내용
1987	'군 중·장기 전략증강계획'에 제주 공군전략기지 반영
1987	'군사시설보호구역심의회'에서 송악산 일대 190만 평을 군사보호구역으로 확정
1989	송악산군사기지반대운동을 통해 노태우 전 대통령이 송악산 공군기지 백지화 선언
1992	국방부와 건교부, 민·군 겸용 '제주 신공항' 건설 합의
1997	국방중기계획('99~'03)에 비행전대급 공군기지 계획 반영
2004	대한항공 소유 정석비행장 민·군 공동 사용 협의, 대한항공 부동의
2006	'제주 공군기지'에서 '남부 탐색구조부대'로 사업명칭 변경
2009	국방부와 제주도 간 제주해군기지 건설 관련 기본협약서 체결: 제주자치도가 알뜨르 부지를 사용할 수 있도록 한다고 규정
2011	제주특별법에 "민군복합형관광미항이 신설되는 서귀포시 관할구역의 국유재산 중 일부를 제주자치도와 협의하여 무상 또는 대체재산 제공의 조건으로 제주자치도에 양여할 수 있다"는 규정 추가
2015	제주 제2공항 부지로 성산읍 온평리 일대 발표
2017	국방중기계획('18~'22)에 제주에 남부탐색구조부대 '21년 착수 계획 반영 국방부, 공군기지 입지선정을 위한 용역비 책정. 예산에 반영되지는 않음.
2019	2019~2023국방중기계획 사업설명서에 2021년부터 5년 동안 2천951억 원을 투자해서 제주에 남부탐색구조부대를 건설한다고 명시. 2020년 국방예산에 기본설계 용역비 1억5천만원 책정

부하는 강정마을 주민들의 풀뿌리 민주주의의 결의를 짓밟고 공권력을 동원해 탈법과 편법으로 추진한 최악의 국책사업이었다. 아래로부터의 강력한 저항에 직면한 당시 김태환 제주도지사가 위기 돌파의 방책으로 추진한 것이, 2009년 4월 27일 국토해양부, 국방부와 함께 '제주해군기지(민군복합형 관광미항) 건설을 위한 기본 협약서'를 체결하는 것이었다. 제주해군기지를 건설하는 대신에 15만 톤 규모의 크루즈 선박 2척이 동시에 접안할 수 있도록 설계하고, 민군복합항 지역종합발전계획을 수립할 수 있도록 함으로써, 개발 프로젝트를 통해 반대여론을 잠재우려 한 것이다. 이와 더불어 이상희 국방부장관은 국방부 소유의 서귀포시 대정읍 소재의 속칭 '알뜨르 비행장' 부지를 제주도 발전을 위해 "법적 절차에 따라 국방부와 제주도가 협의를 거쳐 제주도가 사용할 수 있도록 한다"는 점을 협약하는 한편 공군 남부탐색구조부대에 전투기 배치계획이 없음을 확인했다.

    그러나 이 협약서의 내용들은 제주해군기지 건설에 대한 반대여론을 무마하기 위한 허울좋은 사기행각에 가까웠다. 초기부터 빈대운동 진영은 크루즈 항로는 유네스코 생물권보전지역의 핵심지역인 범섬지역을 가로지르는 항로로서, 천연기념물 442호 연산호 군락 내에 있는 저수심 암초지대 준설은 심각한 해양환경 훼손으로 이어질 수밖에 없다고 비판해왔다. 최근에는 급기야 문화재청에서 크루즈 항로 준설에 대해 현상변경을 불허하면서, 크루즈 입항을 통해 지역경제를 발전시킨다는 민군복합형 관광미항이라는 것이 처음부터 대국민 사기극이었다는 비판을 받고 있다.[24] 알뜨르 비

---

24 〈헤드라인제주〉, 2019.07.15., "제주해군기지 관광미항, 처음부터

행장에 관해서도 제주도는 해군기지 건설 이외에 별도로 제공하는 것이 없어서 "조건부 양여는 아니다"라고 주장했지만, 2009년 11월에 제주를 찾은 김태영 국방장관은 알뜨르비행장 양여에는 남부탐색구조부대 부지를 제주도가 제공해 줘야 한다는 '조건'임을 분명히 밝혔다. 즉, 알뜨르 비행장을 제주도가 사용하는 것은 '제주해군기지와는 무관'하며, "신공항 부지에 30만 평을 확보해 주면 기꺼이 양여하겠다"며 '기부 대 양여' 방식이 최선이라는 점을 제주도 관계자들에게 분명히 전달했다는 것이다.[25]

요컨대, 국방부는 제주공군기지 계획을 철회한 적도 없고 중단한 적도 없다. 최근 국토부는 검토위원회에 제시한 권고안 초안에서 "군 시설 설치 추진 시 공군 단독으로 설치가 불가능하며, 국토부, 지자체 등 관계단체 및 지역주민과의 논의에 따라 결정 가능 예상"이라고 밝힌 바 있다. 그러나 국토부는 이미 이전에 국방부와 민군 공용 신공항 건설에 합의한 전력이 있다. 제주도정은 어떤가? 원희룡 지사는 최근까지도 제2공항은 '순수 민간공항'으로 건설된다고 확언해 왔다. 정말로 그렇게 믿고 있다면 순진하고 무능한 것이며, 그렇지 않다면 부도덕한 것이다. 2017년 3월 2일 더불어민주당 위성곤 의원이 국방부로부터 제출받은 자료를 공개하면서 밝혀진 바에 따르면, 국방부는 공군기지 입지선정을 위한 용역비를 이미 책정해 두었고 성산읍 제2공항 건설 예정지를 연계하는 방안까

---

25 〈제주의소리〉, 2009.11.15., "알뜨르, '양여' 아닌 '맞교환' … 결국 해군기지완 '무관'" 대국민 사기극이었다"

지 검토했다는 것이다.[26] 이것이 논란이 되자 2017년 3월 7일 김방훈 제주도 정무부지사가 기자회견을 통해 "제주 제2공항이 어떠한 군 공항시설로도 이용되는 것을 검토하지 않을 것"이라고 밝혔지만, 이틀 뒤인 9일 오전 정경두 당시 공군참모총장은 공군 남부탐색구조부대 창설 의사를 명확히 밝히고 제2공항 등 4개 후보지 중 한 곳에 설치하겠다는 의사를 공식 표명했다.[27] 이처럼 공군기지 문제와 관련하여, 제주도는 국방부에 '뒤통수'를 맞는 역할을 기꺼이 담당해 왔고, 다른 한편으로는 지역발전계획을 쏟아내면서 반대여론을 무마하는데 안간힘을 쓰고 있다. 제주해군기지를 건설하는 과정에서 담당했던 바로 그 역할이다.

최근 발표된 제2공항 관련 기본계획 최종보고회 자료에 따르면, 국토부는 성산 제2공항에 국내선 50%를 배치하고 기존 제주국제공항에 국내선 50%와 국제선을 배치할 계획이라고 한다. 현 제주국제공항에서 1년에 3천만 명 이상의 항공수요를 충당할 수 있는데, 150만 평의 성산 제2공항을 짓는다고 한다면 그것은 명백한 '과잉시설'이 될 것이다. 텅텅 빈 제2공항을 짓는다면 '거대한 예산 낭비'일 것이고, 민군 공용의 공항으로서 군사기지로 사용된다면 제주해군기지에 이은 또 한번의 '대국민 사기극'이 될 것이다.

---

26 〈헤드라인제주〉, 2017.03.02., "들통난 제주도 공군기지 계획 파장 … 예산까지 짜 놓고 '쉬쉬'"

27 〈제주의소리〉, 2017.03.09., "공군, 제주도에 '뒤통수' … "탐색부대 후보지, 제2공항 등 4곳""

제5장 **제주 도민의 대안: 제주공항의 안전하고 효율적인 활용이 가능하다**

1. 문제의 제기: 누락된 제주공항 최적개선방안

사전타당성 검토 연구에서는 제주 공항인프라 장기 확충방안에 관해 세 가지 카테고리에서 최적대안을 선정한다고 밝혔다. Category1은 기존 제주공항에 독립평행활주로를 추가로 신설하는 방안이며, Category2는 2본의 독립평행활주로를 갖는 신공항 건설 방안이나. Category3은 두 개의 공항, 즉 최저으로 개선된 제주공항에 단일 활수로의 제2공항을 추가 긴설하는 방안을 말한다.

그런데 Category1은 ICAO규정에 따라 활주로 간 1,310m를 이격하여 건설하는 대안으로, 바다방향으로 확장할 때 평균 50m의 매립과 막대한 공사비용(약 9.4조 원)이 들며 심각한 해양환경 훼손, 주변교통 혼잡 등의 이유로 부적합 판정을 받았다(그림 19).

결국 Category1에서는 대규모 해안매립이 불가피한 비현실적 대안만을 제시한 셈으로, Category1에 속하는 다른 대안들은 모두 검토 후 기각했다고 주장한다. 말하자면 '제주 항공수요조사 연구'(2014)에 따라 2045년 기준 연간 여객수요 4,500만 명을 충족할 수 있는 운항횟수 연간 29.9만회를 최소기준으로 정하고, 그 이하의 수용능

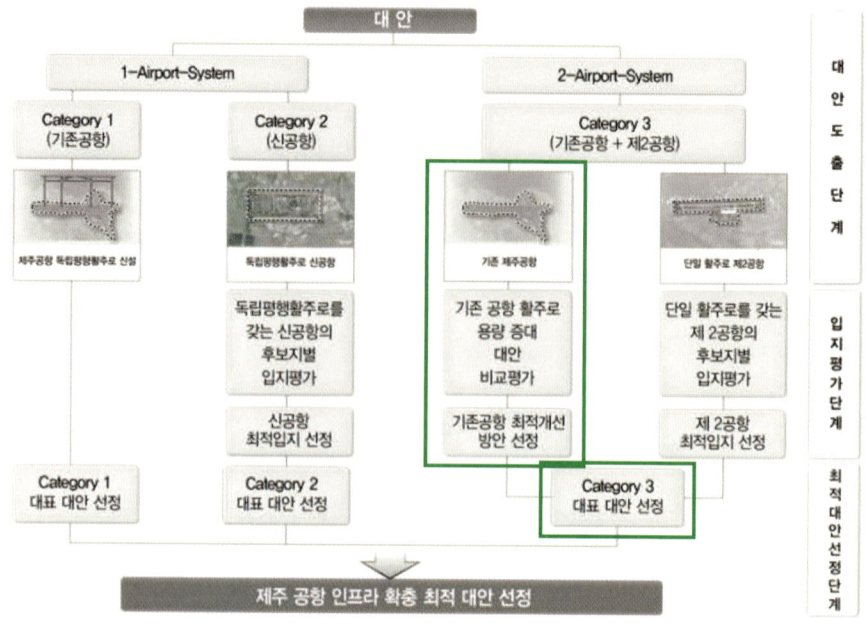

그림 18 공항 인프라 확충 대안 평가 방법

력을 보이는 여러 대안은 모두 기각했다는 논리로 정당화한 것이다.

또한 Category2는 제주도민의 반대라는 검증되지 않은 이유와 도지사가 원치 않는다는 정치적인 이유로, 제대로 된 평가와 근거 제시도 없이 '과도한 사업비와 환경 훼손 우려'라는 설명만을 달고 부적합 판정을 받았다. 물론 이는 사전타당성 검토 과업지시서에 명시된 '6. 주요 과업내용'의 '다. 대안별 세부 평가 및 최적대안 선정'에 대한 명백한 위반이다.

더 큰 문제는 제2공항 건설로 귀결된 Category3의 대표 대안 선정 방법이다. 그림 18에서 대표 대안은 기존공항 최적개선 방안과 제2공항 최적입지 선정으로 구성되어 있다. 그런데 제2공항 최적입

그림 19 Category1의 유일한 모델

지선정은 부신과 조작 의혹은 둘째치더라도 보고서의 절반을 차지할 만큼 큰 비중으로 다루어졌지만, 중요한 평가 대상인 '기존공항 최적개선 방안'은 보고서에 전혀 언급되지 않았다. 이 장에서 다루고자 하는 바로 이 '누락된' 제주공항 최적개선 방안이 제2공항을 둘러싼 최대 쟁점이다.

2. 제주공항 최적개선 방안과 ADPI 용역보고서

사전타당성 보고서에 따르면, 장기 확충방안의 최적 대안으로 채택된 제2공항의 건설완료 시점인 2025년까지 증가하는 여객수요에 대비하기 위해 단기 확충방안이 검토되었다. 단기 확충방안은 국토부 주관의 '제주공항 운영효율화 및 인프라 확충 협의체'에서 개념적 계획으로 분석·정리된 것으로 구체적 내용과 그 개선효과는 다음과 같다.

고속탈출유도로 3본 신설, 기존 35대에서 44대로 동시 주기가 가능하도록 계류장 및 주기장 용량증대, 여객터미널 증설을 통해 시간당 40회, 연간 18.9만 회의 수용능력을 갖춰 3,155만 명의 이용객을 처리한다는 계획이다. 실제 이 방안은 계획대로 실행되어 2019년 6월 완공을 앞두고 있다. 문제는 이 방안이 2020년까지의 수요에 맞춘 '단기 1단계' 계획이며, 앞에서 보았듯이 사전타당성 보고서에서는 2025년까지의 추가적인 확충방안인 '단기 2단계'에 대해 전혀 언급이 없다는 점이다.

그런데 2019년 3월, '단기 2단계' 계획의 기본계획 용역이 한국공항공사에서 발주되었다. 그 과업내용서에는 2단계 계획의 목적과 배경을 "2017년 기 수립된 '제주공항 시설 및 운영개선 방안 수립연구' 내용을 분석·구체화"하는 것이라 하였다. 그러나 '제주공항 시설 및 운영개선 방안 수립연구' 보고서에는 중복투자 등의 이유로 소규모의 확충대안들만이 검토되었고 대안별 개선 용량과 최적대안의 수용능력도 밝히지 않았다. 이는 무엇을 의미하는가?

사전타당성 보고서의 Category3에서 제시한 제주공항 최적개선방안이 축소 또는 은폐되었다는 의혹이 들 수밖에 없다. 이를 사전타당성 검토 용역이 진행되는 동안 이루어진 보고회와 설명회, 자문회의 자료에서 확인해 볼 수 있다.

그림 20은 사전타당성 검토 용역진이 주민을 대상으로 실시한

그림 20 　사전타당성 검토 용역 제1차(착수) 지역설명회 자료(발췌)

1차(착수)설명회(2014.12.18.) 자료에 나온 그림이다.

여기서 특이한 사항은 "외국 용역사의 대안 도출 시 현 제주공항 시설 개선사항 함께 도출", "해외 교차활주로, 단일활주로 고효율 운영 공항 조사를 통해 제주공항 개선방안 도출" 언급이다.

이때 '외국 용역사'는 사전타당성 검토의 기술부문을 담당한 ㈜유신이 용역 초기에 하도급 계약을 체결한 ADPI(파리공항공단엔지니어링)임이 2018년에야 알려졌다. 국토부에 제출한 ㈜유신의 하도급계약 승인요청서에 나온 ADPI의 과업은 모두 세 가지이다.

첫째, 제주공항의 시설여건 분석 및 개선방안 제시
둘째, 제주공항의 활용 극대화를 위한 개선대안 제시
셋째, 유럽지역 유사사례 공항 현장조사 지원

즉, ADPI가 수행한 과업의 핵심이 제주공항의 최적개선대안임을 알 수 있다. 이는 사타 용역진이 국토부를 대상으로 한 착수보고회(2014.12.18.) 자료에서 명확히 알 수 있다. 앞에서 살펴본 사전타당성 보고서의 그림 5-1(앞의 그림 18)이 애초에는 그림 21과 같았던

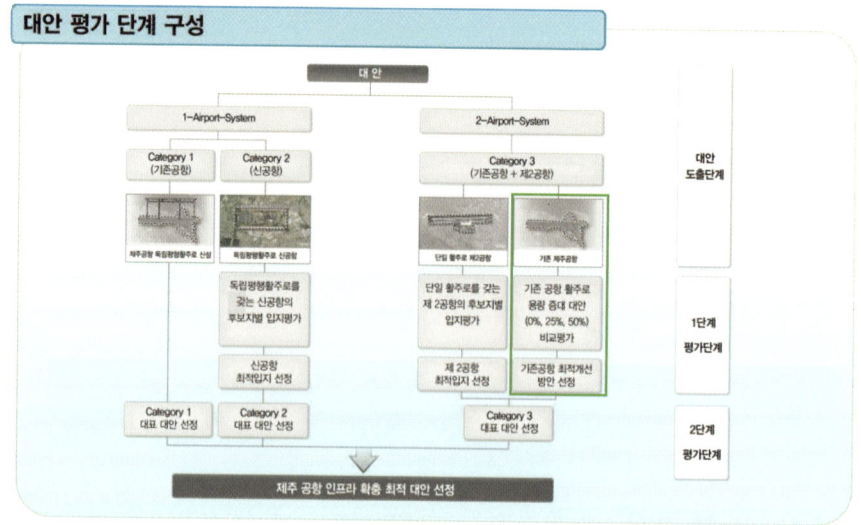

그림 21 사전타당성 용역진의 착수보고회에 나타난 대안평가 단계 구성

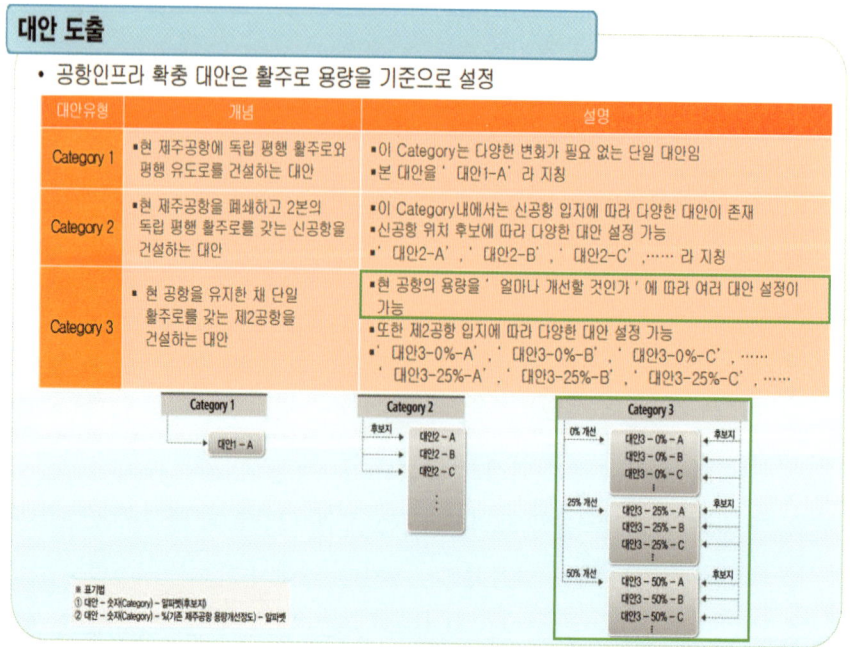

그림 22 사전타당성 용역진의 착수보고회에서 발표된 Category3

것이다.

즉, 제주공항의 활주로용량을 현 상태유지, 25%증대, 50%증대하는 세 방안을 비교 평가하여 최적개선 방안을 선정하는 과업이 바로 ADPI의 용역과제였다. 그림 22는 이를 설명하고 있는데 '현 공항의 용량을 얼마나 개선할 것인가에 따라 여러 대안 설정이 가능'하다고 했다. 말하자면 50% 용량개선이 가능한 방안이 있으며 이것이 여러 후보 대안 중 하나라는 의미다.

다시 말하자면, 제주공항의 수용능력을 50% 증대할 수 있는 방안도 검토되었다는 사실이다. 2014년 당시 제주공항의 수용능력이 시간당 35회, 연간 운항횟수 172,000회이므로 50% 개선대안의 수용능력은 시간당 52.5회, 연간 운항횟수 258,000회가 된다. 사전타당성 보고서 기준 평균탑승객 153명이면 이용객 39,474,000명, 예비타당성 검토 기준인 평균탑승객 164명이면 무려 이용객 42,312,000명이 수용가능하다.

그런데 왜 제주공항 최적개선대안을 사전타당성 보고서에서 찾아볼 수 없게 되었는가? 사전타당성 용역의 최종결론이 나오기 불과 한 달 남짓 밖에 남지 않은 2015년 10월 20일자 전문가 자문회의 자료에서도 제주공항 최적개선대안을 볼 수 있는데 말이다. 더욱이 이 자문회의에서는 보다 상세한 수치가 등장하며 구체적 계획기간 등이 언급되고 있다(그림 23).

제주공항 최적개선방안이 단기1, 단기2로 목표수요에 맞게 시기별로 구분되어 있는 점과 단기1 확충단계의 수치들이 사타에 수록된 단기 확장방안의 수치보다 크다는 점을 확인할 수 있다. 더욱 중요한 점은 단기2 확충단계에서 장기계획 완공 이전까지의 용량

공항인프라 확충 단계 정의 및 목표수요

	단기 - I	단기 - II	장기 계획
개 념	현 공항부지 내에서 단일 활주로 용량을 최대한 활용하는 방안 마련	장기 계획 완공 이전까지의 용량 부족 문제를 해결하는 방안 마련	장기수요를 충족할 수 있는 공항인프라를 확보하는 방안 마련
목 표 연 도	• 완공목표연도 : 2017말 • 처리대상수요 : 2020까지	• 완공목표연도 : 2020~2022 • 처리대상수요 : 2025 이전까지	• 완공목표연도 : 2025 • 처리대상수요 : 2045 까지
목 표 수 요	2020년 기준 • 연간여객 : 3,211만인 - 국내선 2,795, 국제선 416 • 연간운항 : 21.1만회 • 첨두여객 : 9,947인 - 국내선 7,894, 국제선 2,053 • 첨두운항 : 51회	2023년 기준 • 연간여객 : 3,651만인 - 국내선 3,165, 국제선 486 • 연간운항 : 24.0만회 • 첨두여객 : 11,064인 - 국내선 8,751, 국제선 2,313 • 첨두운항 : 57회	2025년 기준 • 연간여객 : 3,940만인 - 국내선 3,428, 국제선 511 • 연간운항 : 25.9만회 • 첨두여객 : 11,756인 - 국내선 9,351, 국제선 2,405 • 첨두운항 : 60회	2045년 기준 • 연간여객 : 4,562만인 - 국내선 4,000, 국제선 562 • 연간운항 : 29.9만회 • 첨두여객 : 13,209인 - 국내선 10,626, 국제선 2,583 • 첨두운항 : 68회
SLOT	• 40회	• 시간 당 50회 이상 필요	• 80회

※ 항공기당 탑승인원 : 국내선 153명/대, 국제선 148명/대 (연평균)

그림 23   사전타당성 용역 전문가 자문회의에서 밝힌 단기 2단계 계획

부족문제를 해결하는 방안을 마련하여 2025년 기준 연간 3,940만 명, 연간운항 25.9만 회가 가능하도록 활주로용량을 첨두운항 60회까지 확충하는 방안이 명시되었다.

문제는 이 모든 내용이 사타 최종보고서에서 누락되었고, 재조사용역에서도 전혀 다루어지지 않은 채 1기 검토위가 강제 종결되었으며, 위 과제를 수행한 ADPI 보고서는 반대측 검토위와 국회의 거듭된 제출요구에도 불구하고 국토부가 제출을 거부하였다는 것이다.

ADPI 보고서에 대해 국토부는 처음에 존재 자체를 '모른다'고 답하였고, 계속되는 추궁에 '없다'고 하였다가, 검토위 재개회의에서는 '유신에서 받고 폐기하였다'고 대응했다. 하지만 국민의 세금을 1억 3천만 원이나 들인 용역보고서를 보관조차 하지 않고 폐기

하였다는 비난이 폭주하자, 정당성의 위기를 느낀 국토부는 지난 5월 10일 드디어 보고서를 공개했다. 사전타당성 검토 보고서가 발표되고 제2공항이 강행되었던 2015년 말부터 2019년 5월 까지 무려 3년이 훌쩍 넘는 시간동안 국토부가 은폐했던 ADPI 보고서가 마침내 모습을 드러낸 것이다.

그동안 검토위 과정에서 의혹을 해명하라는 반대대책위의 주장에 마지못해 내놓았던 국토부와 용역진의 자료들이 그 내용의 부실함에도 불구하고 매번 새로운 사실을 밝히는 단서를 주었던 것과 같이 이번에도 예외 없이 진실의 전모를 밝히는 결정적 증거가 되리란 믿음이 있었다.

드디어 판도라의 상자가 열리고 진실이 쏟아져 나왔다.

3. ADPI 보고서. 제주공항 활용으로 충분하다!

ADPI 보고서는 국토부의 발주로 사전타당성 용역을 수행한 항공대컨소시엄의 (주)유신과 세계적 권위의 공항 엔지니어회사인 ADPI와의 계약에 따라, ADPI가 하도급 용역의 결과로 제출한 것이다.[28]

---

28 ADPI, 2015.05.28., *Jeju Airport System: Technical assistance for the preparation of alternative scenarios to accommodate traffic growth, Final Report – jeju capacity assessment*, Yooshin Engineering Corporation.

먼저, ADPI의 수행과제는 현 제주공항의 활용을 극대화하기 위한 용량증대방안을 제안하는 것이었다. 이는 말 그대로 현존하는 제주공항의 인프라를 이용하여 공항의 수용능력을 극대화하는 방안을 제시하라는 계약상의 약속을 이행하는 것이다. 이에 대해 ADPI는 명확하게 답을 제시했는데 이를 인용하면 아래와 같다.

표 24 **ADPI 보고서의 핵심 내용**

국토교통부 예측에 따르면 2035년의 교통량은 다음과 같이 추정된다.   ● 전체 : 45.6 MPPA 및 299,000 ATM (또는 153 pax/ATM)   ADPI는 이 목표 교통량을 처리하는 데 필요한 활주로 시간당 수용력에 대한 사전평가를 수행했다.   …   ADPI는 이러한 권장 사항이 대부분 시행되면 제주공항이 2035년까지 예상되는 교통량 증가에 대처할 수 있다고 확신한다.   즉, 지속가능한 성능은 최소한 시간당 60회 운항(60 ATMs/hr)

출처: ADPI 보고서, 10쪽 및 34쪽.

이를 한마디로 말하면 사타에서 밝힌 제주의 장기 항공수요예측인 연 4,560만 명, 운항횟수 299,000회를 만족시키는 방안이 가능하다는 것이다.

그동안 국토부는 ADPI가 단기 확충 방안만 검토하였고 그 부분을 보고서에 반영했다고 주장해왔지만 거짓이라는 점이 분명해졌다. ADPI는 '단기적으로' 현재 제주공항의 주활주로를 개선하여 늘어나는 수요에 대처하는 제안을 했으며 그것이 현재 공항에 적용되었지만 그게 전부가 아니었다. 오히려 단기대안은 전체 제안의 극히 일부에 불과하다.

　ADPI는 '장기적' 수요에 대처하기 위한 방안으로 현 제주공항의 보조활주로를 교차활주로로 이용할 것을 제안했고, 제주공항의 레이아웃이 '역사적인 제약'이 있지만 몇 가지 개선사항을 실행하면 시간당 60회의 운항이 가능하다고 확신하였다. 더욱이 이를 "저렴하고", "현실적이고 실용적인" 대안이라고 명시하고 있다(ADPI 보고서, 49쪽). 여기서 시간당 60회는 활주로의 시간당 수용능력을 말하는데 이를 공항의 수용능력으로 바꾸어 표현하면 아래와 같다.

　사전타당성 보고서에서 밝힌 대로 미연방항공청(FAA)에서 제시한 연간서비스용량(ASV: Annual service volume) 방식으로 계산하면 활주로 용량이 시간당 60회일 때,

$$ASV = 60 \times 350 \times 13.5 = 283,500$$

즉, 283,500회 운항횟수가 가능하다.

　이 수치는 사전타당성 보고서 기준으로 평균탑승객수 153명일 때는 153 × 283,000 = 43,299,000명, 예비타당성 조사 기준의 평균탑승객수 164명일 때는 164 × 283,000 = 46,412,000명의 공항 이용객을 처리할 수 있는 운항 횟수이다.

　또한 ADPI가 제시한 시간당 60회는 지속가능한 활주로 용량을 의미하며 이론적으로는 62회가 가능하다고 하였다. 62회면 299,000회가 가능한 수치이다.

　이 같은 최대용량을 달성하기 위해 ADPI가 내놓은 제안이 현재의 보조활주로를 교차활주로로 사용하는 방안이다. 구체적으로

그림 24 ADPI 보고서의 교차로 활용 방안1: 동풍 배열의 경우
출처: ADPI 보고서, 43쪽의 〈그림16〉

그림 25 ADPI 보고서의 교차로 활용 방안2: 서풍 배열의 경우
출처: ADPI 보고서, 44쪽의 〈그림17〉

교차활주로의 운영방안을 풍향에 따라 두 가지로 나누어 그림 24와 그림 25와 같이 제시하고 있다.

표 25 ADPI 보고서의 교차로 활용 방안1: 동풍 배열의 경우

ADPI는 제주공항에서 활주로 운용이 다음과 같이 달성될 수 있다고 믿는다.

동풍 배열(전체 시간의 60%)에서는
- 활주로 07[29] 출발
- 활주로 13 도착. 짧은 활주로 길이(1,900m)에도 불구하고, 코드E 항공기 2를 제외하고 현행 항공기의 대부분이 가능하다. 전체 항공기의 약 6%로 시간당 1대 꼴로 도착하는 코드E 항공기는 활주로 07에서 처리.
- ADPI는 활주로 13에서 공중항행(AIRNAV) 착륙 절차가 실현가능하다는 것을 확인했다. 여기서 복행 항로는 해상으로 일찍 좌회전하여 구조나 제주시 도심으로의 비행을 피하게 한다. 그러한 절차의 최소 조건이 상당히 높을 수 있지만, 저시정 절차가 거의 시행되지 않기 때문에(1년에 10일 이

---

29 활주로에는 방향에 따라서 번호로 정해진 이름이 있는데, 비행기가 착륙을 위해 진입할 때나 이륙할 때 어느 활주로를 사용할 것인지 관제사의 이착륙 지시도 활주로 번호로 전달된다. 활주로 이름은 나침반의 자기 방위각(Magmetic North)을 기준으로 정한다. 제주국제공항의 주 활주로인 동서 활주로는 070도와 250도, 보조 활주로인 남북활주로는 130도와 310도를 가리키므로, 동서활주로는 07/25 방향이 되고 남북활주로는 13/31 방향이 된다. 활주로가 직선이므로, 두 방향의 차이는 18(180도)이다.

하) 제주공항 운영에 문제가 되지 않을 것이다. 이 경우 항공기는 주 활주로에서 CATII3 접근을 사용하고 제주공항은 단일활주로 공항으로 사용된다.
출처: ADPI 보고서, 42-43쪽

표 26 ADPI 보고서의 교차로 활용 방안2: 서풍 배열의 경우

서풍 배열(전체 시간의 40%)에서는
- 활주로 31 출발: 활주로의 길이가 짧기 때문에 출발의 약 5%를 차지하는 대형 항공기(300NM 이상)는 불가능하다. 시간당 1회 출발하는 이러한 항공기는 활주로 25로 배치된다.
- 활주로 25 도착

  ADPI는 짧은 활주로에서의 운용으로 인한 안전 문제를 인식하고 있다. 그러나 이런 방식은 오히려 미국과 같은 다른 나라에서 현재 실행하고 있는 방식이다. 이 나라들에서는 활주로 종단의 안전지역(RESA: Runway End Safety Area)이 부족한 문제는 치명적인 활주로 오버런을 방지하는 EMAS(Engineered Materials Arrestor System) 유형의 항공기포획지대(arrestor bed) 설치로 문제를 해결하고 있다.

  원리적으로, 이러한 활주로 시스템은 도착 사이에 4.5NM4 분리와 최소 투자비용으로 약 62회의 시간당 항공교통관제(ATM/h)를 실현할 수 있다.

출처: ADPI 보고서, 43-44쪽

사전타당성 보고서에서 주장하는 것처럼 현 제주공항의 바다를 매립하여 새로운 활주로를 추가하는 인프라 확충이 아니라 현존하는 인프라를 활용·개선하는 것만으로 장기수요를 만족시킬 수 있다는 ADPI의 결론은, 물론 발주자인 국토부의 기대치를 뛰어넘는 결과임이 분명하다.

이러한 결론을 사장시킨 국토부는 보고서가 공개된 후 ADPI 안이 불가능하다고 검토되었다는 반론으로 대응하였고, 그 이유로 ADPI가 제시한 19개의 권고안이 실현불가능하다는 주장을 폈다. 그러므로 이를 더 살펴보는 것은 불가피하다.

4. ADPI 권고안 검토: 못하는 게 아니라 안하는 것

ADPI 보고서에는 총 19개의 권고 사항이 수록되어 있는데, 국토부와 원희룡 도정이 실현불가능하다고 완강하게 주장하고 있으므로, 모두 열거해서 살펴볼 필요가 있을 것 같다(ADPI 보고서, 49-51쪽).

① 항로 운용

ADPI 01 - AMAN 및 FMP와 같은 배열 도구를 실행하여 하루 동안의 순간적인 작업 부하를 예측하고 지연을 흡수함

ADPI 02 - 인천 ACC와 제주공항 사이의 협정을 수정하여 2회 연속 도착/출발 간의 간격을 줄임

ADPI 03 - 기존 독립 평행 항로의 혼잡을 줄이기 위해 새로운 독립적인 평행 항로 설계

ADPI 04 - 전반적인 용량을 늘리기 위해 현재의 북쪽 절차 재설계

② 접근 운용

ADPI 05 - 가능한 2개의 이중항로 솔루션을 실현할 수 있도록 MOA 24와 MOA 25H 사이의 간격을 적어도 25NM로 조정

ADPI 06 - 군 또는 민간으로 특정되지 않고, 탄력적으로 또는 하루하루 기준으로 사용되는 하나의 연속체로 간주되는 유연한 공역을 이용하여 현재의 MOA에 대한 부분적인 해법 마련

ADPI 07 - 모든 수준(가능하면 군 관제 직책이 포함된 ACC와 APP 센터)에서 인력계획을 재검토하고 민간과 군 당국 간에 개선된 협약 제공

③ 관제탑 운용

ADPI 08 - 제주공항의 용량을 최대화하려면 관제탑 재구성에 따라 생길 수 있는 인력 부족 문제를 다룰 실행계획을 수립하는 것이 적절함

ADPI 09 - 교통량 증가에 따라 작업 방법, 행동 및 성과 지표가 점진으로 바뀌어야 함. 변화의 핵심은 교육훈련이며, 모든 관제사가 변화를 인식하는 것이 중요함

ADPI 10 - 위에 나열된 모든 이유 때문에 DMAN의 시행이 출발 흐름을 개선하는 열쇠임. 물론 이 도구는 비행 전(pre-flight) 관제사가 사용해야 하지만, 관제 책임자 역할이 매우 중요. 관제 책임자는 실시간 운용을 고수하기 위해 모든 변수를 계속 점검해야 함.

④ 공항 운영

ADPI 11 - 공항 용량을 개선하려면 가능한 신속하게 지상에서 항공기를 관제하는 방법(다른 말로 계류관제탑을 건설하는 방법과 하지 않는 방법)을 재고해야 함. 새로운 터미널이 기존 터미널 서쪽에 지어지면 전체 프로세스가 갱신되어야 함.

ADPI 12 - 주기장 배정에 대한 표준화된 규칙을 수립하고 이해당사자 사이에 공유해야 함.

ADPI 13 - 교통량이 증가함에 따라 작업 방법, 행동 및 성과 지표를 점진적

> 으로 변경해야 함. 이러한 변화의 핵심은 교육훈련이며, 모든 관제사가 변화를 인식하는 것이 중요함.
>
> ADPI 14 - 새로운 도구의 도입은 계류장관제 절차를 재고할 기회이며, 수동 데이터 입력과 관련된 계류관제사의 작업부하를 줄일 수 있음.

⑤ 활주로 및 유도로 시스템

> ADPI 15 - 활주로 점유시간을 줄이고 활주로 07/25의 지속가능 용량이 44 ATM까지 증가하도록 1~3개의 고속탈출유도로를 활주로 07/25에 추가할 것.
>
> ADPI 16 - 2020년까지 보조활주로 13/31 운용을 개선할 것. RW 31 출발 및 RW 13 도착, 유도로 E3을 유도로 P까지 북쪽으로 확장하고, 양 활주로 종단에 포획시스템(arresting system)을 설치. 결합운용은 활주로 07/25와 13/31에서 확립될 수 있으며 60 ATM/h까지 지속가능 용량을 증대시킬 수 있음.
>
> ADPI 17 - 가능한 곳에 유도로 P를 두 배로 늘리고 활주로 양쪽 끝 부분에 대기 구역을 설치하여 평행유도로 운영을 개선할 것.
>
> ADPI 18 - 원격 주기장을 코드 C 항공기에 맞게 재구성하고 계류장에 이중 이동로를 설치할 것.
>
> ADPI 19 - 반드시 코드 C 주기장을 점진적으로 추가하여 항공기 주기대수가 ATM/h 용량의 1.2배 이상 유지되도록 주기장을 늘릴 것

과연 이 19개 권고안은 실행 불가능한 방안인가?

먼저, ADPI는 보고서 요약 부분에서 제주공항의 항공수요 증가에 맞추어 전체 권고사항을 '즉각', '단기', '중기', '장기' 실행하는 것으로 구분하고 있다. 19개 권고안이 점진적이고 단계적으로

계획하여 실행할 수 있으며, 또 그렇게 하는 것이 바람직하다는 점을 분명히 하고 있다. 모든 것을 당장 실행해야한다는 것이 아니라 점차적으로 전 부문을 균형 있게 발전시키면 된다는 의미이다.

19개 권고안은 실행의 시기에 따라 4개의 범주로 구분할 수 있다.

표 27 실행 시기에 따른 권고안의 분류

실행 시기	권고안
즉각 실행	권고안 1, 2
단기 실행	권고안 7, 9, 10, 12, 13, 15, 18, 19
중기 실행	권고안 5, 6, 8, 11, 16, 17
장기 실행	권고안 3, 4

ADPI의 권고사항을 이에 맞게 검토해 보자.

※ 즉각 실행: 이미 2016년부터 제주공항에 AMAN(도착관리시스템)이 시험운영 중이며(권고안 1), ADPI는 협약 조정(권고안 2)이 얼마든지 가능하다고 판단하였지만 현재 미실시 상태이다

※ 단기 실행: 권고안 7은 단기 확충방안을 통해 이미 완료되었으며, 관제에 대한 교육훈련은(권고안 9, 13) 관제용량의 증대를 위해 필수적이므로 지극히 당연한 것으로, 반드시 실행해야 하는 제안이다. 또한 주기장과 계류장 문제(권고안 12, 18, 19)는 현재 미실시 상태이나 이미 가용한 토지가 확보되었으므로 어려운 일이 아니다.

※ 중기 실행: 권고안 5, 6은 군공역의 조정과 관련된 것으로

제주공항의 활용, 확장이든 제2공항 건설이든 제주의 항공수요를 감당하려면 중기적으로 필히 해결해야 할 문제이다. 불가능하다는 주장은 어불성설이다. 더구나 성산후보지 민군 공역 중첩 문제는 얼마든지 조정가능하다고 밝힌 국토부가 군공역이라 불가능하다고 핑계 삼는 것은 모순이며 자가당착일 뿐이다. 관제인력 충원(권고안 8)은 용량증대 뿐만 아니라 현 제주공항의 안전을 위한 절대적 요건임에도 불구하고 실행되지 않고 방치되어 있다. 이는 국토부에 위중하게 그 책임을 물어야 할 문제이며 실행가능 여부를 묻는 것은 우문이다. 또한 계류관제탑(권고안 11)은 이미 인천공항에 도입되어 그 효용성이 입증되었고 이를 제주공항에 실행하는 데 큰 어려움이 없다. 권고안 16은 앞에서 살펴본 교차활주로 대안인데 기존 활주로를 활용하는 방안으로 이에 대한 관제능력이 갖추어지지 않은 점은 ADPI가 언급했듯이 교차활주로 운영 노하우가 축적된 미국, 유럽의 해외공항과 관련기관의 연수를 통해 습득해야 할 과제라고 할 수 있다. 물론 유도로 확대와 대기구역의 설치(권고안 17)도 실행가능한 과제이다.

※ 장기 실행: 항로운영의 문제(권고안 3, 4)는 군공역과 마찬가지로 장기 항공수요의 증가에 대응할 경우 ADPI

대안이 아닌 제2공항을 건설하려고 해도 똑같이 해결해야 할 과제이다. 따라서 불가능하다는 주장은 마찬가지로 모순이다.

이상 19개의 권고안은 구체적인 기술검토를 통해서 도출된 것이고 제주공항의 현실적 조건을 고려한 것이었다. ADPI는 왜 자신들의 대안을 '저렴하고' '현실적이고 실용적인'이라고 명시했는지를 납득시켰다. ADPI는 현존하는 그리고 실제 적용 중인 기술수준에서, 제주공항이 기존 활주로구성을 유지한 채 추가적인 활주로 건설 없이도 국토부가 예상한 장기 항공수요를 충족시킬 수 있는 19개의 구체적이고 실행 가능한 방안을 제시하여 자신들의 대안을 뒷받침했던 것이다.

더욱이 관제능력 개선과 관련하여 ADPI가 제시한 개선방안들은 국토부의 주장처럼 전혀 비현실적인 것이 아니며, 용량 증대만이 아니라 안전을 위해서도 시급히 개선되어야 하는 사항들이다. 도착관리를 위한 AMAN과 출발관리를 위한 DMAN, 흐름관리 효율성을 높이기 위한 ATFCM 프로세스 등의 도입과 인력 충원, 도착관제직 2개로 분리, 계류장 관제의 분리, 관제사 교육훈련 등의 개선방안 대부분은 이미 추진 또는 검토되고 있는 사항이다. 아래의 제주지방항공청 보고 자료에 적시된 내용이 이를 확인시켜 주고 있다.

실제로 영국 개트윅공항은 단일활주로를 운영하면서도 A-CDM(협력적 의사결정시스템) 등 첨단 관제시스템 도입으로 2013년에 시간당 55회의 활주로용량 목표를 달성하였고, 2018년에 단일활주로에서 4,600만 명의 이용객을 처리했다. 한편 사전타당성 용역의 해외

② 항공교통관제업무 방식 개선(⇒관련 장비 도입시 추진 가능)

◆ 증가하는 교통량의 효율적 처리를 위해서는 현재 **관제사의 기량에 의존하는 관제방식**으로는 **공항수용능력 개선에 한계가 있으며,**
- 세계적 추세에 따라 중·장기적 관점에서 국내외 연구·검증된 **관제장비*를 도입, 이와 연계하여 관제운영방식 개선검토·추진**

* A-CDM, 출도착관리시스템, 레이더 기능개선, 모의관제훈련장치 등

그림 26 이미 추진 중인 ADPI 권고사항들
출처: 제주지방항공청 항공관제과, '제주공항 안전도 및 효율성 향상방안 보고'(2018.6.29.)

자문기관인 버지니아 텍의 자문보고서는 우리나라가 비행기간 분리간격을 지나치게 보수적으로 운영하고 있다고 지적하고, 교차활주로 운영과 관련하여 관제사에 대한 국외(미국) 훈련을 제안하였다.

결론적으로 국토부 측이 19개 권고안이 하나라도 충족이 안 되면 ADPI 대안은 불가능하다고 한 강변은 혹세무민의 주장일 뿐이며, 못하는 것이 아니라 하지 않겠다는 억지에 불과하다. 심지어 그들은 ADPI의 제안사항 일부를 몰래(?) 실행하고 있었던 것이다. 이제 국토부가 ADPI 보고서의 존재를 부정하고, 은폐하고, 폐기한 이유가 제2공항 건설의 필요성이 원천적으로 사라지기 때문임을 알아채지 못 할 대중은 없다.

5. ADPI 대안이 검토되었다?: 거짓은 또 다른 거짓을 부른다

궁여지책으로 ADPI 보고서를 공개한 국토부는 이어지는 후폭풍을

우려하여 사타 용역진 명의의 보도자료를 통해 의혹을 덮으려는 시도를 하였다. ADPI가 단기 확충방안만을 검토했다는 국토부의 주장이 거짓으로 밝혀지자 또 다른 말 바꾸기를 한 것인데, 그것은 2015년 5월에 사타 용역진도 참여한 국토부 TF에서 ADPI 대안을 검토했으며 충돌위험 등으로 기각하였다는 주장이다.

하지만 이를 뒷받침한다고 제출한 국토부 TF 자료를 검토해 보면 전부 사실이 아님이 드러난다.

국토부 TF회의에 ADPI가 해외자문기관으로 참석한 2015년 3월 자료에 따르면 ADPI는 최종보고서 제출을 위해 검토했던 방안들이 담긴 기술지원 보고서를 발표하였다.

그림 27　국토부 TF 자료 제목(부분 캡처)

그림 28　국토부 TF 해외자문기관 회의에서 검토한 ADPI의 기술지원 보고서 표지

ADPI는 기술지원 보고서에서 제주공항의 용량증대 방안으로 교차활주로 활용을 검토한 결과, 시간당 60회 운항이라는 목표를 달성할 수 있다는 점과 장기 이론용량은 시간당 70회까지도 가능하다고 기술하였다. 그리고 TF 회의에서는 다음 세 가지 사항을 향후 계획으로 결정하였다.

첫째, ADPI가 제시한 내용을 협의체 과제로 선정하여 소관 분과위에서 추가 논의.

둘째, ADPI 2차 회의 개최(2015년 5월)

셋째, 외국 유사공항 검토 및 현지조사 추진 (런던 개트윅, 뉴욕 라 구아디아 공항사례 벤치마킹 및 해외전문기관 자문 등)

그리고 국토부 TF가 종료된 마지막 회의의 자료에 따르면, 전체 과정의 결론이 그림 29와 같이 정리되어 있다.

그림 29에서 확인되는 사실은 다음과 같다.

첫째, 인프라 확충분야에서 단기 1단계 총/개 과제를 신징, 추진한다고 결정했다. 주지하듯이 이는 사타의 단기 확충방안으로 확정되어 사타보고서에 기술되었으며, 실제 제주공항 단기 확충공사로 추진되어 2019년 6월 완공 예정이다.

둘째, 2020년 이후의 수요에 대비하는 단기 2단계 인프라 확충을 검토할 과제로 총 7개 과제가 선정되었다. 여기에는 ADPI가 권고한 교차활주로 활용 증대방안, 이중평행유도로 신설, 항공기 분리간격 조정 가능성, 지상관제 분리, 관제인력 충원과 숙련도 증대 방안, 관제운영 효율화 방안 등이 망라되었다.

셋째, 비독립 평행활주로 신설 방안은 채택하지 않았다.

제주 공항인프라 확충 협의체(TF) 전체회의 결과

'15.5.29(금) ○ ○ ○ ○ 과

구분		추진과제 주요내용	
단기-1, 추진 (7개)	Airside	관제·운항규정개선 등을 통한 SLOT 40회증대	AIP, 제주공항 운영 규정 수정 및 공감대 조성
		출발, 도착 절차 검토를 통한 SLOT 증대 효과 시뮬레이션 분석	분리간격축소시 평균지연 5.9분/대로 분석
		SLOT 결정을 위한 시뮬레이션 분석	한국공항공사 시뮬레이션 용역 진행 중
		고속탈출유도로 및 계류장 증설	고속탈출유도로 3개소, 계류장 9개소 추가 설치
	Landside	청사 4층 증축 후 기존공간 여객시설 활용	3,500㎡ 증축하여 제항청, JDC, 국가기관 이전
		국제선및국내선여객청사시설확충	여객청사 동편증축 및 서편증축으로 수용능력 증대
		주차빌딩 도입을 통한 주차장 부족현상 해소	직원용/여객용 주차장 확보
단기-2, 검토 (7개)	Airside	보조(교차)활주로 활용 증대 방안 및 효과분석	외국기관(ADPi) 연구결과를 포함하여 분석 결과 도출
		보조활주로 계류장 활용	이중평행유도로 설치에 따른 계류장 이전 부지로 검토
		이중평행유도로 신설	활주로 점유시간을 감소시킬 수 있는 대안으로 검토
		유럽과 같이 항공기 분리간격 조정 가능성 검토	6월 중 유럽 선진공항 방문 및 벤치마킹 예정
		지상관제 분리 검토	지상관제 이관 검토 등 지속 추진
		관제 인력 충원, 숙련도 증대 방안	인력 충원 지속적 협의 및 관제사 교육 강화 방안 마련
		관제운영 효율화 방안	6월 중 유럽 선진공항 방문 및 벤치마킹 예정
불채택 (1개)	Airside	비독립 평행활주로 신설	과도한 비용 및 소요기간 과다로 비효율적

* 주) 단기-1 : 2020년까지 수요대비 즉시 추진과제(용지매입 없음)
  단기-2 : 2020년이후 수요대비 즉시 추진과제(용지매입 필요)

그림 29 **국토부 TF ('15.5.29) 자료**(일부 캡처)

    이 국토부 TF회의 결과 자료에는 사타 용역진인 항공대와 유신이 참석했다고 명시되어 있지만 그 어디에도 그들이 ADPI가 제시한 방안을 검토하여 불채택했다는 내용은 찾아볼 수 없다. 앞에서 보았듯, 불채택이 아니라 오히려 단기 2단계 확충계획으로 검토할 과제로 선정되었다. 이후 어떻게 검토했는지, 그 결과는 무엇인지에 대한 해명은 전혀 없다. 결정적으로 사전타당성 검토 용역의 총괄연구책임자는 단기2에 대해 더 이상 연구를 하지 않았다고 지난 6월 4일 검토위 소위원회에서 진술하였다.

    결국, 사타 과업지시서에서 하도급을 통해 과업을 분담하라고 비중 있게 지시한, '공신력 있는 외국 전문기관(ADPI)'의 연구결과를 적절한 검토 과정이나 근거 없이 기각하고 연구결과는 물론 연구 수행 사실조차 은폐해 버린 것이 확인되었다.

이상으로 ADPI 보고서 논란은 끝났다. 이는 사전타당성 보고서의 중대한 결함이며 국토부의 제2공항 강행 명분에 치명적인 상처를 남겼다. 사정이 이러한데도 국토부는 전문가가 검토하여 기각했다고 계속해서 거짓을 말하고 있고, 제주도정은 이를 앵무새처럼 반복하고 있다. 어찌 이럴 수 있는지 상식적으로 이해하기는 불가능하다. 검토위원회든, 주민설명회든, 공개토론회든, 형식적 절차를 진행하며 시간을 보내고 도민들에게 형식적 절차를 밟았다는 명분만 세울 수 있다면 절차의 내용적 정당성은 중요하지 않다고 생각하는 것이 아니겠는가. 문재인 정부가 강조하는 절차적 타당성은 국토부에게 단지 형식만 있는 절차이며 통과의례일 뿐이다. 그러나 안타깝게도, 이렇게 거짓을 반복하고 말을 수시로 바꾸는 이들이 가진 시계는 여전히 돌아가고 있다.

마지막으로 ADPI 보고서 누락과 관련하여 놓치면 안 되는 중요한 함의를 지적하고 싶다. 철저히 은폐되었던 ADPI 대안이 기각된 제안이라 하더라도 만약에 사전타당성 보고서에 언급이 되었다면 어떻게 되었을까? 답은 결과가 달라졌을 거라는 것이다.

사전타당성 검토 이후 기획재정부가 진행한 예비타당성 조사에서 ADPI의 대안을 검토할 기회가 있었다면, 제주공항의 장기항공수요를 사타보다 500만 명가량 적게 추정한 예타에서는 제2공항을 추인할 가능성보다 ADPI 대안을 재검토했을 가능성이 훨씬 높았다. 예컨대 예비타당성 조사는 연간 이용객 4천만 명, 운항횟수 24.7

만 회(시간당 52회)로 예측했고, ADPI가 제시한 수용능력은 이를 훨씬 초과했기 때문에 우리나라의 실정을 감안하더라도 현 공항 확충으로 충분히 장기예측 수요를 수용할 수 있다고 판단할 수 있었다.

또한 예비타당성 조사는 국가 재정지출의 효율성과 적정성을 우선적으로 검토하기 때문에 비용이 훨씬 덜 들고, 환경훼손도 적은 현 제주공항 확충방안을 선택하는 것이 당연하다. 심지어 검토위에서 확인된 것처럼, 사전타당성 용역진이 검토했다는 현 공항 확충의 세 가지 대안(근접 평행활주로 건설 및 보조활주로 연장)과 용량평가만이라도 검토한 대로 보고서에 실었다면 예비타당성 검토의 수요예측(4,043만 명)에 근접하는 용량(3,900만 명)을 제공할 수 있기 때문에 결론은 달라질 수 있었다.

결론적으로 국민의 세금을 들인 ADPI 보고서의 존재를 감추고 사타용역보고서에 언급조차 하지 않아 이를 비교 검토할 기회를 박탈한 국토부의 행위는 국가 중요정책의 결정과정을 심각하게 왜곡하는 결과를 낳았던 것이다.

6. 제주 도민이 대안을 선택하자! 적정 확충규모와 대안선택의 범위

국토부가 일방적으로 추진하는 제주의 공항 인프라 확충 정책은 이제 원점에서 재검토해야 한다. 그렇다면 먼저 기본적인 질문에서 출발할 필요가 있다.

제주의 공항 인프라 확충은 필요한가? 필요하다면 어느 정도의 확충이 필요한가? 이에 답하기 위해서는 도민의 의사를 반영한

민주적인 정책결정과정이 전제되어야 하고, 제주의 환경적, 사회적 수용력을 고려하여 관광객 수요 관리정책을 수립하는 데 대한 도민의 공론을 확인하는 과정이 향후에 진행되어야 할 것이다. 1부에서 살펴본 것처럼, 현재의 관광객과 공항이용객으로도 "제주가 버티지 못한다"는 비판의 목소리가 날로 커져가고 있다. 우리는 현재 수준으로 관광객을 제한하는 수요관리정책을 실시하고, 시스템의 개선과 훈련을 통해 제주공항을 보다 효율적이며 안전하게 운용하는 방식의 대안을 제주도민이 선택할 수 있는 최소치의 대안이라고 생각한다.

일단 여기에서는 그동안의 도민여론을 반영, 최소한의 합의가 형성된 의견을 고려하여 적정한 공항인프라 확충규모와 선택 가능한 대안들을 검토한다.

지난 2018년 지방선거에서 현 도지사를 포함한 유력후보의 공약과 발언을 종합하면, 모두 관광객 2천만 명 미만을 고려한 정책을 제시하여 도민 다수의 지지를 받았다. 그러므로 관광객 2천만 명은 현 시점에서 제주가 감당할 의사가 있는 '정치적으로 합의된' 관광객의 최대 수치로 보아도 무방할 것이다. 즉, 최대 수치를 감안한 공항의 적정 확충규모를 제주도민이 선택할 수 있는 한계치로서 먼저 검토하는 작업이 필요하다.

관광객 2천만 명은 다음과 같이 공항 이용객수로 전환할 수 있다.

선박을 이용한 방문 관광객 수가 200~300만 명이므로 공항이용 관광객 수는 1,700~1,800만 명이고, 공항이용객은 3,400~3,600만 명으로 추산된다. 여기에 도민들의 공항이용이 300만 명 이내이므로 전체 공항 이용객수는 3,700~3,900만 명으로 추산된다. 즉 최대 3,900만 명을 수용하는 공항인프라 규모면 관광객 2천만 명을 감당할 수 있다.

이를 공항의 수용능력, 즉 운항횟수와 활주로 용량으로 역산하면 곧 적정 확충규모가 된다.

운항횟수 × 평균탑승객수 = 공항이용객수 이다.

평균탑승객수가 164명(예비타당성 검토, 2016)일 때,

운항횟수는 39,000,000/164=237,805이고, 이를 활주로 용량으로 환산하면

운항횟수 = 활주로 용량 × 350 × 13.5 (사타의 FAA 기준)이므로,

활주로 용량은 237,804/350/13.5=50.3 시간당 약 50회다.

현 시점 기준 평균탑승객수(2014~2018년 평균) 170명일 때,

운항횟수는 39,000,000/170=229,410

활주로 용량은 229,410/350/13.5=48.6 시간당 약 49회다.

이 결과가 주는 의미는 명확하다. 관광객 2천만 명을 감당한다고 해도 시간당 50회의 활주로 용량, 23만 8천 회 운항횟수의 공항인프라면 충분하다는 것. 즉, ADPI가 제시한 시간당 60회의 용량까지 필요가 없으므로 제주공항의 현 인프라를 활용하여 교차활주로 운용 능력을 점차 증대시켜나가면 된다는 것이다. 예상되는 수요증가에 맞춰 점진적으로 관제용량을 포함한 제주공항의 수용능력을 제고하면 될 일인데 이 정도의 대안도 국토부는 불가능하다고 할 것인가?

현 제주공항의 활용을 전제로 2천만 명의 관광객, 3,900만 명의 공항이용객을 수용할 수 있는 적정 확충규모를 만족하는 대안은

■ 보조활주로(13/31 방향)활용 : 운항 비율

그림 30 북쪽 500m 활주로 연장 방안의 운항비율

ADPI가 제시한 대안 외에도 다양하게 검토해 볼 수 있다. 소개하는 또 다른 대안은 보조 활주로를 바다 방향으로 500m 확장하는 안이며 재개된 검토위에서 반대측 검토위원으로부터 제시되었다.[30]

그림 30에서 표시된 것처럼 북쪽 500m 활주로 연장 방안의 내

---

30 이하 보조활주로 확장안은 2기 검토위원회에 대책위측 검토위원으로 참여한 박용환 한국항공소음협회 회장이 제출한 자료를 정리한 것이다. 한편, 검토위원회에서는 사전타당성 검토 용역업체인 ㈜유신이 보조활주로 600m확장안을 검토했다는 재조사 용역진의 자료 제출이 있었으나, 이들이 제시한 확충용량 212,500회는 허위였음이 소위원회에서 밝혀졌다.

그림 31 보조활주로의 공간 활용

용을 요약하면 다음과 같다.

- 남북활주로(13-31)를 바다 쪽으로 500m 연장하여 교차활주로로 운영
- 남북활주로는 C급 항공기의 이륙전용으로 사용,
- 주 활주로(07-25)는 중대형 항공기 이륙과 현재 비율대로 착륙으로 사용

이 방안이 제시하는 공항 수용능력은 시간당 약 55회, 연 259,000회의 운항횟수이며 이는 적정 규모를 충족하고 미래 항공수요의 처리가 가능한 방안이라고 할 수 있다.

바다 방향의 활주로 연장으로 우려되는 해안생태계 훼손 위험

표 28 바다 방향의 활주로 연장에 따른 소음 피해 가옥 수의 변화

구 분	현행 고시	보조활주로 연장	비교 가옥 수	비교 비율
소음영향지역 가옥수	22,013호	13,154호	▼ 8,895호	▼ 40.2%

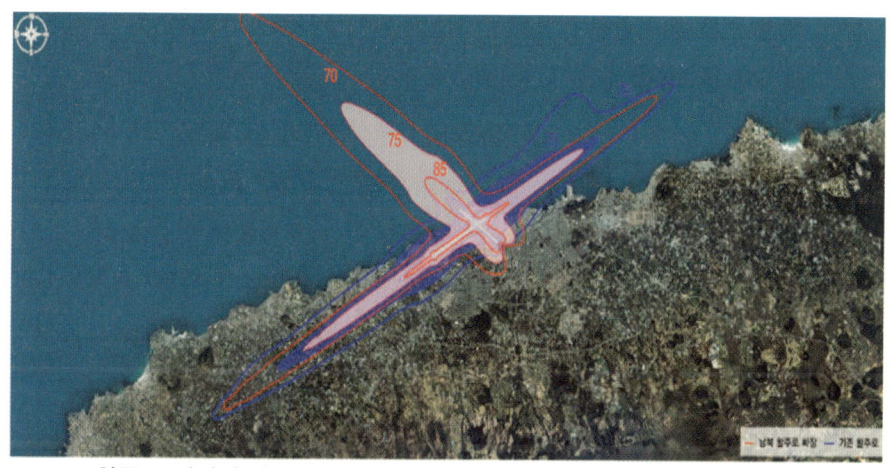

그림 32 활주로 연장에 따른 소음 등고선의 변화

설명: 파란색은 현행 고시된 소음등고선, 빨간색은 보조활주로 연장시 소음등고선이며, 둘 다 2022년(민항기 연간 24.3만회 운항) 기준

은 교량형 활주로 설치로 최소화할 수 있다. 기존 해안도로를 유지할 수 있고, 교량의 해저부에 수중어초를 설치하여 어류서식지 조성이 가능하다. 또한 교량 지상부의 다양한 활용방안도 제시되었다.

더욱이 중요한 사항은 전문가의 시뮬레이션 결과, 항공기 소음영향지역(70웨클 이상 지역)이 해수면으로 이동하여 대폭 축소되었다는 사실이다.

단, 소음피해지역은 전체적으로 축소되었으나 남쪽지역에서 일부 증가하는데 이는 샌디에고 공항의 예시와 같은 소음저감 장치

■ 보조활주로(13/31 방향)활용 : 소음 저감(사례)

그림 33 보조활주로 활용시 소음 저감 방안의 사례

의 설치로 최소화하는 노력이 필요하다고 보았다.

이상에서 살펴 본 활주로연장 방안은 ADPI대안과 비교할 때 추가적인 인프라 투자가 필요한 부분이 있으나, ADPI의 대안에 대해 국토부 측에서 정확한 근거 제시도 없이 주장하고 있는 소음피해지역의 확대 우려와 일부 항공기의 이륙최저거리 미확보 우려를 쉽게 해결할 수 있는 현실적 대안이라 할 만 하다.

아울러 현 제주공항의 활용만으로 제주의 공항 인프라확충 적정규모를 확보할 수 있는 이러한 대안들은 더 다양하게 제시될 수 있다고 판단된다. 제2공항의 필요성 자체가 부정되고 그 타당성이 무너진 지금이야말로 중립적인 해외전문가가 참여하는 연구용역에서 이 문제를 보다 심도 있게 다루어야 할 것으로 보인다.

    결론적으로 시간당 50회로 계산된 적정 확충규모에서부터 시간당 55회의 활주로 연장방안, ADPI 대안의 시간당 60회까지 우리가 선택할 수 있는 확충의 범위는 폭넓게 존재한다. 모두 현 제주공항을 활용하는 방법이며 두 번째 공항을 건설하지 않아도 되는, 선택 가능한 대안들이다.

소결: 도민들에게 더 많은 대안을!

우리에게는 많은 대안들이 있다. 그것은 각각 나름대로의 근거와 논리들을 지니고 있는 대안들이다. 일반적으로 일정한 규모의 공항으로 출입하는 이용객의 수가 증가하여 공항이 혼잡해지고 항공수요를 충당하기 힘들 때, 선택할 수 있는 4가지 대안이 존재한다고 할 수 있다.

첫 번째 대안은 가장 손쉽게 생각할 수 있는 대안으로서, 현재의 공항을 확충하거나 시스템을 개선하여 늘어난 수요를 감당하는 방안이다. 1장에서 살펴본 것처럼, 제주가 근대화와 관광개발을 추진해 오는 과정에서 줄곧 선택했던 방식으로서, 제주도는 몇 번에 걸쳐 현 제주공항의 활주로를 연장하기도 했고 공항 청사를 현대화하는 작업을 진행하기도 했다. 하지만 이 대안은 국토부의 사전타당성 검토에서는 제2공항을 짓는 것과 결부하여 단기적인 시설 개선으로 '최소화'되거나, 바다를 대규모로 매립하여 2개의 독립평행 활주로를 갖는 대규모 공항 확충으로 '최대화'되는(Category1) 방식만이 제시되었다. 우리는 앞에서 '최소화'와 '최대화' 방식 이외에, ADPI에서 제시한 현 공항 활용방안도 살펴보았고 짧게나마 보조 활주로를 연장하는 방식에 대해서도 살펴보았다. 두 가지 모두 국토부에서 예상하는 미래의 항공수요를 충분히 감당할 수 있는 방안이었다. 그리고 정치적으로 제시된 관광객의 최대치를 감당할 수 있는 공항의 적정 확충규모에 대해서도 알아보았다. 국토부는 이처럼 상대적으로 저렴하고 현실적이며 실행가능한 대안들을 배제하기 위해 ADPI 보고서를 은폐하기까지 했다. 지속가능하며 정의로운 제주의 미래상을 염두에 둘 때, 우리는 이 대안들이 제주도민들이 선택할 수 있는 최대한의 한계치에 근접하는 대안들이라고 생각한다.

두 번째 대안은 현재의 혼잡한 공항을 폐쇄하고 더 큰 규모의 새로운 공항을 건설하는 '신공항' 건설 방안이다. 이 방안은 제2공항 건설 계획이 나오기 전까지는 가장 빈번하게 거론되는 대안이었으나, 국토부의 사전타당성 용역에서는 원희룡 도지사의 요청에 따라 정치적으로 배제되었다. 이 '신공항' 건설 대안을 제대로 검토하지 않은 것은 사전타당성 검토 용역진의 명백한 계약 위반이다.

그렇다면 '신공항' 건설 방안을 제주도민들이 선택할 수 있는 대안의 하나로 생각해야 할까? 우리는 세 가지 이유에서 그렇지 않다고 생각한다. 우선, 신공항 건설 방안은 지금 국토부가 주장하고 있는 제2공항 건설 방안과 동일하게 개발패러다임에 갇혀 있는 방안이었다. 즉, 중앙정부에 막대한 재정투입을 요구하여 대형 개발사업을 벌이고, 제주의 환경적·사회적 수용력을 고려하지 않은 상태에서 오로지 관광개발의 급속한 팽창만을 목표로 제시되었던 방안이었던 것이다. 따라서 기존의 연구 용역들에서 신공항 건설 방안이 유력하게 거론되었다고 하더라도, 제주개발체제의 전환을 고민해야 할 시점에서 우리가 택할 수 있는 대안은 아니라고 생각한다. 둘째, 현재 제주공항의 인프라를 정비하고 활용하는 방식으로 문제를 해결할 수 있는데도 더 큰 규모의 신공항을 건설하는 것은 막대한 재정의 낭비일 뿐만 아니라, 엄청난 규모의 환경적 피해를 가져올 것이다. 인구밀도가 가장 낮은 장소로 입지를 정해서 신공항을 짓는다고 하더라도 숲과 들과 오름이 막대한 규모로 파괴될 것이고, 신공항으로 도로, 전기, 수도 등의 인프라를 연결하는 과정에서 발생할 환경적 피해 역시 막대할 것이다. 셋째, 제주도의 경우에 공항, 도심, 관광지, 관광업이 지리적으로 인접한 형태로 관광개발과 도시개발이 진행되었다는 특징이 있는데, 이로 인해서 신공항 건설이 막대한 규모의 도시계획 정비와 관광산업의 재편 및 전환을 필요로 한다는 점이다. 이 문제들은 오랜 시간에 걸친 공론의 형성과 논의 과정을 통해 검토되어야 할 사안이다. 제2공항을 추진하고 있는 국토부와 제주도정의 무능력하고 권위주의적인 행태로 볼 때, '신공항' 건설은 '전환'의 계기가 되기보다는 '재앙'으로 끝날 것임에 틀림없다.

세 번째 대안은 국토부와 사전타당성 검토 용역진이 별다른 근거 없이 택한 방식으로 제2의(더 나아가 제3의) 공항을 건설하는 방안이다. 우리는 앞에서 국토부와 용역진이 택한 이 방안을 근본적으로 비판해 왔다. 그런데 역사적으로 보면, 제2, 제3의 공항을 건설하는 방식은 (현재 공항인프라의 확충 대안들과 더불어) 전세계적으로 가장 빈번하게 사용되어 온 방식이었다. 서울, 런던, 도쿄, 상하이, 워싱턴 등 세계적인 '거대도시'들이 이 방식을 택해 왔다. 그것은 인구의 급속한 증가로 인해 공항이용객이 폭발적으로 늘어나게 되었지만, 도심 주변에 있던 공항이 도시의 거대한 팽창에 따라 도심 내부로 편입되면서 기존 공항의 대규모 확장이 더 이상 불가능했던 거대도시들의 역사를 반영하고 있다. 이 때문에 새롭게 건설되는 제2공항들은 보통 기존의 도심지역에서 30~40km 이상 떨어진 곳에 기존 공항보다 훨씬 더 큰 규모로 건설되었던 것이다. 김포공항과 인천공항, 일본 도쿄의 하네다공항과 나리타공항, 대만 타이베

이의 숭산공항과 타오위안공항 등이 대표적인 사례이다. 거대도시들이 제2공항을 건설하는 과정에서도 수많은 문제들을 안고 있었지만, 이런 역사적 조건과 제주의 사례는 분명 다르다는 점을 인식할 필요가 있다. 제주에는 공항의 배후지에 거대도시가 존재해서 내부적인 항공수요가 큰 것도 아니고, 외부의 관광객이 공항이용객의 대부분을 차지하고 있다. 다시 말해서, 인구의 증가에 따른 도시인프라의 팽창과 병행하여 공항이용객 증가와 제2공항 건설이 진행되어 온 기존의 거대도시 사례들과 달리, 제주의 경우에는 도시인프라의 규모를 훨씬 초과하는 관광 목적의 공항이용객의 (미래의) 증가를 예상하면서 제2공항을 건설한다는 계획인 것이다. 이 무모한 계획은 도시발전이라는 종합적인 역사적 과정의 산물이 아니라 관광개발이라는 경제적 이익만을 고려한, 맹목적인 개발주의에 심취한 몇몇 정치인과 권위주의적인 행정관료들의 위험천만한 도박이며 맹목적인 욕망의 산물일 따름이다.

　　네 번째 내안은 공항의 확장을 멈추고 도시인프라의 수준에 맞게, 자연환경의 지속가능성을 고려하면서 공항이용객에 대한 수요관리정책을 실시하는 것이다. 이 대안은 제주 공항인프라 확충 대안의 연구와 사전타당성 검토 용역에서는 전혀 고려하지도 연구하지도 않은 채 배제되었다. 그것은 우선적으로, 한국사회와 제주사회의 지배적인 패러다임이 지속가능성 보다 개발주의에 기반을 두고 있었다는 점과 관련이 있다. '개발'은 당연한 선(善)이었고, 개발이 당연한만큼 제2공항이나 더 큰 규모의 '신공항'이 당연한 것으로 여겨지던 시대도 있었다. 그러나 관광객이 폭발적으로 증가하여 공항이용객 역시 폭발적으로 증가했던 최근 5년간 오히려 상황은 반전되고 있다. 단기간에 관광객이 1,600만 명에 근접하면서 관광개발 세력들이 주장해왔던 장밋빛 꿈이 실현되었음을 선언하려던 찰나였다. 그 장밋빛 꿈에 기대어 제주도정은 '제주의 백년대계'라는 이름으로 제2공항 사업을 추진했던 것이다.

그런데 꿈(dream)이 현실이 되자, 그것은 꿈이 아니라 악몽이라는 것이 점점 분명해졌다. 처리되지 않고 그대로 바다로 방류되는 오폐수, 점점 고갈되고 오염되어가는 지하수, 너무 많은 이용객들로 인해 토양이 침식되어가는 오름들, 점점 더 중산간 지역을 잠식해 가는 개발사업들, 곶자왈과 세계자연유산 마을에 들어서는 사파리월드와 동물테마파크, 갈수록 막히는 도로와 어딜 가나 경험하는 주차난, 해마다 관광객과 공항이용객의 기록이 갱신됨에도 불구하고 삶의 질이 후퇴하고 있다는 불만의 보고서들.

수요관리정책으로의 전환은 단순히 공항이 붐비니까 공항이용객을 줄여서 공항을 여유롭게 사용하자는 발상이 아니다. 그것은 공항 문제를 해결하기 위해서 공항의 대합실과 활주로를 볼 것이 아니라, 공항 바깥에 존재하는 우리의 삶의 환경을 보아야 한다는 시민들의 비판이며 질문인 것이다. 우리는 이러한 전환이 보다 많은 제주도민들에게 대안으로 선택되기를 바라고 있다.

위에서 살펴본 네 가지 종류의 대안들은 보다 많은 도민들 속에서 논의되고 검토되어야 할 것이다. 이를 위한 조건은 두 가지다. 하나는 더 이상 국토부와 제주도정이 거짓과 허위로 사태를 조작하거나 왜곡하지 않고, 문제를 원점에서 재검토할 것을 표명하는 것이다. 또 하나는 제2공항 추진 계획에서 철저하게 배제된 제주도민의 목소리를 듣고 논의하기 위한 공론의 장을 마련하는 것이다.

국토부의 시계를 멈춰 서게 해야 한다. 그래서 보다 지속가능하며 삶의 질이 충족되는 제주의 미래, 보다 안전하고 효율적으로 운영되는 공항에 대한 제주도민의 공론을 만들고 모아야 할 때이다. 이제 도민의 시간이다.

제2공항 너머, 시민의 대안

3 제주특별자치도의 자치와 민주주의를 묻다

사진: 김수오 작가

······

제6장 제2공항 문제에서 드러난 지방자치의 현실

1. 무책임한 제주도정

제2공항을 둘러싼 각종 의혹과 갈등에 대해 우선적으로 책임을 져야 할 주체는 국토교통부다. 국토부는 부실한 용역 결과와 조작된 데이터를 가지고 제2공항의 입지를 성산으로 결정했으며, 이 과정에서 지역주민들과는 어떠한 사전 논의도 없었다. 국토부의 일방적인 추진 과정도 문제이지만, 제주도정의 무책임하고 권위주의적인 행정 역시 갈등을 키우고 사태를 악화시킨 요인이었다. 제주도정은 찬반 의견을 함께 수렴하여 도민의 의사를 대의하기보다는 항의하는 시민들의 입에 재갈을 물리려 했다. 원희룡 도지사는 지자체의 수장으로서 지역민의 의사를 중앙정부에 전달하기보다는 국토부의 의사를 대변하는 모습만을 보여왔을 뿐이다.

　제주도정과 원희룡 도지사가 제2공항에 반대하는 시민들을 어떻게 제압하려 했는지는 제주도청앞 천막에 대한 행정대집행 전후의 과정에서 잘 드러난다.

　2019년 1월 8일 오전, 제주도청을 출입하는 기자들에게 한 통의 메시지가 도착했다. "금일 13시 10분 지사님 정문 출입 예정입니다. 현장에서 충돌 우려가 있으니 언론 취재시 참고 바랍니다"라는 내용이었다.³¹ 메시지가 도착한 날은 어떤 날이었을까? 바로 전날인 1월 7일, 제주도와 제주시는 공무원 300여 명을 동원하여 22일째 단식을 이어가던 김경배 씨의 천막을 강제로 철거하는 행정대집행을 강행했다. 수백명의 공무원들은 항의하는 시민들을 포위하여 고착했다. 시민들은 천막을 붙잡고 눈물로 호소했지만 소용이 없었다. 곧 이어 시민들은 짐짝처럼 버려졌다. 원희룡 도지사는 이 사태가 자신과는 관련이 없다는 것을 보이려는 듯 홀로 청사를 비웠다. 시민들은 다시 도청 앞 계단을 점거하고 연좌시위를 이어갔다. 이런 상황에서 마치 충돌 장면을 연출하려는 듯한 메시지가 기자들에게 도착한 것이다. 이 같은 행태는 항의하는 도민들의 의견을 진정성 있게 청취하기 보다는 그들을 폭도로 몰아가기 위한 여론공작에만 매달려온 제주도청의 의도를 잘 보여준다.

행정대집행이 진행된 1월 7일에는 배포한 보도자료를 통해 "이들(농성참가자) 중 일부는 제2공항 반대 등 특정 목적을 위해 도외에서 도내로 입도한 후 활동해 온 것으로 알려졌다"며, 도청앞에서 항의하는 도민들에게 '외부세력' 프레임을 들이밀었다. 또한 원 지사는 "도청을 출입하는 많은 분들 그리고 제주를 바라보는 국민들이 우리나라의 공공질서에 대해서 어떻게 생각하겠냐"며 "국가경찰이 본분을 정당하게 완수하는 것을 기대한다"며 추가적인 공권력의 투입을 요청하기도 했다.

이러한 제주도의 행태에 대해, 제주특별자치도 인권보장 및 증

---

31 〈제주의소리〉, 2019.01.08., "공무원 대거 투입후 사라진 원 지사, 갈등조장 논란도."

진위원회(위원장 고명희, 이하 제주도인권위)는 1월 8일 긴급회의를 갖고 제주도청 앞 제주 제2공항 반대 천막농성장 철거 등에 대해 "원희룡 제주도지사는 도민의 집회·시위의 자유를 보장해야 한다"며 권고사항을 제시했다. 제주도인권위는 "현재 제주도청 앞에는 제2공항 추진 여부에 대한 의견을 내며 집회·시위를 진행하고 있는 도민들이 있다. 엄동설한에 도지사와의 면담을 요구하며 지난 12월 19일부터 단식을 이어가는 도민과 이를 지지하는 도민들이 모여 목소리를 내고 있다"며 "이들의 집회·시위에 대해 원 지사와 고희범 제주시장은 1월 7일 행정대집행을 통해 그 목소리를 묵살했다. 도청 현관 앞의 도민들은 사지가 들려 밖으로 끌려 나왔고, 20일째 단식 중인 도민이 있었던 천막은 무참히 무너져 뜯겨 나갔다"며 상황을 진단했다. 그리고 "'세계평화의 섬'이란 수식어가 무색하게 제주도청 앞에서 제주도정에 의해 도민의 인권이 유린당하는 일이 벌어졌다"며 "이번 행정대집행을 선후로 한 제주도정의 행동이 도민의 인권인 집회·시위의 자유를 심각하게 침해하고, 행정대집행 전후 과정에서 물리적인 폭력이 사용된 점에 대해 깊은 우려를 표한다"고 밝혔다.[32]

결과적으로, 항의하는 도민들을 '폭도'로 몰고 '외부세력의 잠입'으로 호도하려던 원 지사와 제주도청의 여론조작은 성공하지 못했다. 항의하는 도민들의 천막은 점점 늘어나 10개가 되었고, 천막은 '천막촌'으로 확대되었다. 도민의 정당한 권리 행사를 폭력적으

---

32 〈제주의소리〉, 2019.01.08., "인권위, 원희룡 지사에 '권고'… 도민 인권 유린됐다."

로 진압한 제주도정에 대해 도민들은 '연대'와 "곁을 지키는 것"으로 응답했던 것이다.

원희룡 도지사와 제주도정은 항의하는 주민과 도민들을 폭력적으로 진압했을 뿐만 아니라, 주민과 도민의 의견을 수렴하여 중앙정부에 전달하기 보다는 각종 의혹과 갈등을 나몰라라 하면서 국토부의 대변인처럼 행동해 왔다.

원희룡 도지사는 2월 19일 열린 제369회 제주도의회 임시회 제1차 본회의에 출석하여, 인사말을 통해 제주 제2공항을 "제주의 미래를 준비하고 경제지도를 바꿀 제주 역사상 가장 큰 국책사업"이라고 평가했다. 이어서 2월 20일에는 '도민께 드리는 말씀'을 통해 제2공항 사업에 대해 강한 의지를 재차 피력했다. 원 지사는 "이미 극한적 포화에 이른 제주국제공항의 안전을 위해서라도 제2공항은 반드시 필요하다"고 말했다. 원 지사는 "제주 제2공항은 미래 항공수요에 탄력적으로 대응, 안전과 편의를 확보하기 위한 필수적인 사회기반시설"이라며 "기존 제주공항은 이미 2015년 연간 수용능력인 2,589만 명을 초과하는 등 매년 2,900만 명 이상의 이용객이 드나드는 만성포화 상태"라고 이야기했다. 또 "제주가 수용 가능한 적정 관광객 수는 교통시설과 폐기물 처리시설, 하수처리시설 한계에 도민 심리적 수용력까지 감안해 연간 2,000만 명으로 추산된다"며 "타당성 용역에서 추산한 2045년 제주 기점 항공기 이용객 수는 왕복 4,500만 명으로 이는 도민 왕래 인원과 관광객 2,000만 명이 포함된 숫자"라고 설명했다. 그리고 도민과 폭넓게 소통하여 도민의 다양한 의견을 수렴해 정부의 기본계획에 반영되도록 하겠다고 밝혔다.

하지만 앞에서 살펴본 것처럼, 국토부의 항공수요 예측은 시간이 지나면서 계속해서 축소되어 왔고, 예측된 수요 역시 현 공항의 시스템 개선과 활용을 통해 해결할 수 있는 방안이 존재했다. 더욱 큰 문제는 기본계획 용역이 발주된 상태일 뿐이고 확정고시는 아직 이루어지지도 않은 상태인데도, 원 지사는 마치 제2공항 사업이 확정된 것처럼 호도하고 있다는 점이다. 특히 이 발표는 바로 전날인 19일에 제주도의회가 제2공항 기본계획 중단을 요구하는 결의안을 발의한 상황에서 나온 것이어서, 그 의도를 의심케 하는 것이었다. 그래서 입지선정과 공항인프라 확충을 둘러싸고 제기되고 있는 각종 의혹의 해소에는 모르쇠로 일관하고, 보상과 발전계획으로 여론의 관심을 돌리려 한다는 비판이 쏟아졌던 것이다.

원희룡 도지사와 제주도정의 말과 행동은 시종일관 도민들의 항의를 외면하고 도민의 자기결정권을 무시하는 것이었다. 이와 같은 입장을 잘 보여주는 사례가 2019년 6월 17일 개인 유튜브 방송을 통해 방송된 내용이다. 원 지사의 발언은 제주 제2공항 입지선정 타당성 용역 재조사 검토위원회가 마지막 회의를 통해 3개의 권고안을 발표한 직후에 나온 것이었다. 정부측 위원들은 예상대로 '문제 없음'이라는 결론을 제시했지만, 반대측 위원들 및 강영진 위원장은 각각의 권고안을 통해 제2공항 대안 선정 및 입지선정 과정에서 여러 문제들이 확인돼 전면 재검토나 추가적인 검증이 필요하다는 입장을 개진했다. 또한 반대측 위원들과 강 위원장은 현재의 도민갈등 문제를 해결하기 위한 방안으로 '공론화 절차'를 이행할 것을 제주도에 권고했다.

원희룡 지사는 개인 유튜브 방송을 통해 '공론화 절차'에 대한 반대입장을 밝혔다. 그런데 그 이유로 제시한 내용은 도민들의 자기결정권을 철저하게 무시하는 것이었다. 원 지사는 공항운영과 관련한 부분은 전문가의 영역임을 시종일관 강조하면서, 제주공항 확장안에 대해서도 "전문가들이 두 차례 용역에서 다 폐기된 안을 도민에게 선택을 물어보라는 것인가"라면서 "여론조사가 기존공항 확장하는 것으로 나왔을 경우 국토부 전문가들이 불가능하고 책임질 수 없다고 했는데 우리가 이를 강제할 수 있느냐"고 했다. 또한 "제주도는 (제2공항 관련) 여론조사나 공론조사를 할 권한이나 제도적 근거가 없다"면서 종전의 '권한 없음' 주장을 되풀이했다. 그러면서도 공항인프라확충 대안들 가운데 '신공항 건설안'을 자신이 요구해서 배제시켰다는 점은 언급하지 않았다.

이날 원 지사의 발언은 '도민 공론조사'를 '여론조사'와 같은 격으로 설정해서 비판한 것이어서 기본적인 팩트조차 어긋났다. 정작 반대측 검토위원들은 권고안에서 "제주특별자치도와 제주도의회 등 제주도민의 대표기관이 책임있는 주체로 나서서 합리적, 객관적 방법과 절차를 통해 도민공론화를 추진해 나갈 것을 권고한다"면서 공론화 방법론의 문호를 모두 열어뒀다. 무엇보다, 공항확충의 필요성과 기본방향을 도민에게 직접 묻자는 의견에 대해, 이를 '무책임한 여론몰이'로 호도하고 도민들을 '비전문가'로 치부하면서 도민들의 결정권을 무시하는 발언이 도지사의 입을 통해 나왔다는 점이 문제적이라 하지 않을 수 없다.

전문가들이 여러 대안들 가운데 무엇이 최적의 대안인지를 비교해서 제시할 수는 있다. 하지만 '제시' 행위만으로 모든 일이 종결되는 것은 아니다. 첫째, 전문가들의 대안 제시는 객관적인 기준과 타당성을 갖추어야 하고 그럼으로써 전문가 영역 내에서 검증되어야 하며, 국책사업처럼 다수 시민들의 공익과 직결된 문제의 경우에는 대안들에 대한 시민사회의 검증 역시 거쳐야 한다. 하지만 앞의 2부에서 살펴본 것처럼, 사전타당성 용역의 전문가들은 기준을 자의적으로 설정했고, 거기에 사용된 자료 역시 투명하지 않았다. 이후에 진행된 재검토 용역이나 예비타당성 검토에서도 잘못은 시정되지 않았고, 검토위원회 과정에서 제기된 비판도 제대로 수용하지 않았다. 그런 전문가들의 결론을 그대로 따르겠다는 것은 절차적 합리성과 투명성을 갖추지 못했더라도 자신의 정치적 입맛에 맞으면 문제삼지 않겠다는 것으로, 공(公)적인 자원과 제도를 사유화하겠다는 발상에 다름아닙니다. 둘째, 설사 전문가들이 전문적인 영역에서 대안을 제시했다고 하더라고, 그것을 최종적으로 결정하는 과정은 정치적 공론장 내에서 이루어져야 한다. 현대민주주의 사회에서 대규모의 공공사업 실시에 있어서 시민사회의 지혜와 의견을 수렴하는 '협치'의 과정은 사업의 계획단계에서부터 최종적인 완공과 사후과정에 이르기까지 당연한 것으로 이해되고 있다. 하지만 현재 전개되는 상황을 보면, 마치 사전타당성 용역진 몇몇이 이 거대한 국책사업의 최종 결정권을 가진 것처럼, 제주의 미래와 성산읍 주민들의 생존권을 좌지우지할 권한을 가진 것처럼 보인다. 전문가들은 여러 대안들의 장단점과 그것이 실현될 수 있는 조건 및 결과를 알려줄 수 있을 뿐이다. 조건과 결과들을 고려하여 최종적인 결정을 내리는 것은 정치인, 관료, 전문가, 이해당사자, 그리고 시민들이 참여하는 공론장을 통해서 이루어져야 한다. 제주 지방정치의 현실은 이와는 달랐다. 도지사는 정치적 공론장을 개방할 생각을 하지 않고 개인방송을 통해 도민 여론을 호도할 생각에 사로잡혔고, 대안의 타당성을 심의해야 할 도의회에서는 자신들의 심의권한을 거부하는 촌극까지 빚어졌던 것이다.

2. 무소신의 제주도의회

현대의 대의제민주주의 하에서 국책사업이나 대규모 공공사업의 타당성과 적절성을 심의하는 일차적인 기능은 의회에 맡겨져 있다. 국토부를 비롯한 중앙정부의 행정기관이 추진하는 국책사업의 심의 기능은 국회에서 가지고 있지만, 지방의회 역시 개발사업과 관련한 다양한 규제 장치를 통해 심의 기능을 수행할 수 있다. 일차적으로 지방의회는 지역 주민들의 의견을 수렴하고 표출하는 공론장을 형성함으로써 국책사업에 대한 민주적 통제와 견제의 기능을 수행할 수 있다.

국토부가 제2공항 기본계획 수립 용역을 진행하는 가운데, 제주도의회는 용역 중단 촉구 결의안을 채택함으로써 최소한의 견제 기능을 수행한 바 있다. 2019년 2월 27일 속개된 제주도의회 제369회 임시회 제2차 본회의를 통과한 '제2공항에 대한 갈등해결 방안 마련 촉구 결의안'은 정민구 의원이 동료의원 18명의 서명을 받아 대표 발의한 것이었다. 도의회 결의안은 "무엇보다 제2공항 갈등 확대의 이유는 제주 도민사회 내부의 충분한 공론화 과정의 부재와 입지 선정과정에서의 불투명성과 불투명성을 해소하는 과정에서의 불공정성"에 그 원인이 있다고 지적하고, 모든 의혹들이 객관적으로 해소되기 전까지 기본계획수립 용역 절차를 중단할 것, 그리고 형식적 절차만을 고집하지 말고 공개적이고 객관적인 토론회 개최 등 공론화 과정을 추진할 것을 촉구했다. 이 결의안은 국토부와 제주도정이 추진해 온 제2공항 추진 과정에 심각한 결함이 있다는 점을 도민의 대의기관이 인정하고 그것을 해소하기 위한 최소한의 방안을 제시했다는 점에 의미가 있다.

그러나 기본계획 중단 촉구결의안이 통과된 과정은 순탄치 않았다. 애초에 29명의 도의원이 동의 서명을 한 것으로 전해졌지만, 서명한 의원들 가운데 대거 철회가 이루어지면서 부결될 것이라는 전망이 나오기도 했다. 본회의에서 민주당 고용호 의원은 긴급의사진행 발언을 통해 "민주당과 국토부의 당정협의회를 통해 검토위 연장 등에 합의했다"며 "도의회 토론회 등 다양한 과정이 진행되고 있기에 심도 있는 논의가 필요하다"고 정회를 요청하면서 표결을 방해하기도 했다. 하지만 정회 이후의 표결에서 재석 의원 39명 중 찬성 23명, 반대 13명, 기권 3명으로 결의안은 가결되었다. 결의안은 가결되었지만 민주당 내부에서도 5명의 반대표가 나왔다. 이 결의안의 가장 큰 문제점은 이것이 문자 그대로 '최소한'의 견제에 그쳤다는 것이다. 제주도의회는 이 결의안 전후로 제2공항 문제와 관련하여 실질적인 조치를 취한 것이 단 하나도 없었다.

도의회의 역할 방기에 관한 내용을 확인할 수 있는 결정적인 사례가 있다. 현재 제주도의회가 제정한 '제주특별자치도 보전지역 관리에 관한 조례'에는 관리보전지역의 1등급 지역 내에 설치할 수 없는 시설항목에 '항만'과 '공항'이 포함되어 있지 않다(제13조). 이것은 제주도에서 진행될 수 있는 가장 큰 국책사업의 가능성을 고려하지 않은 것으로, 그 자체로 조례안이 지닌 결함이라고 할 수 있다. 이에 따라 '항만'과 '공항'을 추가하여 등급 변경과 해제에 도의회의 동의를 얻도록 하는 '제주특별자치도 보전지역 관리에 관한 조례 일부개정조례안'(이하 조례 개정안)이 본회의에 상정되었다. 이 조례 개정안은 국책사업이라 하더라도 도의회에서 최소한의 동의 절차를 마련하자는 것으로, 대규모 개발사업이 가져올 부정적인 영향에 대해 도민의 대의기구인 도의회에서 먼저 심의하는 절차를 마련하자는 것이었다. 그러나 5월 22일 열린 제주특별자치도의회 임시회 2차 본회의를 앞두고 김태석 의장은 전체 의원 간담회를 소집하여 의원들을 의견을 들은 뒤에 안건 상정보류 결정을 내려버렸다. "의원들의 여러 의견이 있는 상황에서 내부 갈등을 증폭시키는 것은 바람직하지 않다고 판단했다"며 상정보류의 이유를 밝혔다. 덧붙여 "제2공항 프레임과 연결되지 않았다면 지역주민과 의회의 권한 강화를 위한 중요한 조례안이다. 가능한 빨리 처리하겠다"고 밝히기도 했다. 그러나 가능한 빨리 처리하겠다는 약속은 지켜지지 않았다. 6월 10일부터 시작된 제373회 제1차 정례회의에도 조례 개정안은 상정되지 않았다. 5월 임시회 때와 비교해 상황변화가 없다는 이유에서였다.[33]

  그러나 이 같은 상정보류 결정은 지방의회의 책임정치를 외면했다는 비판을 면하기 어렵다. 2019년 초에 제주도청 앞에서 네 명의 시민이 목숨을 건 단식을 감행하면서 국토부의 기본계획 수립

---

33 〈제주의 소리〉, 2019.06.10., "김태석 의장 "보전지역관리 조례 상정 않겠다.""

용역 절차의 중단을 요구하고 있을 때, 도의회 의장과 의원들은 "우리에게는 아무런 권한도 없다"는 말을 반복해 왔다. 조례 개정안 상정을 위해서 도청앞 천막촌 사람들은 3,275명의 도민들의 서명을 받아 도의회에 전달하기까지 했다. 조례 개정안은 권한이 없다고 변명하던 제주도의회에 대형 국책사업에 대한 심의 권한을 부여하는 것임에도 불구하고 본회의에 상정조차 되지 못한 것이다. 도의회 의장과 일부 의원들이 주장한 '내부 갈등 우려'는 제2공항 건설 문제에 대해 도민사회 내에서 이미 이견과 갈등이 존재하는 상황에서 이에 대한 입장을 밝히고 정치적 대안을 제시해야 할 도의회의 당연한 역할을 방기한 것이라고 할 수 있다.

제주사회 내에서 이에 대한 비판이 폭발하자, 제주도의회는 2019년 7월 11일 제375회 임시회 제2차 본회의를 열어 홍명환 도의원이 대표 발의한 조례 개정안을 본회의에 상정하고 표결에 붙였다. 표결 결과 재석의원 40명 중 찬성 19명, 반대 14명, 기권 7명으로 가결 정족수에 2명이 모자란 가운데 부결되는 결과가 나왔다. 이 같은 결과는 제2공항에 대한 찬반 여부를 떠나, 도의회가 자신의 심의권한을 거부한 것으로 도의회의 존재 의의를 부정하는 것이라고밖에 생각할 수 없다. 또한 국토부와 제주도정이 계속해서 기본계획 절차를 일방적으로 강행하는 상황에서 기본계획 중단 촉구 결의안의 취지를 살리는 길을 스스로 거부한 것이다.

사실 제주 자연환경의 보전과 지속가능성 확보와 관련해 도의회의 역할 방기는 예고된 것이기도 했다. 제주도특별법의 규정에 따르면, 도지사는 대규모 개발사업을 시행할 때에는 그 개발사업의 승인·허가·인가 등을 할 때에는 미리 그 개발사업계획의 내용을 도의회에 보고하도록 하고 있다(제주도특별법 제41조). 그리고 2006년에 제정되고 2011년에 개정된 '제주특별자치도 환경영향평가 조례'에서는 환경영향평가위원회의 심의 이후에 사실상 마지막 견제 장치로서 도의회가 환경영향평가의 내용을 심의하여 동의를 받는 절차를 거치도록 규정하고 있다(환경영향평가 조례 제13조). 이런 규정에 대해 제주도청과 도의회는 제주도가 자연환경 보호에 더 강한 기준을 적용하고 있다고 홍보해 왔다. 그러나 8월 16일 KBS제주방송에 의해 보도된 내용에 따르면, 2002년 이후 진행된 수많은 대형 개발사업의 환경영향평가서가 도의회를 거쳐갔지만, 2013년 단 한차례를 제외하고는 모두 통과되었다고 한다.[34] 그리고 전 도의원들을 대상으로 한 인터뷰 내용에 따르면, 환경도시위원회를 비롯한 도의회 의원들과 전문위원들에 대한 개발업체들의 전방위적인 로비와 금품 청탁이 만연해 있다는 것이다. 지연과 학연으로 이어진 제주의 연줄, '궨당문화'가 깨끗하고 공정한 지방자치의 걸림돌로 작용하고 있다고 말할 수 있을 것이다.

　이런 상황에서 지방자치와 도민주권의 의미를 어떻게 찾을 수 있을까? 지금 시민들은 지방정치의 존재 의의와 그 의미를 묻고 있다.

34　https://www.facebook.com/watch/?v=528943787847571

제7장 제주시민사회와 주민들의 대응

1. 성산읍 제2공항 반대대책위원회

신산리, 온평리, 수산리, 난산리, 고성리 등 성산읍 지역이 제주 제2공항 입지로 발표된 2015년 11월 10일. 그리고 그로부터 며칠 후, 각 마을마다 임시마을총회가 열렸다. 11월 16일 열린 온평리 임시마을총회에 참석한 한 주민은 다음과 같이 소감을 남겼다.[35]

> 공항부지의 /5%
> 온평리 농지의 45%...
> 온평리의 생산기반이 공항부지로 수용됩니다.
> 아주 쉽게...표현하자면..... 나라로부터.... 농민들이
> 정리해고....
> 권고사직...(농업, 농민도 평생 직업입니다.)
> 직장폐쇄..직장 폐업(마을 수용) 을 강권 당하고 있습니다.
> 1990년부터 25년간 계획되어진 입후보지 중에

---

35 '제주2공항반대, 제주가치와 공동체를 지키는 사람들' 카페에서 갈무리.

한번도 거론된 적이 없던 온평리가 선정되다니 … 날벼락입니다.
…
제주2공항은 25년 도민의 숙원사업이고
국가적으로 중요한 사업이고
제주 100년 미래를 책임지는 사업이라고 얘기합니다.
순수한 주민분들에게는 엄두가 나지 않는 표현입니다.
이런 국가지대계 앞에서
뭐라고 얘기해야 할까요?
항변을 제대로 할 수 있을까요?

공항 건설과 토지의 강제수용은 농민들에 대한 정리해고였고, 직장폐쇄였다. 주변 다른 마을의 임시총회 역시 마찬가지였다. 주민들은 '상실감'을 토로했고 "뒤통수 맞은 기분"이라고 했다. 원희룡 도지사와의 간담회는 긴장된 분위기 속에서 열렸고, 구체적인 피해대책이 제시되지 못한채 실망감과 분노만을 남긴채 마무리되었다. "세계 어느 나라에서도 주민들이 반대했다고 해서 공항건설을 중단한 예가 없다"는 원 도정의 발언은 주민들의 분노에 기름을 끼얹은 격이었다. 온평리에 이어서 수산1리, 난산리, 신산리 주민들도 11월 21일 마을총회를 열어 제2공항 반대 결의를 하고 비상대책위원회를 구성했다.

성산읍 주민들의 초기 의견은 2015년 12월 28일에 발표된 '제주 제2공항 성산지역 부지선정 백지화를 촉구하는 신산리민 입장 발표'에 잘 드러나있다. 주민들은 제2공항 부지선정을 '끔찍한 테러'로 표현하고 "저희 신산리는 활주로 끝에서 900m 거리에 마을 중심부가 위치하게 되어 전주민이 극심한 소음과 진동, 매연으로 인해 삶의 터전을 잃고 떠나야 할 위기에 봉착"했다고 호소했다. 그리고 용역 결과 발표 이후에 부지선정의 원천무효와 전면 재검토를 요청해 왔으나 "돌아오는 것은 공허한 메아리뿐"이었다고 지적한다. 소위 국책사업 과정에서 주민들과의 의사소통이 형식적인 보여주기식으로 진행되어 관행은 여기에서도 그대로 반복되고 있다. 주민들은 "원도정은 제2공항 건설 강행이란 불변의 결과를 정해놓고 주민들을 설득하는 과정을 소통이라고 하고 있습니다. 부지선정 용역과정의 부당성과 환경훼손 등 합리적인 문제제기를 허위사실, 법적 대응 운운하며 주민들을 겁박하는 게 소통이란 말입니까?"라고 항변하고 있다. 또한 주민들은 성산 제2공항에 대한 대안으로서 정석비행장을 제2공항으로 사용할 것을 요구하고 만약 부적합하다면 그에 따른 정확한 자료를 제시할 것, 기존 제주공항을 확장하는 안을 검토할 것을 요구하고 제주공항 확장안에 9조3천8백억 원이 든다고 한 것의 산출 근거자료를 제시할 것, 부지 내에 가치있는 동굴이 발견되면 그 즉시 부지지정을 해소하겠다는 원 지사의 주장을 이행하기 위해 예정부지 내에 있는 동굴군 조사팀을 구성할 것 등을 요구했다. 하지만 2부에서 이미 살펴본 것처럼, 성산 제2공항안에 대한 다양한 대안들은 정확한 자료나 객관적인 근거도 제시되지 않은 채 거부되었다. 마지막으로, 발표문은 이렇게 끝맺고 있다.

> 끝으로 지난 50여 일 동안 불통으로 일관해온 국토교통부와 제주도정에 한마디 하겠습니다.
> 응답하라, 국토교통부!

응답하라, 제주도정!
피해지역 마을주민들의 목소리에 제발 제대로 된 답변 좀 하십시오!

결국, 성산읍 주민들의 주장은 자신들의 목소리에 대한 '응답'이었다. 누군가의 목소리에 '응답'한다는 것은 상대방을 자신과 평등한 위치에 놓고서 먼저 상대방의 목소리를 '듣는' 과정을 포함한다. 목소리를 듣는다는 것은 자신의 귀에 상대방의 목소리가 단순히 들려온다는 것을 의미하지는 않을 것이다. 거기에는 상대방의 목소리에 진정성이 담겨있음을 인정하고 거기에 공감하려는 의지, 이견을 다투기 위해 정보와 근거가 제공될 것이라는 신뢰감, 거짓이나 조작을 가하지 않고 더 나은 의견과 대안으로 나아가려는 성실한 자세 등이 요구된다. 주민들이 초기부터 부딪혔던 문제는 '일방적 강행'과 저항의 반복 속에서 절감할 수밖에 없었던 '응답의 부재'라는 구조였다고 할 수 있을 것이다. 오히려 제주도정은 주민들의 의혹제기에 대해 '법적 대응' 운운하며, 사전타당성 용역이 공정하고 객관적인 과정을 거쳐 성산 입지를 투명하게 선정했다는 주장을 반복했다. 따라서 2016년 1월 7일 제주도와 국토부가 주최한 '제2공항 성산읍 현장설명회'가 파행으로 치달은 것은 당연한 일이었다. 그곳은 '소통을 위한 자리'가 아니라 '소통하지 않기 위해 필요한 명분의 자리'였다.

이제 응답하지 않는 국토부와 제주도정으로 향했던 주민들의 목소리는 주민들 상호간의 연대와 공감을 넓히고 이를 시민사회로 확장하는 방향으로 향하게 된다. 현장설명회가 파행으로 끝난 뒤,

각 마을의 비상대책위가 통합하여 '성산읍 제2공항 반대위원회'(이하 성산읍반대위)가 출범했다. 이후 성산읍반대위는 제주의 시민사회단체들과 연합하여 제주사회 내에서 제2공항 반대여론을 고조시키기 위해 노력했다. 시민사회 내에서 원탁회의를 통해 공동의 대응을 모색하는 과정과 병행하여, 2016년 7월 25일 제주 제2공항 성산읍 반대대책위원회(이하 성산읍대책위)가 공식 출범하게 되었다. 성산읍대책위는 지역 언론에 제2공항에 반대하는 지역민의 의사를 기고하거나 광고를 내고, 각종 토론회와 기자회견을 개최하면서 활동을 이어나갔다.

성산읍 주민들의 노력에도 불구하고 국토부와 제주도정은 제2

그림 34 공항말고 난장, 제주 그대로가 아름다워
사진: 김수오 작가

공항 건설 계획을 일방적으로 추진했다. 2016년 1월 7일 제주공항 인프라확충 사전타당성 용역 최종보고서 설명회를 일방적으로 개최한 뒤, 국토부는 한국개발연구원(KDI)에 예비타당성 검토 용역을 의뢰했다. 거의 1년에 가까운 조사기간이 끝나고 2016년 12월 1일 KDI에서는 예비타당성 조사 보고서를 발표했다. 그리고 12월 30일 제주도정에서는 제주 제2공항 주변발전기본구상 용역을 착수했다.

성산읍대책위와 범도민행동은 제2공항 성산 입지로 결론을 내린 사전타당성 검토 용역의 보고서를 검토하고 그 자료들을 검증해 왔다. 이 과정에서 사전타당성 검토 보고서가 수많은 오류와 거짓 자료로 채워져 있다는 것을 발견하게 된다. 또한 지역언론의 지속적인 보도를 통해 제2공항 성산 입지와 공항인프라확충 대안의 검토 과정에서 많은 문제가 있었다는 점이 드러나게 되었다. 국토부와 제주도정의 일방적인 추진에 맞서 성산읍대책위는 2017년 3월부터 촛불집회를 열어 지역민들의 의사를 결집하고 발신했다. 신산리(4.14), 수산리(4.26), 난산리(5.18)에서 마을 릴레이 집회가 이어졌다. 이 과정에서 난산리 주민 김경배 씨는 기본계획 용역의 중단을 요구하면서 2017년 10월 10일부터 제주도청 앞에서 단식투쟁에 들어갔다. 김경배 씨의 목숨을 건 단식은 제주의 다양한 사회단체들이 제2공항 문제에 보다 적극적으로 나서도록 했으며, 제주도와 국토부 등 정부기관들이 성산읍대책위와 범도민행동 등 제주의 시민사회단체들과 대화에 나서지 않을 수 없도록 강제했다는 점에서 제2공항반대운동에서 중요한 역할을 담당했다. 그리고 이러한 투쟁의 결과, 2018년을 전후하여 점차 여론은 바뀌기 시작했다. 6.13지방선거를 앞두고 제주의 여러 언론단체들이 공동으로 실시한 여론조사에서 "제주지역 항공편 이용 불편 문제를 해결하기 위한 방안으로 가장 적절한 방안은 무엇이라고 생각하느냐"는 질문에 대해, '현 제주국제공항 확장'이 43.6%로 가장 높은 응답비율을 보였고 '성산읍 제2공항 건설' 25.9%, '한진그룹 정석비행장 활용' 10.8%, '새 공항부지 확보' 8.3% 등 순으로 나타났다. 성산 제2공항 이외에 다른 대안을 찾아야 한다는 의견이 62.7%나 된 것이다.[36]

 제주사회 내에서 의혹과 문제제기가 지속되자 2017년 11월 13일 제주도와 성산읍대책위는 제2공항 사전타당성 용역 재검증을 국토부에 요청키로 합의하게 된다. 그리고 2018년 9월에는 국토부와 성산읍대책위가 제2공항 입지선정 타당성 재조사 검토위원회를 출범시켰다. 그러나 이러한 재검증 요청에도 불구하고 국토부가 제도적인 절차를 중단시킨 것은 아니었다. 한편 제주 제2공항 사전타당성 용역 보고서 검토위원회(이하 검토위)가 구성되어 도민사회 안에서 제기된 여러 의혹들이 공개적인 논의의 장에 오르게 되었다. 이 과정에서 부지선성 과성의 조작, 안개일수 조직, 하도리 철새도래지 문제, 지반조사 부실 문제, 군 공역 중첩 문제 등 중요한 쟁점들이 드러났다.

 하지만 검토위 구성은 기본계획 수립 용역의 진행을 전제로 한 것이어서, 이의 타당성을 둘러싸고 주민들 내부의 이견도 표출되었다. 그리고 찬반 양측으로 구성된 검토위원회는 2018년 12월 13일 권고안을 제출하지도 못한채 국토부에 의해 일방적으로 종료되었

---

36 〈미디어제주〉, 2018.04.23., ""성산 제2공항 아닌 다른 방안 찾아야" 62.7%"

다. 제주도정 및 국토부와의 합의에 따른 검토위의 검증 과정은 기본계획 수립 절차를 중단시키지 못했다는 점에서 분명한 한계를 지닌 것이었다. 동시에 검토위 활동을 통해서 ADPI 보고서가 공개되는 등 국토부 용역의 문제점들이 추가적으로 드러나면서 도민사회 내에서 반대여론을 고양시키는데 중요한 계기가 되기도 했다. 12월 19일, 김경배 씨는 기본계획 절차의 중단을 요구하면서 2차 단식에 돌입했다. 그것은 검토위원회의 종료에도 불구하고 투쟁이 끝나지 않았음을 알리는 외침이었다. 한편, 2018년 12월 28일 국토부는 검토위원회의 파행 종료를 기다렸다는 듯이 포스코건설 컨소시엄에 의뢰해 제2공항 기본계획 수립을 위한 용역에 착수했다.

성산 주민들의 투쟁 과정에서 성산읍의 젊은이들 역시 제주와 성산의 미래를 위한 고민과 행동을 시작했다. 2019년 1월 19일 제주 설문대여성문화센터에서 열린 '제주, 그대로가 아름다워' 문화제가 대표적이다. 이 행사는 신산리에 거주하는 청년 김민주의 호소로 시작되었고, 전국에서 모인 자발적인 후원금과 재능기부를 통해 치러졌다. 이 자리에 패널로 참여한 고제량 생태문화여행 기획자는 "제주에는 제주만의 것이 분명 있었는데, 최근에 개발사업이 많이 진행되며 제주다운 것을 잃고, 남의 것을 따라가고 있다"며 "제주 사람들의 삶, 시민들의 소소한 행복은 뒤로한 채 제주다움을 잃고 있다"고 언급했다. '제주, 그대로가 아름다워' 문화제는 성산 지역이 지닌 역사적·문화적·환경적 가치를 재발견함으로써 지속가능한 미래의 자원으로 삼으려는 젊은 세대의 열정과 기성 세대의 지혜가 만나서 만들어낸 축제였다.

성산 지역의 주민들은 제2공항 입지 발표 직후부터 국책사업의 일방적인 결정구조를 비판하고 주민의 생존권을 요구해 왔다. 제2공항 사업은 군부독재 시절의 국책사업처럼 정부가 일방적으로 결정하고 주민들은 단지 거수기 역할만을 하도록 강요했다. 달라진 점이 있다면 제주도정이라는 지방정부가 주민들을 기만하는 국토부의 첨병 역할을 자임하면서, 개발주의 세력의 구심점 역할을 담당했다는 것이다. 국토부와 제주도정은 '주민과의 대화'라는 명분을 축적하기 위해서 여러 차례에 걸쳐 공청회나 설명회를 개최했지만, 주민들에 의해 번번이 저지당했다. 행정당국은 그런 방식의 '대화'야말로 진정한 대화와 소통을 가로막는 '폭력'에 다름아니라는 점을 이해하지 못했다. 그런 점에서 성산 주민들은 여전히 응답을 요구하고 있다. 성산 주민들은 국책사업의 부지에 거주한다는 이유로 '당사자'로 거론되지만, 국책사업의 결정 과정에서는 철저히 배제되어 왔다. 반면, 사전타당성 검토의 용역진이나 국토부와 제주도정의 행정관료들은 제도적 절차를 좌우할 권력을 지녔다는 이유로 당사자 이상의 '결정권자'로 행세해 왔다. 그들은 스스로 권한이 있다고 생각하지만, 그 일을 전적으로 떠맡으려는 책임감이 그들에게는 결여되어 있다. 그런 의미에서 성산 주민들은 그들이 책임감 있는 주체로 진지하게 대화에 임할 것을 끊임없이 요구했고, 당사자로서 배제되지 않을 권리를 요구해왔다고 할 수 있을 것이다.

성산읍대책위와 지역 주민들의 반대운동은 그 너머로 나아가야 한다. 그리고 나아가고 있다. 행정당국에 의해 떠맡겨진 소극적인 당사자에서, 제2공항 사업을 저지함으로써 성산과 제주의 지속가능한 미래를 떠맡으려는 적극적인 당사자로서 스스로를 증명해야 하는 어려운 과제를 마주하고 있는 것이다. 제2공항 문제는 단지 지역주민들의 생존권만의 문제가 아니며, 바로 그렇기 때문에 이해관계자를 '소극적인 당사자'로 제한하려는 행정권력에 맞서서 '당사자'라는 이름을 버리는 투쟁이 필요할지도 모른다. 정의롭고 지속가능한 제주의 미래를 위해 제2공항 문제를 자신의 문제로 떠맡은 다양한 시민들의 활동을 보장하면서, 지역 주민들 역시 그 일부로서 함께 투쟁하는 것이 필요할 것이다.

2. 제주 제2공항반대 범도민행동

국토부가 사전타당성 검토 용역의 최종보고를 통해서 제2공항의 입지로 성산 지역이 최적이라고 발표했지만, 이 문제가 성산만의 문제가 아니라는 점은 명백했다. 그것은 제주도정이 제2공항의 건설을 '제주의 백년대계'로 소개하고 있다는 점에서 단적으로 드러난다. 입지를 성산읍으로 특정했지만, 제2공항의 필요성과 효과는 제주도 혹은 그 이상의 규모에 미치는 것이라고 할 수 있다. 따라서 제주의 시민사회단체들은 초기부터 사태를 예의주시해 왔다. 하지만 성산읍 주민들이 2015년 11월 10일 성산 입지가 발표된 직후부터 비상대책위원회를 구성하고 적극적으로 대응한 것과 달리, 시민사회단체의 대응은 늦어졌다. 신공항이나 제2공항을 통해서 공항인프라를 확충하는데 대해 지역의 여론주도층에서 일정한 컨센서스가 존재하는 상황에서 근본적인 문제제기가 '대안없는 반대'로 비춰질지 모른다는 점도 소극적인 대응의 이유가 되었다.

성산 입지가 발표된 지 6개월이 지난 2016년 4월 제주환경운동연합의 제안으로 제2공항 대응 관련 시민사회단체 회의가 열렸고, 곧 이어 4월 26일에는 제주주민자치연대, 제주참여환경연대, 제주환경운동연합 등 세 단체의 명의로 도내 18개 시민사회단체에 제2공항 개발사업 타당성 검토를 위한 시민사회원탁회의 제안서가 발송되었다. "제주사회의 큰 변화를 가져올 제2공항 사업계획 및 사업의 타당성에 대해 도민사회의 객관적인 검토·평가 등의 필요성이 제기"된다는 인식에서였다. 5월 3일 열린 시민사회단체 전체 간담회에서는 발제와 토론을 거쳐, 기재부가 추진하는 예비타당성 검토와는 별개로 시민사회 중심의 제2공항 개발사업에 대한 타당성 검토를 진행하기로 하고, 제2공항 필요성으로 제시된 각종 사전조사 및 통계자료에 대한 신뢰성 검토작업을 진행하기로 의견을 모았다. 국토부와 제주도가 추진하는 제2공항 개발사업의 타당성과 신뢰성을 판단할 구체적인 정보의 획득과 분석이 주요 과제가 되었다. 6월 /일 열린 '제2공항 원탁회의' 첫 번째 회의에는 14개 시민사회단체가 참여하였고, 우선적으로 서울과 제주 지역의 '자료분석팀'이 구성되었다. 8월까지 5차에 걸친 제2공항 시민사회 원탁회의가 열렸다. 특히 원탁회의가 주도적으로 진행한 토론회를 통해 1) 공항 인프라확충 사전타당성 검토용역 과업지시서와 전혀 다른 용역결과 보고서 문제, 2) 현 공항 확장방안의 대표안과 다른 대표안과 비교검토 부재, 3) 적절한 부지선정 절차없이 용역진이 부지를 선정한 문제, 4) 도지사의 부적절한 발언을 포함하여 본 현안에 대한 제주도의 대응방식의 내용적 문제 등을 쟁점화 할 수 있는 기회를 만들 수 있었다. 특히 이 과정에서 제주의 장기적인 비전에 비추어 제2공항이 필요한가, 제주의 미래에 관한 논의에서 제주도민이 빠져있다는 점 등 근본적인 질문이 제기되었다. 하지만 제2공항 문제를 둘러싸고 발생하는 다양한 이슈들에 대해 원탁회의라는 느슨한 틀로는 대응하기 힘들다는 점이 명확했다.

　원탁회의에서의 논의 과정을 바탕으로 2016년 9월 13일 제주지역 14개 시민사회단체가 결집한 '제2공항 전면재검토와 새로운 제주를 위한 도민행동'(이하 도민행동)이 출범식을 갖게 된다. 도민행동은 출범 기자회견문을 통해, 제2공항 건설계획이 제주도 100년의 미래를 좌우할 대형 프로젝트이며 제주도 최대의 토목공사임에도 지난 1년 동안 도민사회의 공론화 없이 진행되어 왔다는 점을 강하게 비판했다. 또한 제주도의 미래를 좌우할 이 결정과정에 정작 해당 지역주민뿐만 아니라 도민이 빠져 있다는 점을 비판하고, 제2공항을 필두로 한 양적인 관광객 팽창정책으로 과연 제주도민이 행복할 것인가에 대한 근본적 질문이 빠져있다고 지적했다. 따라서 도민행동은 "양적 성장의 제주발전 전략으로 추진되는 제2공항 사업의 전면 재검토"를 목표로, 제2공항과 관련한 사안별 이슈 대응, 국정감사 및 예산 등 국회 대응활동, 도민 대상의 선전·홍보활동, 지역주민과의 연대활동에 집중했다. 도민행동 조직은 원탁회의 참여단체를 기본으로 했으며, 진보정당은 포함하지 않되 연대를 유지하는 방향으로 구성되었다.

　도민행동은 제2공항 민영화 계획, 국정감사, 정석비행장 안개일수 조작, 제2공항 사업 예정 부지 내 동굴 발견, 공군기지 문제 등과 관련하여 조사 및 기자회견을 지속적으로 진행했다. 또한 2016년 12월부터 제2공항반대 언론 릴레이 기고를 진행하여 2017년 2월까지 13차에 걸쳐 도민들에게 제2공항을 둘러싼 의혹을 공개하고 제2공항 계획의 중단을 요구했다. 그리고 2017년 3월 정경두 공군참모총장(현 국방부장관)이 제주 제2공항을 공군기지로 사용할 것이라는 뜻을 밝히자, 강정마을회 및 성산읍대책위와 함께 강한 비판의견을 내놓았다. 한편, 다양한 시민사회단체들의 항의행동도 지속되었다. '육지사는 제주사름'은 '2016년 총회 특별결의문'을 통해 정부와 제주도정이 사전타당성 용역에 대한 주민들의 의문과 의혹부터 해소해야 한다고 요구했다. 또한 관광객이 폭증하여 제주공항뿐만 아니라 제주도 자체가 포화상태에 이르렀다고 지적하고, 제주의 현실과 미래에 대한 치열한 성찰과 토론이 먼저 이루어져야 한다는 점을 강조했다.

제2공항도민행동과 성산읍대책위, 그리고 개별 시민들의 끈질긴 문제제기를 통해서 국토부가 수행한 사전타당성 검토 용역의 결과에 결정적인 하자가 있음이 분명해졌다. 이 과정에서 성산 주민 김경배 씨는 2017년 10월 10일부터 제2공항 반대 단식농성을 벌였고, 도민행동은 사전타당성 검토 결과에 대한 공개적인 검증을 요구하며 상경투쟁을 조직했다. 이 무렵 도민행동은 제2공항 반대투쟁의 목표와 조직 측면에서 전환을 도모한다. 2017년 11월 2일 진행된 워크숍 결과, 목표의 측면에서는 '제2공항 전면재검토'가 아니라 '제2공항 반대'를 전면에 내세우게 된다. 이것은 절차적 측면에서의 문제제기뿐만 아니라 도내 어디에도 제2공항은 안 된다는 점을 분명히 한 것으로 볼 수 있다. 조직적인 측면에서, 도민행동은 참가단체들이 제2공항 반대투쟁에 적극적으로 나설 것을 독려하는 한편, 도내의 4개 진보정당(정의당, 노동당, 민중당, 녹색당)에 참여를 권유하고 도내의 시민사회단체들에게도 개방하여 참여를 호소하기로 했다.

    2017년 11월 20일 도민행동은 조직을 개편하여, '제주 제2공항 반대 범도민행동'(이하 범도민행동)을 발족시켰다. 범도민행동은 제주시청이나 제주오일장 등에서 선전전을 지속적으로 벌이는 한편, 국토부와 제주도정에 정보공개 및 대화와 토론을 지속적으로 요청했다. 상경투쟁을 조직하여 광화문 등에서 기자회견을 열기도 했다. 또한 제2공항과 문제를 전국화하기 위해 전국적인 규모의 연대 조직을 건설하기 위해 노력했는데, 제주 제2공항 문제가 제주의 지역적 사안으로 인식되는 상황에서 전국적 연대체의 건설은 어려움을 겪을 수밖에 없었다. 그리고 2018년부터는 성산읍대책위와 정기적인 연석회의를 개최하여 지역 주민들과 시민사회단체 사이의 공동행동을 조직하는데도 힘을 기울였다.

    검토위가 파행 종결되고 기본계획 용역이 시작된 2018년 말부터 2019년 3월까지 김경배, 윤경미, 엄문희, 최성희 씨 등 단식자들을 중심으로 기본계획의 중단과 도민의견수렴을 요구하던 강한 저항의 흐름은 단식자들의 건강 악화로 인해 더 이상 지속될 수 없었다. 기본계획용역의 발표가 다가오는 시점이어서 투쟁의 돌파구를 새롭게 모색해야 할 상황이었다. 검토위원회를 통해 절차적 정당성과 의혹제기를 중심으로 진행하던 투쟁의 방향을 전환할 필요성도 제기되었다. 범도민행동은 연석회의를 거치면서 사전타당성 용역의 부실과 입지선정을 둘러싼 의혹 중심에서 공항인프라 확충의 규모와 대안을 중심으로 중심 쟁점을 전환하기로 했다. 특히 그동안 국토부가 은폐해 왔던 ADPI보고서가 공개되면서, 현 제주공항을 활용하면 미래의 공항수요를 충당할 수 있다는 주장에 힘이 실리기

그림 35 제주시청 앞에서 열린 제2공항 강행저지 총력투쟁선포대회
사진: 김수오 작가

시작했다. 이 과정에서 기존 제주공항 주변 주민들이 소음피해를 이유로 기존 공항의 확장에 반대하는 의견을 제출하기도 했다. 범도민행동이 주최한 공개토론회가 파행에 이르기도 했다.[37]

이러한 투쟁의 과정에서 도민 여론도 점차 기존 공항을 활용하는 방식을 지지하는 방향으로 움직이기 시작했다. 그럼에도 불구하

---

37 우리는 앞의 2부에서 기존 공항 주변의 소음피해를 최소화하거나 더 줄이면서도 보조활주로를 활용할 수 있는 방안이 존재한다는 것을 보여주었다. 또한 보조활주로를 활용하거나 연장하는 방식은 시민들의 다양한 대안들 가운데 하나일 뿐이다.

고 국토부와 제주도는 6월 말에 기본계획 용역 결과를 발표하면서 자신들만의 제도적 절차를 밟아 나갔다. 따라서 보다 공세적인 여론투쟁을 전개하는 한편, 제2공항을 막아내자는 대원칙에 동의하는 보다 확장된 형태의 범도민기구 구성의 필요성이 제기되었다. 6월 24일 열린 연석회의에서 성산읍대책위와 범도민행동이 비상연대기구 구성을 결의하고 7월 2일에는 이를 위한 간담회가 개최되었다. 7월 22일에 열린 비상연대기구 결성 준비 대표자회의에서는 제2공항 비상국면에 대응하기 위한 한시적인 연대투쟁기구로서 '제주제2공항 강행저지 비상도민회의'(이하 비상도민회의)를 구성하기로 의견을 모았다. 이때 참여를 신청한 71개 단체는 8월 13일 열린 비상도민회의 출범식에서는 90여 개로 늘어났고, 현재 백여 개에 이른다. 비상도민회의는 출범 선언문을 통해 "제2공항 사태를 해결할 주체는 그 누구도 아닌 제주도민이며 도민공론을 확인할 민주적 절차를 수립하기 위해 단호히 싸워나갈 것"이라며 "도내 90여단체와 함께 정당성을 상실하고 민주주의 가치를 훼손한 제2공항 기본계획 고시를 총력투쟁으로 막아낼 것"이라고 강조했다. 또한 특히 "도민의 삶과 괴리된 제2공항을 반대하는 모든 개인과 단체를 아우르는 거대한 흐름이 제주 제2공항강행저지비상도민회로 결집됐다"면서 "아무리 제2공항이 제주의 백년대계라며 장밋빛 환상을 부추겨도 제주도민은 지금 제주에 필요한 것은 공항이 아니라 도민의 안정적 삶을 증진시키는 방안을 찾는 것이며 제2공항이 결코 제주의 미래가 될수 없다"는 점을 강조했다. 이로써 제2공항에 반대하는 제주사회 시민사회단체들의 연대체는 비상도민회의로 수렴하게 되었다.

그렇다면 범도민행동을 중심으로 전개되었던 시민사회단체들의 제2공항 반대운동을 어떻게 평가할 수 있을까? 우선, 지속가능한 제주의 미래와 관련하여 제2공항 문제가 지니는 중요성에 비해 제주 시민사회단체들의 관심이 매우 저조했다는 점을 지적할 수 있다. 3년이 넘는 시간 동안 제2공항 반대운동을 이끌어왔던 범도민행동의 참여단체는 십여 개 정도에 머물러 있었고, 제주 시민사회단체들의 관심은 각각의 부문별 이슈나 영리병원 문제에 집중되어 있었다. 범도민행동의 조직적 범위는 긴 시간 동안 정체상태에 있었다. 또한 범도민행동은 조직 내부와 시민사회단체들 사이에 존재하는 투쟁 목표와 방식에 대한 이견을 조율하는데 일정한 한계를 보였다. 특히 국토부가 대책위와의 협의와는 별개로 기본계획 수립 절차를 진행하고 있는 상황에서 검토위원회에 참여하는 것이 기본계획 절차를 용인하는 것으로 비춰질 것이기 때문에, 기본계획 중단 없는 검토위 참여는 무의미하다는 주장이 제기되었다. 반면, 범도민행동을 이끌어 온 핵심 단체들은 여러 의혹들에 대한 공개적인 검증을 요구한 상황에서 검토위원회 참여는 당연한 것이며, 기본계획 중단 여부와 관계없이 검토위원회에 참여하여 의혹을 폭로해야 한다는 입장이었다. 투쟁 방식에 있어서도, 협상보다는 전면적인 대중투쟁을 중심에 두어야 한다는 입장과, 협상도 투쟁의 일환으로 생각하고 양자를 통합적으로 사고해야 한다는 입장이 존재했다. 물론 이런 입장의 차이는 민주사회의 시민사회운동에서 당연히 존재하는 것이고 그 건강성을 보여주는 것이라고 할 수 있다. 문제는 이러한 차이들을 통합하거나 포용할 수 있는 정치력을 어떻게 확보할 것인가에 있다. 특히 오랜 역사와 전통을 지닌 시민사회단체들이 주도한 범도민행동의 투쟁방식은 도민 개개인 혹은 다양한 이주민들의 의지, 재능, 아이디어를 결집시키는데 한계를 보였다. 이런 운동문화의 맥락은 '도청앞 천막촌'이 형성되는 배경이 되기도 했으며, 범도민행동과 도청앞 천막촌 사람들이 보다 유기적으로 투쟁을 고조시키는데 장애요인이 되었다. 이것은 비상도민회의의 출범과 관련해서도, 초기에는 조직과 개인을 아우르는 형태의 연대기구를 구성하자는 제안이 결국에는 조직들 중심의 연대기구로 귀결되는 상황으로 이어졌다.

이런 몇 가지 한계에도 불구하고 범도민행동은 제주 지역의 주요 사회단체들을 포괄하고 성산읍대책위와 보조를 맞춤으로써 제2공항 문제를 제주 도민사회 전체의 문제로 확산시키는데 크게 기여해 왔다. 이 과정에서 정책위원회 등에 참여한 시민들이 사전타당성 검토 용역의 문제점들을 직접 조사하여 발표하기도 했다. 검토위원회 참여 역시 여러 가지 이견의 존재에도 불구하고, 제2공항 문제를 둘러싼 의혹과 문제점을 지속적으로 제기함으로써 도민사회 속에서 높은 관심을 끌어내는데 기여했다고 할 수 있다. 이러한 성과들은 제주 시민사회단체들이 총결집했던 '박근혜 정권 퇴진 제주행동' 이후 가장 광범위한 연대기구로서 비상도민회의를 구성하는 것으로 이어졌다. 더 나아가 제2공항 반대를 넘어서서 지속가능하고 정의로운 제주의 미래를 구상하기 위해서는 앞으로 상설적인 연대기구를 구성해야 할 필요가 있다. 비상도민회의는 한시적인 연대기구로서 출범했지만, 제주사회의 보다 근본적인 전환을 위한 경험과 학습의 장이 될 것이다.

3. 도청앞 천막촌 사람들과 새로운 정치

도청앞 천막촌 사람들은 2018년 말부터 2019년 상반기에 걸쳐 제2공항을 저지하는 항의행동에서 상징적인 역할을 담당해 왔다. 하지만 천막촌 사람들의 활동을 몇 마디 말로 정리하는 것은 불가능한 일이다. 그것은 각자가 '자신의 이름으로' 제2공항 저지운동을 벌인다는 천막촌 사람들의 지향과도 연결되어 있다.

도청앞 천막촌 형성의 계기 가운데 하나는 2018년 12월 19일에 시작된 난산리 주민 김경배 씨의 2차 단식이었다. 김경배 씨의 1차 단식은 성산읍대책위의 천막 농성과 함께 진행되었지만, 2차 단식은 몇몇 지지자들과 함께 하는 외로운 투쟁으로 시작되었다. 매일 같이 50여 명의 공무원들이 단식장을 둘러싸고 천막 철거를 위협하는 상황이었다. 12월 29일 제주녹색당은 제2공항 투쟁을 한 사람의 외로운 투쟁으로 끝내지 않기 위해 제주도청 앞에 천막당사를 설치한다. 2019년 1월 3일 제주도청 앞에서 열린 '제주 영리병원 철회! 원희룡 제주지사 퇴진!' 노동·시민사회 결의대회 참가자들은 원 지사와의 면담을 요구하며 도청 현관 앞까지 진입하여 집회를 열었고, 이후에 일부 시민들은 제주도청 앞 현관 계단에 남아 점거농성을 시작했다. 그리고 국토부가 2018년 7월 제주 제2공항 입지선정 타당성 재조사 용역을 추진하면서 중단됐던 '제주 제2공항 기본계획 수립 용역'을 12월 28일에 이미 발주했다는 소식이 전해졌다. 분노한 시민들은 점거농성을 이어가기로 했다.

그리고 1월 7일. 제주시청은 수백명의 공무원을 동원하여 20일째 단식농성을 이어가던 김경배 씨의 단식천막과 제주녹색당의 천막당사를 강제로 철거하는 행정대집행을 강행했다. 항의하고 저항하던 시민들은 짐짝처럼 내팽개쳐졌다. 하지만 시민들은 오후 늦게까지 이어진 처절한 몸싸움 끝에 천막을 다시 설치하고 도청 현관을 다시 점거했다. 이날 청소년·청년들의 천막(청청천막)이 들어섰다. 그리고 '도청 현관을 지키는 사람들'이 지속적인 점거농성을 이어갔다. 며칠 후에는 여성천막, 방문자환영카페, 비무장평화의섬 천막, 예술행동천막, 그리고 연구자공방천막, 성산읍대책위와 범도민행동의 대책위천막과 웰컴시티대책위천막 등이 들어서서 하나의 '천막촌'을 이루게 된다. 정당한 항의행동에 대한 탄압에 대해 시민들은 더 많은 천막으로 응답했던 것이다.

도청앞 천막촌 사람들은 끈질긴 도청 현관 점거농성과 결사적인 단식투쟁뿐만 아니라 다채로운 프로그램을 통해 언론의 주목을 받았다. 그만큼 도청앞 천막촌의 운동은 제주의 기존 사회운동에서는 찾아보기 힘든 새로운 요소들을 포함하고 있었다.

우선, 도청앞 천막촌 사람들은 '각자가 자신의 이름을 걸고' 제2공항 반대운동을 떠안기로 결의한 사람들이다. 이들은 어떤 특정 단체의 구성원 자격으로 결집하지 않았으며, 오히려 그런 식으로 인식되길 거부했다. 천막촌의 이런 특징이 평범한 세 여성이 김경배 씨 이후의 투쟁을 책임지면서 목숨을 건 단식에 나서게 한 맥락이라고 볼 수도 있을 것이다.[38] 세 명의 단식자 가운데 한 사람인 윤

---

38 김경배는 2018년 12월 19일부터 2019년 1월 25일까지 38일간, 최성희는 2019년 1월 24일부터 2월 16일까지 24일간, 윤경미는 2019년 1월 17일부터 2월 8일까지 23일간, 엄문희는 2019년 1월

그림 36 도청앞 천막촌 걸개그림
그림: 예술행동 천막, 사진: 정영신

경미 씨는 단식의 이유에 대해 이렇게 말한다.

> 우리는 제주 제2공항 문제는 공항 부지 해당 지역만의 문제가 아님을 이야기하고 싶었다. 전 도민의 문제, 나아가 제주를 사랑하는 대한민국 시민 전체의 문제임을 말하고 싶었다. 그래서 제주의 평범한 사람들의 '이름 없는 단식'을 시작했다. '이름 없는 평범한 내가, 단식을 한다면 어떤 영향력을 가질까?' 단식을 결심하기까지 가장 어려운 난관이었다. 그러나 나를 대신한 누군가에게 기대지 않고, 평범한 사람의 힘이 강하고 커질 수 있는 계기를 마련하고 싶었다. 누구든지 행동할 수 있고 저항할 수 있
> 17일부터 2월 27일까지 42일간 단식투쟁을 이어갔다.

그림 37   천막촌 사람들이 진행한 국토부 장례
사진: 김수오 작가

는 것이다. 무릇 단식은 특정 유명인의 전유물이라는 생각을 깨고 싶었다. 소시민의 발화가 불꽃이 될 수 있다면 이것이 민주주의를 한 단계 끌어올리는 진짜 사건이 될 것이다.[39]

둘째, 천막촌 운동은 차이들을 공동의 것(the common)으로 만

---

39   〈레디앙〉, 2019.01.30., "제주 제2공항 막기 위해 평범한 세 여성, 단식투쟁." 세 여성이 제주 제2공항에 반대하고 단식에 나선 이유에 대해 각각의 목소리로 호소하는 내용을 보려면, 최성희(https://youtu.be/YFj0CVJH4ws), 엄문희(https://youtu.be/oHSFdTIU9zM), 윤경미(https://youtu.be/lk67KnQl4jE)의 유튜브 동영상을 참조.

들어내는 운동이었다. 참여한 개개인이 가장 잘 할 수 있는 것을 제안하고 여기에 다른 사람들이 합심하여 하나의 투쟁으로 만들어내는 방식으로 천막촌 사람들은 실로 다채로운 행사들을 조직해냈다. 예를 들어보면, '원희룡 스트레스 풀어주는 나마스테 민의 천막 요가', 마음의 상처 치유를 위한 '공감 테이블', '도청 앞 작은 장터', '멸치 상회', '현관콘서트 1st 기타리스트 김도형의 휴먼 스토리', 다큐멘터리 '사수' 천막촌 상영회, '예멘인 자립기금 마련 작은 장터', '현관콘서트 2nd 하늘소년 김영준', '현관콘서트 3rd 야마가타 스윗스터', '제주 제2공항 반댈새 낭독회, 안부', '박완서의 소설 '마른 꽃' 읽기', '제주도청 현관콘서트 4th 원희룡 퇴진 & 김영태', 제주뜰애와 함께하는 예멘인 미니 JOB페어, 도청현관 앞에서의 삭발 아닌 이발식 등등. 이런 방식으로 천막촌 사람들은 처절한 투쟁의 공간인 제주도청 앞 현관을 '시민들의 놀이터'로 바꾸었다.

셋째, 천막촌 운동은 투쟁의 과정에서 필요하거나 배울 가치가 있다고 생각되는 다양한 지식들을 스스로 생산해내고 공유하고 확산하는 생산·학습·공유의 운동이었다. 천막촌에서는 실로 다양한 강연과 강의가 자체적으로 조직되었는데, 생각나는 것만 적어보면 다음과 같다. 하승우의 '점거, 약자의 무기', 한진오의 '제주 신화 이야기' 연속 강연, 박찬식의 '원희룡이 모른다는 제2공항', 강봉수의 '노자에게 제주의 길을 묻다' 연속 강연, 장훈교의 '공항건설과 토지약탈에 맞선 세계의 현장들', 여성천막의 '계단위의 여자: 나무 위의 여자 함께 읽고 이야기 나누기', 고길천 작가의 천막강의 '예술행동: 외국사례와 강정사례', 윤여일의 '텐트와 정치', 조수웅덩이에서 사는 남자 임형묵의 천막강연 '바당 바당', 정진임의 '정보

공개청구로 할 수 있는 지역사회 감시' 및 앵콜강의, 한겨레의 '왜 여성농민이 운동을 하는가' 등등. 이 강의들은 시민들의 자발적인 헌신과 참여로 만들어졌다.

넷째, 천막촌 운동은 경계로 내몰린 사람들의 운동이었으며, 경계를 허물고 경계 너머로 나아가는 운동이었다. 천막촌에 모인 사람들은 기존의 정치권 내에서 자신의 목소리가 배제되었다고 느낀 사람들이었다. 그리고 이런 배제는 기존의 시민사회운동 내에서도 어느 정도 존재하고 있었다. 원희룡 지사와 제주도는 보도자료를 배포하면서까지 천막촌 사람들의 항의행동을 '외부세력의 개입'으로 치부하려 했다. 강창일 국회의원은 항의하는 시민들에게 "이쪽은 제주사람 아닌 것 같고"라며 외부인과 이주민을 차별하는 발언을 서슴지 않았으며, 고희범 제주시장은 "(김경배 씨의) 처음 천막은 목숨을 건 한 인간의 우주가 담겨있는 천막이었다. 그 다음 천막들은 조금 상황이 달랐다"며 목숨을 건 단식자들과 천막들을 서열화했다. 제주의 일부 시민사회운동 내에서도 평범한 시민들이 단식한 것을 문제삼거나, 천막촌의 운동문화를 이해하지 못하고 "조직의 결정을 따르지 않는다"며 비판하는 목소리가 들려오기도 했다.

하지만 단식농성장과 천막촌의 존재는 배제와 차별의 시선보다 훨씬 더 풍부하고 다채로운 연대와 지지, 경계넘기의 장이었다. 천막촌이 있음으로 해서 제주 내에서뿐만 아니라 육지와 해외에서도 시민들이 자발적으로 연대하고 후원할 수 있었으며, 제2공항 반대운동에 동참하는 주체가 될 수 있었다. 이름없는 수많은 시민들이 육지와 해외에서 동조단식에 나섰고, 천막촌을 방문하여 물품과 후원금을 전달했고, 천막촌의 이야기를 퍼날랐다. 무엇보다, 천막을 방문하거나 다양한 프로그램에 참여하는 과정에서 제2공항이나 제주의 미래에 관해 자신의 이야기를 할 수 있었다는 사실 자체, "그래서 어떻게 하면 되나요?"라는 질문을 하게 되는 과정 자체가 평범한 시민들에게 의미있는 과정이었다고 생각된다.

마지막으로, 천막촌 운동은 제주정치를 둘러싼 상징투쟁의 장이며 새로운 정치적 언어를 사고하고 생산하는 과정이었다. 그것은 무엇보다도 제주의 행정권력과 지역정치의 낡은 관행들이 새로운 요구들과 충돌하고 폭발하는 곳이 바로 천막촌 운동의 현장이었기 때문이다. 제주의 사회적 네트워크 속에서 '삼촌들'을 동원해 비공식적으로 해결하던 관행은 이곳에서 작동하지 않았다.

> 제주도청은 이미 행정대집행 전날 계단에 앉은 사람들을 고소했다. 계단에 앉은 사람들은 그 '법대로'라는 폭력 구조에 균열을 내기 위해 그 자리를 떠나지 않는다. 이제 여기 이 사람들은 마음을 먹은 것 같다. 이들은 지금 일어나는 광경의 원인을 질문하고 있다. 행정대집행 바로 다음날, 제주도지사 원희룡은 보란 듯이 기자들을 불러놓고 계단에 앉은 이 사람들 한가운데를 관통해 들어갔다. 팻말을 밟아 빠개고, 먹던 음식도 밟고, 사람을 떼어내고, 광경을 동강 낸 원희룡 지사의 행동은 섬뜩할 만큼 상징적이었다.[40]

---

40 〈한겨레21〉, 2019.01.18., "천막촌은 이제 입주자 회의를 하는 마을이 되었다."

대응하는 정치인이나 경찰 역시 당혹스러울 수밖에 없었다. 계단을 점거한 시민들 사이를 '기어이' 뚫고 올라간 원희룡 도지사가 일상의 친화적인 이미지를 벗어난 '섬뜩함'을 보여준 것 역시 그런 당혹스러움의 표현일지 모른다. 경찰 역시 '대표자'와 손쉽게 협상을 하거나 책임을 지우는 방식을 여기에서는 사용할 수 없었다. "우린 대표가 없어요"라거나 "가서 회의하고 알려드릴께요"라는 반응은 낯선 것이었고 새로운 소통의 방식을 필요로 하는 것이었다. 하지만 그 결과는 천막촌 사람들에게 '법대로' 소환장을 발부하는 방식으로만 나타났다.

도청앞 천막촌 사람들이 '각자 자신의 이름으로' 제2공항 반대투쟁을 떠안는다는 것은, '외부세력'이나 '폭도'로 불림으로써 늘 이름과 자격을 심문당하고 작전의 대상이 되었던 존재들이 제2공항 건설로 사라질 모든 것들, '학살당할' 모든 것들의 이름을 부르고 그 이름들로 투쟁한다는 의미일 것이다.

> 우리에게 기회는 없었다. 우리의 미래를 결정할 권리를 경험하지 못했다. 권력이 편안하게 지도에 그림을 그릴 때, 우리 삶은 통째로 요동쳤고, 우리가 있다는 사실조차 무시됐다. 우리는 작전 대상이었지 논의할 주체가 아니었다. 개발로 얻어지는 재벌 이익보다 열등한 존재였고, 희생 시스템에 결국 굴복하고 말 하찮은 존재였다.
> 이곳에서 '당사자'란 말은 역사성을 박탈당하고 권력에 의해 절대적 타자로 전락했던, 그리하여 진압당해 마땅한 바로 그 '폭도'들의 이름이다. 우리는 저마다 생생한 얼굴로 자신의 분노를

그림 38 **공항 말고 백인백배**
사진: 김수오 작가

말하고 자유롭게 싸우고 있다. 공권력은 물론 다수의 시민에게도 농의받지 못한 관청 접서는, 그래서 중요하다.

나는 저 계단에서 제주의 새로운 성지 언어가 나올 것이라 생각한다. 그들은 부당한 공권력에 분노한 얼굴들로 빼앗긴 것을 찾겠다고 말한다. 신자유주의의 실험실, 아시아의 군사 요충지, 소모형 관광지, 토호 정치의 텃밭으로 전락한 제주도 주민으로 이 섬에서 일어나는 모든 학살의 당사자라고 말하는 사람들이다. 천막촌 너머 밤은 더욱 춥다. 그런데도 여전히 그 계단에 사람들이 앉아 있다.[41]

---

41 〈한겨레21〉, 2019.01.18., "천막촌은 이제 입주자 회의를 하는 마을이 되었다."

도청앞 천막촌 사람들은 새로운 정치적 언어를 만들어가고 있다. 그것이 성공할지 어떨지는 아직 알 수 없다. 그것은 단지 천막촌 사람들만의 몫은 아닐 것이다. 이 글에서 언급하지 않았던 많은 개별 시민들이 함께 떠안은 과제이기도 하다. 이때 '새로운 정치적 언어'란 단지 새로운 단어나 개념의 출현을 의미하지는 않는다. 그것은 새로운 행동의 양식이며 사고의 방식이며 말과 글의 문법을 포함할 것이다. '비자림로를 지키기 위해 뭐라도 하려는 시민모임'은 비자림로 숲을 지키기 위해 오두막을 짓고, "숲으로 들어가 나무가 되어 나왔다". 그들은 비자림로가 훌륭한 생태계의 보고이며 멸종위기동물들의 서식지라는 점을 입증하기 위해, 이슬을 맞으며 밤을 새워 새소리를 녹음했고 날이 밝으면 전문가들에게 자문을 구해서 새들의 이름을 알아내기를 반복했다. 국내외의 저명한 연구자들에게 호소하고 자료를 보내고 전화를 걸어서 그들이 기꺼이 비자림로를 방문하고 숲의 가치를 발견하도록 만들었다. '성난 오름 대변인단'은 매주 '성난 오름 투어'를 조직해서 제2공항으로 인해 사라질 오름들을 방문하면서 오름들의 이름과 이야기를 알리려 했다. 그리고 이런 단체로도 묶이지 않은 수많은 시민들이 새로운 정치적 문법과 언어를 만들고 찾아가고 있다. '실험'이나 '대안'이라는 말은 더 이상 필요치 않다. 우리는 이미 어떤 미래를 살고 있으며, 그 말들은 우리가 현실 속에서 미래를 살고 있다는 것을 보여줄 뿐이다.

제8장 **공론의 형성과 흐름**

제2공항 건설 문제는 지난 몇 년 동안 제주해군기지, 영리병원 등과 함께 제주사회의 가장 뜨거운 쟁점이었고, 도민들 내부에서도 갈등과 대립이 이어진 현안이었다. 이 문제들을 논의할 공론장이 부재했음에도 불구하고, 도민사회 안에서는 다양한 방식으로 도민의 의견을 조사하고, 표출하고, 논의하는 과정들이 진행되어 왔다. 이 과정에서 도민들은 스스로 공론(公論)을 형성하고 모으고 나누어 온 것이다.

'공론'은 사전적 의미에서 보면 "여럿이 함께 의논함", "사회 일반의 공통된 의견", "공정하게 의논함" 등의 뜻을 지니고 있다. 요컨대, 공론은 특정한 주제에 관해 여러 시민들이 참여하여 공정하며 공개적인 방식으로 논의를 진행함으로써 공통의 의견을 형성해가는 과정 및 그 결과물을 일컫는다고 할 수 있다. 도민사회 내에서 제2공항과 관련한 공론의 형성에는 성산읍대책위, 범도민행동, 천막촌사람들, 비자림로시민모임 등 여러 단체들이 기여해왔고, 지역 언론들 역시 여러 의혹들을 파헤치고 정보를 공개 보도함으로써 중요한 역할을 담당해 왔다. 하지만 도민사회의 공론은 매우 다양한 주체들에 의해 다양한 내용으로 제기되어 왔기 때문에, 이러한 공론의 형성 과정과 그 내용을 상세하게 추적하기는 힘들다. 여기에

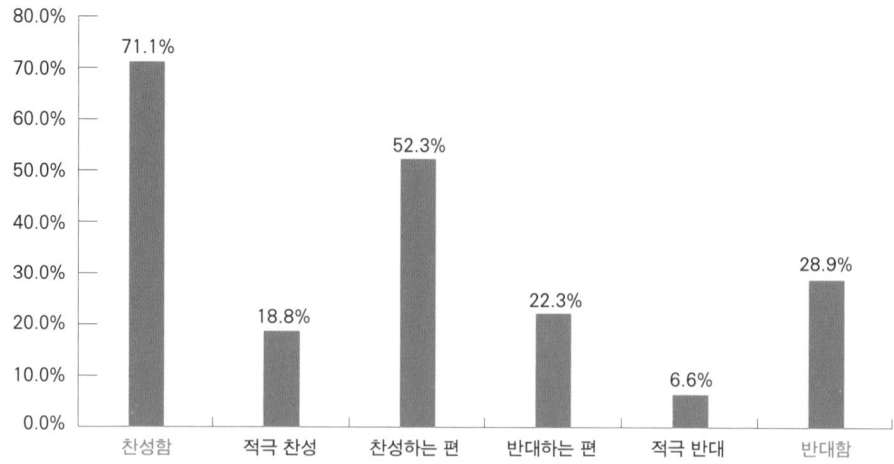

그림 39 2015년 12월 KBS제주의 여론조사 결과

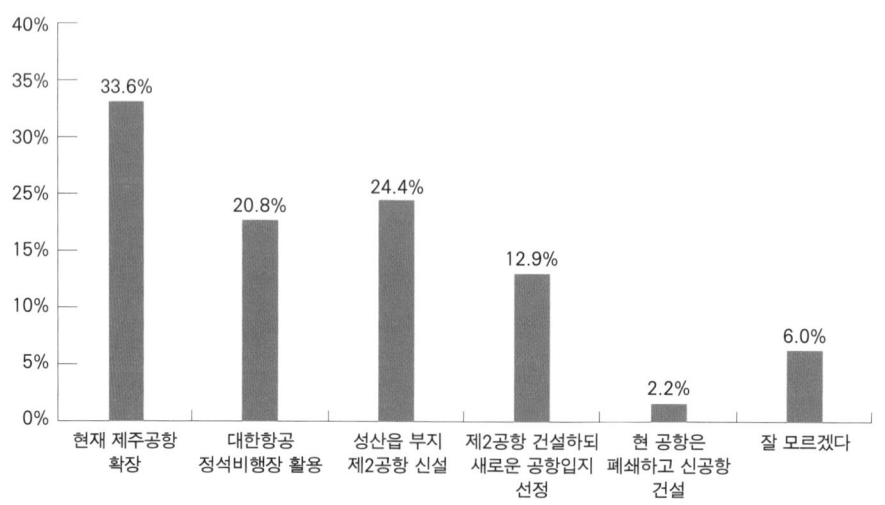

그림 40 2017년 9월 도민행동의 여론조사 결과

출처: 제주환경운동연합

서는 주요 시기별로 실시되었던 여론조사의 결과를 살펴봄으로써 간략하게나마 제주도민의 의사를 확인해보고자 한다.

우선, 성산 입지의 제2공항안이 발표될 당시에는 찬성 여론이 많았다. 2015년 12월 31일 KBS제주가 발표한 여론조사 결과에 따르면 제2공항 건설에 찬성하는 여론은 71.1%로 반대의견(28.9%)보다 압도적으로 많았다.

주목할만한 점은 연령별로 50대(81.5%)와 60대(75.9%)에서 찬성이 높았고, 지역별로는 서귀포시 동지역(79.1%)과 제주시 읍면지역(73.7%)에서 가장 찬성률이 높았다는 점이다. 이에 반해 제2공항이 들어서는 성산읍지역 주민들은 찬성한다는 응답이 48.6%, 반대한다는 응답이 51.4%로 찬반이 팽팽하게 맞섰다.

제2공항 입지에 찬성하는 이유로는 지역균형발전이 45.6%, 공항인프라확충 24.5% 순으로 나왔고, 반대 이유로는 입지선정절차 불투명 28.4%, 기존 공항확장 충분 28%, 환경파괴 25.5%로 나타났다. 이런 결과는 제2공항 건설에 찬성하는 도민들의 다수가 이 문제를 공항의 혼잡이나 안전의 문제보다는 대규모 지역개발사업으로 인식했다는 것을 보여준다. 반면, 제2공항 건설에 반대하는 도민들은 이 문제를 민주주의와 환경의 문제로 인식하고 있었다는 것을 알 수 있다.

2017년에 들어서면서 초기 여론조사 결과와는 뒤바뀐 결과가 나오기 시작했다. 2017년 9월 27일에 발표된 여론조사 결과를 보자. 도내 16개 시민사회단체로 구성된 '제2공항 전면재검토와 새로운 제주를 위한 도민행동'에서 데일리리서치에 의뢰해 여론조사를 실시한 결과로, 단순 찬반이 아니라 다양한 형태의 대안들 가운데 선호하는 것을 묻는 방식으로 조사되었다. 최적의 대안으로 '현 제주공항 확장' 의견이 우세했다. 여론조사 결과에 따르면 '공항시설을 확충한다고 가정할 경우 가장 적절한 대안'을 묻는 질문에 '현재 제주공항 확장'이 33.6%, 성산읍 부지 제2공항 신설이 24.4%, 대한항공 정석비행장 활용이 20.8%로 나왔다. 성산읍 부지에 제주 제2공항을 건설하겠다는 발표가 난 뒤에 실시된 여론조사 결과는 찬성하는 도민이 71.1%였지만, 1년 9개월이 지난 뒤 다시 실시된 여론조사 결과에서는 '현 제주공항 확장'안이 33.6%로 가장 높게 나온 것이다.

　이렇게 여론조사 결과가 뒤바뀐 것은 범도민행동과 성산읍대책위 등 여러 단체들과 시민들이 집요하게 제2공항과 관련한 문제들을 조사하고 파헤치고 알려 왔기 때문이라고 할 수 있다. 이러한 여론 변화의 분기점은 2017년이었다. 먼저, 도민들의 분노를 자아낸 사안은 '오름절취' 문제였다. 2016년 1월에서 11월까지 KDI(한국개발연구원)에서 제주 제2공항 예비타당성을 조사하게 된다. 그리고 그 결과를 2016년 12월에 발표하였다. 2017년 4월에 KDI에서 제주 제2공항 예비타당성 결과를 공개했는데, 비행안전을 위한 '장애물 제한표면 저촉여부 검토' 결과, 10개의 오름이 저촉된다는 결론이 나왔다. '오름절취' 문제는 성산의 풍경과 자연환경에 대한 파괴의 상징적인 행위로 부각되었다. 두 번째는 2부에서 살펴본 것처럼, 공군을 중심으로 제2공항을 '공군기지'화 하려는 움직임이었다. 제주도민들의 강한 비판에 국방부와 공군이 수시로 말을 바꾸었지만, 공군기지 문제는 앞으로도 제2공항 문제에서 핵심적인 사안이 될 전망이다. 이 외에도 쓰레기문제와 교통체증, 오폐수역류, 무단 축산방류, 지하수고갈, 오버투어리즘, 각종 난개발, 제주 제2공항 예정부지 인근 땅투기의혹 등의 문제가 주기적으로 대두되었다. 그 과정에서 제주 제2공항에 대한 여론의 추이는 점차 바뀌어갔다.

2018년 6월은 지방선거가 있었던 중요한 시기이다. 이 시기를 두 달 앞둔 4월 11일에 발표된 여론조사 결과를 살펴보자.

제주제2공항반대범도민행동과 제주대학교 공동자원과 지속가능사회연구센터가 여론조사 전문기관인 데일리리서치에 의뢰해 조사한 결과이다. 제2공항 건설 여부와 공항시설 확충 여부를 함께 묻는 질문에 대해, '성산 제2공항 건설계획을 추진해야 한다'는 42.7%, 성산 제2공항 반대에 해당하는 '다른 방안으로 공항시설을

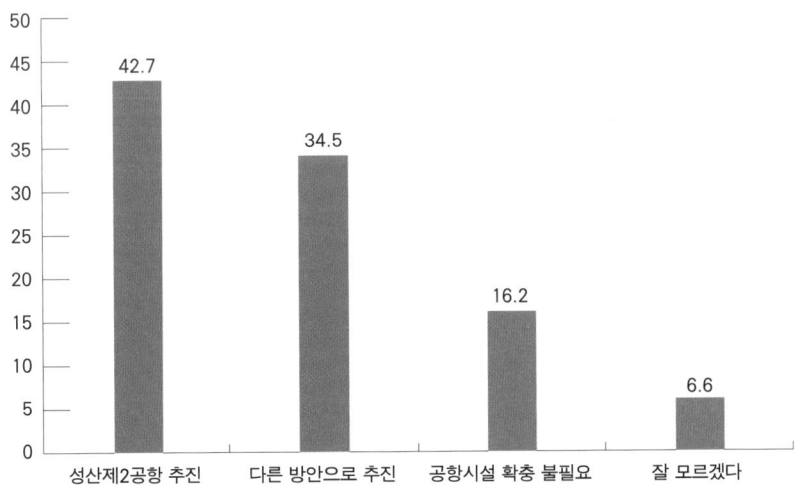

그림 41　**2018년 4월 제주대 공동자원연구센터와 범도민행동의 여론조사 결과**
출처: 데일리리서치

확충한다'가 34.5%, '공항시설 확충이 불필요하다'가 16.2%로 나왔다. 발표에 따르면, 젊은층인 19-29세는 78.0%, 30대는 75.8%로 제2공항에 대한 반대의견이 높게 나왔다. 또한 제2공항 건설에 대해 남성들은 52.3%가 찬성한 반면, 여성들은 33.2%만이 찬성함으로써 남녀간의 차이도 드러났다. 이런 여론조사 결과가 나온 이유에 대해서 쓰레기와 오폐수 문제, 교통과 부동산 폭등 문제 등 피부로 느끼는 생활상의 문제가 심화되고 있다고 분석했다.

2019년 들어서 공론의 변화에 가장 큰 특징은 도민의 자기결정권에 관한 요구라고 할 수 있을 것이다. 그것은 '공론조사'에 대한 요청으로 드러나고 있다. 2019년 4월 19일 발표된 것으로, KBS 제주방송총국이 도민 800명을 상대로 여론조사한 결과는 다음과 같다.

제주 제2공항에 대한 여론조사 결과 37.2%가 공론조사를 거쳐야 한다는 의견을 내놓았다. 그리고 절차대로 사업을 추진해야한다는 의견이 29.4%, 사업을 취소해야한다는 의견이 21.1%, 검토위원회를 재연장해야한다는 의견이 7.7%로 나타났다.

이 여론조사 결과를 보고 파악할 수 있는 것은 사업이 발표될 당시 71.1%의 높은 찬성의견이 이제는 대략 팽팽하게 찬성, 반대의 의견으로 드러나고 있다는 점이다. 그리고 공론조사를 거쳐야한다는 의견이 가장 높게 나왔다. 제주 제2공항을 추진하는 과정에서 도민들의 의견이 완전히 무시된 채로 진행되는 것에 대해서 도민들이 매우 비판적이라는 점을 확인할 수 있다. 그리고 제2공항 문제를 도민 스스로 판단하고 결정해야 할 문제로 인식하고 있다는 점

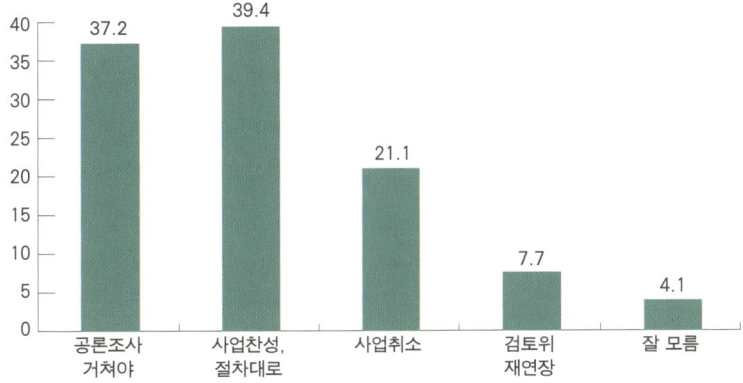

그림 42　2019년 4월 KBS제주방송의 여론조사 결과

출처: KBS제주방송총국

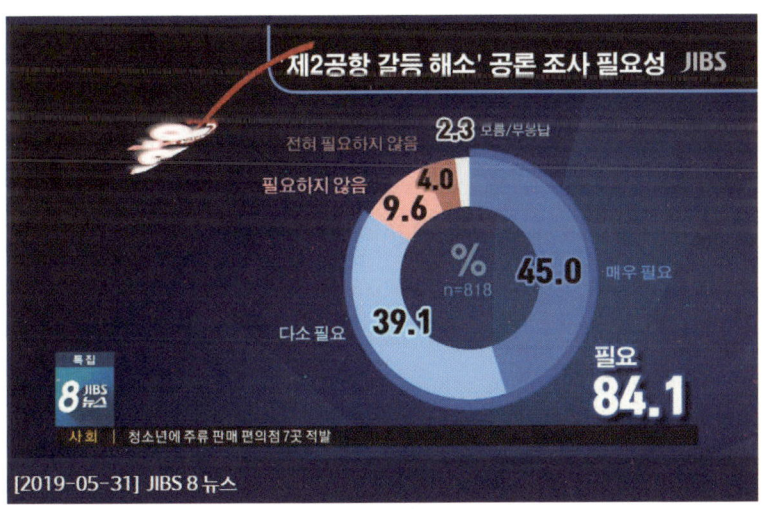

그림 43　2019년 5월 31일 JIBS의 여론조사 결과

출처: JIBS 8 뉴스

을 알 수 있다.

가장 최근의 여론조사 결과를 보자. 여론 조사의 문항은 제주공항의 활용 가능성 및 공론조사의 필요성을 중심으로 구성되고 있다. 2019년 5월 31일에 JIBS가 발표한 결과에 따르면, 초기 71.1%였던 제2공항 찬성여론이 이제는 완전히 뒤바뀌어 69.1%가 제주공항 활용안에 대해 공감하고 있는 것으로 드러났다. 제2공항 사업 추진 평가에 대해서 62.4%가 문제있음이라고 답변했고, 31.7%가 문제없음이라고 답변했다. 제2공항 갈등 원인으로는 국토부 등 정부의 일방적 추진이 33.3%로 가장 높게 나왔고, 제주도의 중재 노력 부족이 21.2%로 나왔다. 마지막으로, 제2공항 갈등 해소를 위해 공론조사가 필요하다고 보느냐는 질문에 대해 응답자의 84.1%가 그렇다고 대답했다.

이번 여론조사 결과는 지난 몇 년 동안 국토부와 제주도정이 추진해 왔던 성산 제2공항 건설 방안에 대한 제주도민의 응답이라고 평가할 수 있다. 초기부터 중요한 쟁점이었던 민주주의와 '절차적 정당성' 문제에 대해 제주도민들은 비판적인 입장을 보여주었다. 또한 공론조사에 대한 지지를 통해 제주도민들은 제2공항 문제를 도민들이 스스로 결정할 수 있어야한다는 '자기결정권' 문제를 중시하고 있다는 점을 보여주었다. 6월 27일에 발표된 〈제주의소리〉 여론조사에서도, 제2공항 추진 여부를 도민 공론조사 방식으로 결정하는 것에 대해 76.7%가 찬성의견을 보여 반대(17.2%)를 압도했다.

2019년 5-6월 재검토위원회의 종료와 기본계획 용역의 최종 발표회를 전후하여, 국토부와 제주도정의 일방적인 강행에 대한 비판 여론은 더욱 고조되었다. 범도민행동, 성산대책위, 그리고 도청 앞 천막촌 사람들은 '도민의 자기결정권'과 '제주도의 환경적·사회적 수용력'을 중요한 쟁점으로 내세웠다. 공론조사 방안은 '도민의 자기결정권'을 실현할 수 있는 중요한 대안으로 부상했고, 국토부가 '제주도의 환경적·사회적 수용력'을 전혀 고려하지 않은 상태로 '공항의 수용력' 한계만을 내세워 제2공항 사업을 추진하고 있다는 점이 명백하게 드러나면서 '사회적 수용력', '환경적 수용력'의 의미에 대한 논의도 확산되었던 것이다. 특히 ADPI 보고서가 공개되어 현 제주공항을 잘 활용하면 미래의 항공수요를 충분히 충족할 수 있다는 사실이 드러나면서 제2공항 추진 방안은 더욱 더 설득력을 잃게 되었다.

국토부와 제주도정은 제2공항 문제를 둘러싼 의혹들이 제기되자 마지못해 '검토위원회'를 구성했지만, 애초부터 검토위원회에서 이 문제를 진지하게 다룰 생각이 없었다. 시간벌기용으로 구성된 검토위원회에서 국토부측 위원들은 '문제 없다'는 태도로 일관하였고, 최종적으로는 통일된 권고안의 작성도 거부했다. 제2공항을 둘러싼 문제들은 '검토위원회' 보다 훨씬 큰 시민들의 '공론장' 속에서 논의되었고, 그 속에서 새로운 언어들이 출현했다. 성산읍 대책위, 범도민행동과 같은 기존 단체들뿐만 아니라 새로운 시민들이 도청앞 천막촌을 구성하여 새롭고 다채로운 항의행동을 벌였고, 개별 시민들 역시 손과 발로 뛰면서 현장을 답사하여 새로운 의혹을 제기했다. 언론들 역시 이 문제에 대한 관심을 놓지 않고 연속적인 기획기사를 통해 도민들에게 알기 쉬운 언어로 국토부의 '제2공항안'이 지닌 모순과 거짓을 들춰냈다. 시민사회운동, 개별 시민들,

언론이 형성한 '공론'은 정치와 행정의 권위주의를 비판하면서 스스로 진화하고 있다. 정치와 행정은 이 거대한 '공론의 흐름'에 동참할지, 아니면 지금처럼 구시대의 패러다임과 관습에 자족하면서 '공론'을 배반하는 길로 나아갈지, 이제 선택을 분명히 해야 할 시점이다.

소결: 진정한 자치와 민주주의, 자기결정권을 위하여

제2공항 건설을 둘러싼 문제들이 '사태'라고 이야기할만큼 심각하게 전개된 이유는 일차적으로는 새로운 가치와 정치를 요구하는 시민들이 기존 지방정치의 틀 내에서 제대로 대표되지 못하고 있기 때문이라고 할 수 있다.

현재 제주도는 특별자치도라는 이름과 제도를 지니고 있다. 제주특별자치도를 만든 이유는 중앙정부가 지니고 있던 많은 권한들을 지방정부와 지방의회로 이양하여 국제자유도시를 차질없이 진행하려는 의도였다고 이야기되고 있다. 하지만 제2공항 사태(그리고 그 이전의 제주해군기지 사태)를 통해 드러난 지방정치의 현실은 도대체 '특별자치'의 의미가 무엇인지 되묻게 한다. 우선, '제왕적 도지사'라는 특별자치도에 대한 비판은 이번 제2공항 사태에서도 여지없이 드러났다. 원희룡 도지사는 제2공항 사대의 원인이 된 수많은 의혹들에 대해 국토부의 수상을 맹목적으로 반복하면서, 고향을 등져야 하는 성산읍의 주민들에 대해서는 형식적인 제스처만 보여주었을 뿐이다. 겉으로는 통합과 갈등해결을 외치면서, 갈등해결이 어떤 조건에서 가능한지에 대해서 진지하게 임한 적이 없다. 그러다보니 주민들과의 만남은 늘 평행선만 달렸고, 행정 절차만 무리하게 강행하는 악수를 반복했다. 특히 제주도지사와 제주도청의 관료들은 도청앞 천막촌 사람들을 비롯하여 제주도정의 정책에 반대의견을 표명하는 시민들에 대해 매우 권위적인 태도로 일관했다. 제주도청에서는 일인시위와 기자회견마저 자유롭게 진행될 수 없을 정도였다. 또한 반대하는 시민들에 대해 고소고발을 남발하면서 시민들의 표현의 자유를 철저히 억압했다. 공론의 형성과 자유로운 표출을 장려하기 보다는 '비전문가의 의견'으로 몰아붙이거나 '외부세력'이라는 색깔론으로 대응하기도 했다. '인간과 자연이 공존하는 청정 제주'라는 구호가 선명한 제주도청 현관에서 '인간과 자연의 공존'을 호소한 시민들에게 경찰의 출두요구서가 날아드는 현실은 분명 부조리하다.

제주도의회 역시 '특별자치와 도민주권을 선도하는 혁신의정'이라는 구호가 무색할 정도로 기회주의적인 모습을 보여주었다. 보전지역 관리조례 개정안의 상정보류와 부결 과정에서 확인할 수 있는 것처럼, 일부 도의원들은 도의회의 심의기능 자체를 포기하는 행태를 보여주었다. 범도민행동이나 도청앞 천막촌 사람들을 비롯하여 지역언론에서도 "도의회는 죽었다"는 말이 자연스럽게 나올 정도였다. 몇몇 도의원들을 중심으로 제2공항 문제를 깊이 있게 연구하고 조사하면서 도민공론화를 추진하려는 움직임이 있다는 점이 약간이나마 희망을 갖게 하는 정도이다.

개발사업을 일방적으로 강행하면서 지역민들을 농락하는 국토부, 권위주의적인 태도가 체질화되어 시민들과의 최소한의 약속들마저 배반하는데 익숙해진 제주도정의 정치가와 관료들, 성산 입지 부근에 대토지를 소유하고 찬성측 관변단체들과 이해관계로 얽힌 것을 은폐하거나 의회에서는 보전지역 관리조례 개정안의 통과를 방해하다가 반대측 주민들이 결집한 현장에 나타나 굽신거리는 도의원들, 이들 모두에게 아무 것도 기대할 것이 없다는 점이 이번 제2공항 사태를 통해 명확해졌다. 이것이 새로운 지방정치의 출발점이다.

이 출발점을 명목상의 것이 아니라 실질적인 것으로 만들기 위해서는 시민들의 관심, 비판, 참여, 행동이 필요하다. 무엇보다 국토부와 제주도정의 전횡에 맞서 투쟁해 온 시민들의 정치적 자산을 도민 전체의 것으로 만드는 작업이 필요하다. 제2공항 사태가 전개되는 과정에서 김경배, 엄문희, 윤경미, 최성희 등 몇몇 시민들은 40여 일이 넘는 시간 동안 단식투쟁을 전개하면서 '도민/주민의 자기결정권'과 '지속가능하며 정의로운 제주'라는 가치를 호소해 왔다.

제2공항 반대투쟁의 과정에서 '도민/주민의 자기결정권' 요구가 분출했다는 점은 의미심장하다. 70~80% 이상의 제주도민들이 공론조사의 필요성을 지지한 것도 점차 격화되어 가는 갈등해소의 방안으로 공론조사가 효과적일 것이라는 인식과 더불어, 초기부터 도민의 의견을 한번도 묻지 않은 국토부와 제주도정에 대한 반발과 비판이 자리잡고 있다고 보아야 할 것이다. 특히 도민과 주민의 자기결정권 요구는 제주의 관광개발체제에 대한 최초의 대중적인 저항이었던 탑동매립반대운동(1988~1991)과 지역운동·주민운동의 폭발 과정에서도 동일하게 등장했던 요구였다. 당시의 요구는 제주의 개발정책을 중앙정부에서 일방적으로 결정하는 것에 대한 반발로 나온 것으로서, 중앙-지방의 대립구도 속에서 제기되었다. 하지만 현재의 자기결정권 요구는 훨씬 더 심층적이고 다층적인 측면들을 포함하고 있다고 보아야 할 것이다.

우선적으로, 자기결정권의 요구는 '자기자신'에 대한 결정권의 요구라고 할 수 있을 것이다. 자신의 정당한 권리와 의사를 외부의 강제 없이 자유롭게 표출할 수 있는 사상과 표현의 자유 등을 포함하는 것이다. 아쉽게도 이러한 자기결정의 권리는 제주에서 종종

그림 44 **도민이 결정한다**
사진: 송동효 작가

배반당해 왔다. 제주해군기지를 건설하는 과정에서 강정마을 주민들의 총회와 총투표에 의한 반대의견은 중앙정부와 국방부, 제주도정에 의해 철저하게 묵살당했다. 경찰청에 의한 인권침해조사 과정에서 드러난 것처럼, 국정원과 검찰, 제주도청 등 관계기관들은 주민들의 의사를 왜곡하고 억압하기 위해 불법·탈법적인 수단들을 서슴지 않았다. 제2공항을 추진하는 과정에서는 제주도청 현관에서 시위를 벌이던 시민들에 대해 일인시위와 기자회견, 도청출입마저 금지하는 일이 벌어지고 있다. 따라서 자기결정권의 요구는 곧 진정한 민주주의에 대한 요구와 맞닿아 있다.

다음으로, 국가에서 대규모의 재정을 투입해서 진행하는 국책사업이라고 하더라도 해당 지역의 당사자들에게 '거부권'이 보장되어야 한다. 국책사업이라는 이름으로 진행되는 개발 및 안보 사업들은 그 규모와 지속성으로 인해, 해당 지역에 장기간에 걸친 대규모의 영향을 미친다. 그리고 그 피해를 돌이키는 것은 거의 불가능하다. 그래서 대규모 국책사업은 신중하고 공정하게 추진되어야 한다. 하지만 한국의 국책사업 현장에서 이런 기본 상식은 잘 지켜지지 않고 있다. 10, 20년 전에 제출되었던 파괴적인 국책사업의 교훈들은 2019년 오늘에도 그대로 적용될 수 있을 것이다. 특히 해당지역 주민들의 생존권이나 거주의 권리는 역대 정부 대대로 무시되어 왔다. 그러한 기본권은 '국가'가 추진하는 국책사업이라는 이름으로, 더 많은 국민들에게 이익이라는 '공익'의 명분으로 철저히 외면받아 왔다. 하지만 2019년의 민주공화국 대한민국에서 더 이상 그런 방식이 통용되어서는 안 된다. '다수'를 위해서 '소수'를 간단히 희생시킬 수 있다는 발상은 지배와 억압의 논리이다. '다수'는 또 다른 현장, 예컨대 공장, 학교, 가정, 교회 등등에서 '소수'의 위치에 서게 될 수많은 '소수들'일 뿐이다. 따라서 존재와 생존 및 거주의 권리를 위협받는 '소수'의 '거부권'은 수많은 '소수들'로 이루어진 우리사회가 존속하고 공존하기 위한 기본 조건이라고 할 수 있을 것이다.

그리고 자기결정권은 무엇보다 자신의 '미래'에 대한 결정의 권리라는 점을 강조해야 할 것이다. 제2공항 문제는 혼잡한 공항인가 아닌가의 문제가 아니다. 그것은 지속가능하며 정의로운 미래인가 아닌가의 문제이다. 제주의 사회와 환경의 지속가능성을 고려하지 않은 채 반세기 전의 패러다임만 보고 질주할 것인가, 제2공항을 추진하는 과정에서 드러난 수많은 부조리와 부정의를 용납해도 좋은 것인가의 질문인 것이다. 반세기 동안 제주사회를 지배해 온 지배적인 이념(개발주의)과 관행(관료독재)을 청산하고, 지금까지와는 '다른 미래'를 선택할 것인가의 문제이다. 따라서 '미래'에 대한 자기결정권은 권리임과 동시에 '역량'의 문제를 제기하고 있다. '지속가능하며 정의로운 미래'라는 비전은 추상적인 것이며, 그런 방향 속에서 각자가 혹은 각 공동체가 그려나갈 미래는 각각의 비전과 능력에 따라 다채로운 모습을 띨 수밖에 없다. 행정의 역할은 각 개인과 공동체들이 그런 비전과 능력을 갖출 수 있도록 도움을 주는데 초점을 맞추어야 한다. 전문가와 관료들 몇몇의 회의를 통해 만들어진 '청정'과 '공존'이라는 제주의 비전이 현실 정치와 행정 속에서 배반당하고 있는 오늘, 제주도민 각 개인과 공동체들의 비전을 모으고 모아서 제주의 비전을 새롭게 정립하지 못할 이유는 어디에도 없다.

마지막으로 과거, 현재, 미래에 대한 우리의 자기결정권은 '권리 없는 자들의 권리', '권리를 말하지 못하는 것들의 권리'를 고려하지 않을 수 없다. 4.3 영령들을 비롯한 죽은 자들, 아직 태어나지 않은 미래 세대들, 권리를 인정받지 못하는 난민들 그리고 제주에서 인간들과 함께 살아가는 수많은 생명들. 이들은 우리의 결정권 행사를 통해 자신의 생존과 존재에 치명적인 영향을 받게 될 것이다. 하지만 그들에게는 결정권 행사의 자리가 주어지지 않았다. 요컨대, 제2공항 사태를 둘러싸고 자기결정권 행사의 주체를 자연스럽게 '도민'으로 상정하는 '도민의 자기결정권'이라는 언어가 힘을 얻고 있지만, 그 결정의 권리는 절대적인 것이 아니다. 제주의 미래를 결정하는 도민들의 공론장에서, 우리는 언제나 '빈 자리'를 마련해 두어야 한다. 우리가 그 '빈 자리'를 의식할 때, 어쩌면 결정의 방식이나 결정의 내용도 바뀔 수 있으며, 그럼으로써 우리의 존재 방식도 바뀔 수 있을지 모른다. 그리고 지금까지와는 다른 미래가 결정될 수 있다는 예감을 갖게 되지 않을까.

지금, 제주도민들에게 다른 미래를 살아갈 자기결정의 시간이 다가오고 있다.

· · · · ·

맺는 글

공항은 좋은 것이었다. 활주로가 더 넓어지고 공항청사가 더욱 현대화된 모습으로 탈바꿈하는 것은 제주도민들에게 좋은 것이었다. 그리고 그 '좋았던' 과거의 이면에는 몇 번이나 고향에서 쫓겨나고 수십 년 동안 소음피해에 시달렸던 사람들의 인생이 존재한다. 하지만 그들의 목소리는 들리지 않았다. 공항을 통해 들어온 개발업자들이 행정권력과 결탁하여 벌인 수많은 개발사업들로 인해 고향에서 쫓겨난 사람들의 목소리 역시 들리지 않았다. 더 많은 도로, 더 많은 자동차, 더 많은 빌딩들에 짓눌린 생명들의 비명 역시 들리지 않았다. 그래서 제2공항에 대해 제주도민의 반수 이상이 반대하고 있는 오늘의 현실은 낯선 것이다.

이 낯선 현실은 어떻게 우리 앞에 도래했는가? 2016년은 단기간에 관광객이 1,600만 명에 근접하면서 관광개발 세력들이 주장해왔던 장밋빛 꿈이 실현되었음을 선언하려던 찰나였다. 그 장밋빛 꿈에 기대에 제주도정은 '제주의 백년대계'라는 이름으로 제2공항 사업을 추진했다. 하지만 그 꿈이 현실이 되자, 그것은 꿈이 아니라 악몽이라는 것이 분명해졌다. 터져나온 것은 '축포'가 아니라 정화되지 않고 바다로 뿜어져 나온 오·폐수였다. 제주의 바다생태계를 물들인 오·폐수는 근대화, 관광개발, 그리고 공항이 낳은 제주의 현실을 보여주는 상징이었다. 더 크고 화려한 공항, 심지어 2개의 국제공항을 건설하겠다는 욕망에 의해 대변되는 미래에 대해, 우리는 더 이상 그것을 '해결책'이라고 믿지 않는다. 오히려 그것은 지나간 과거의 유산이며 낡은 관행의 반복일 뿐이다.

이 낡고도 낡은 유산과 관행은 뜻밖에도 스스로 자멸하고 말았다. TV에 나와서 스스로 최고의 전문가라며 자화자찬하는 전문가들이 만든 '사전타당성 검토 보고서'는 제2공항 추진론자들의 논리와 욕망이 어떻게 스스로 붕괴하는지를 잘 보여준다. 우리는 그들이 만나려 하지 않는 사람들을 만났고, 그들이 대화하려 하지 않는 사람들과 이야기를 나누었으며, 그들이 조작한 숫자를 바로잡았고, 그들이 기록한 회의록을 들춰보았고, 그들이 감추었던 보고서의 공개를 요구하고 드러냈을 뿐이다. 그랬더니 거짓과 기만의 탑은 모래성처럼 무너져 내렸다. 제주공항 인프라확충의 대안들을 비교·검토하겠다던 보고서는 제대로 된 비교와 검토도 진행하지 않았고, 성산이 최적이라던 결론도 뒤집어졌다. 심지어 그들이 미래의 항공수요라고 예측했던 가장 큰 규모인 4,500만 명의 이용객도 현 제주공항을 활용하면 충분히 감당할 수 있다는 외국 전문기관의 보고서도 존재했다. 어디에도 제주에 또 하나의 공항을 지어야 할 필연성이나 논리는 존재하지 않는다. 실재하는 것은 허위와 조작으로 얼룩진 보고서 한 권과, 그 보고서로부터 자신의 욕망의 근거를 찾고자 하는 개발주의 세력의 탐욕일 뿐이다. 따라서 제2공항 문제에 대한 우리의 대안은 명확하다. 우선적으로, 타당성을 상실한 성산 제2공항 추진방안은 즉각 중지되어야 한다. 현 수준에서의 수요관리정책, 현 제주공항의 다양한 활용 방안들을 놓고 제주도민들이 지혜를 모아, 어떤 것이 제주의 미래비전에 적합한 것인지 직접 결정해야 한다.

제주의 지방정치와 중앙정치, 관료행정이 이 명백한 대안을 외면하는 동안, 시민들은 성산의 벌판과 오름, 비자림로를 다니며 직접 조사를 하고 기록을 남겼다. 성산읍의 주민들은 일손이 바쁜 와중에도 촛불집회를 열어 서로의 의지를 일으켰고, 한 평범한 청년이 기획한 '제주, 그대로가 아름다워' 문화제에는 전국의 유명 연예인들이 출연하여 수백명이 참여하는 행사가 되었다. 범도민행동의 활동가들은 수백쪽에 달하는 정부측 보고서를 낱낱이 검토하여 거짓과 허위를 밝혀냈다. 도청앞 천막촌 사람들이 기획한 '공항말고 합창' 행사에서는 백여 명의 시민들이 가족과 함께 참여하여 어린이들이 만든 '너의 이름을 불러줄게' 노래를 어린이와 시민들이 직접 연주하며 불렀다. '비자림로를 지키기 위해 뭐라도 하려는 시민모임'의 시민들은 비사림로 숲에 살고 있는 새들을 확인하기 위해 밤을 새워 새소리를 녹음하고 낮에는 전문가들에게 사문을 구하니, 비자림로 숲이 팔색조와 애기뿔소똥구리를 비롯한 멸종위기종들의 서식지임을 밝혀냈다. 그리고 이 모든 활동들은 자율적인 네트워킹을 통해 연결되었고 토론과 숙의과정을 통해 공론을 형성했다. 공론 형성의 투쟁과정에서 '사회적 환경적 수용력'과 '도민의 자기결정권'과 같은 새로운 정치적 언어들이 확산되었다. 그것은 기존의 낡은 정치가 제공하지 못했던, 제주정치의 새로운 광장이었다.

하지만 광장은 일시적이며 불완전한 것이었다. 그것은 낡은 틀과 제도, 낡은 관행과 사고방식 속에 둘러싸여 있기도 하다. 따라서 낡은 것의 죽음을 선언하고 작별을 고하는 의례는 불가피하

그림 45   **국토부 장례식에서 만난 죽음과 삶**
사진: 송동효 작가

다. 2019년 6월 25일 오후 2시, 국토부가 그들만의 밀실에서 기본계획 최종보고회를 진행하고 있을 때, 제주도청 앞에서 시민들이 장송곡을 부르며 '국토부 장례식'을 거행했음을 기억해야 한다. 그것은 하나의 죽음이다. 단지 국토부라는 관료조직이 아니라, 그들로 대변되는 낡은 관행과 정치, 그리고 개발주의와 군사주의의 욕망 자체에 대한 장례식. 이 자리에서 또한 시민들은 "제주의 자연은 개발할 자원이 아니라 삶의 터전"임을 선언했다. 그것은 단지 그 자리에 참석한 시민들만의 것이 아니라, 제주의 모든 생명과 존재의 목소리이기도 하다. 이 상징적 의례를 현실의 변화로 이어가기 위한 사고와 실천이 계속되어야 제2공항 너머로 나아갈 수 있다.

생명을 말하고 삶의 터전을 이야기하는 목소리들을 현실의 힘으로 바꿔내는 것, 그것이야말로 제2공항 너머에 존재하는 시민의 대안이다. 그런 의미에서 '시민의 대안'은 완결된 프로젝트가 아니며, 오히려 현실의 부정의와 불합리에 맞서는 시민들의 정치적 행동 속에서 지속적으로 출현하는 것이다. 이 책에서 제시한, 도민들이 선택할 수 있는 대안의 목록들은 국토부와 제주도정의 거짓과 허위를 바로잡은 것에 불과했다. 그 목록들은 제2공항을 반대하는 시민들의 참여와 헌신을 통해 만들어졌고, 시민들의 자유로운 사고와 실천 속에서 새롭게 생성되고 갱신되었다. 그리고 이 대안들은 국토부의 시간이 아니라 '도민의 시간' 속에서, '도민의 결정' 속에서만 생명력을 가질 것이다.

이제 다시 광장을 열어야 한다.

제2공항 관련 경과일지

2007.12.	이명박 대통령 후보 제주 공항인프라 확충 공약
2008.5	제주특별자치도, 언론, 학계, 경제단체, 공공단체를 위원으로 하는 제주권공항인프라확충범도민추진협의회 구성
2011.1	제4차 공항개발 중장기 종합계획(2011~25) 고시: 제주공항 포화시점을 2025년으로 예측, 항공수요 재검토 및 신공항 건설과 기존공항 확장안 비교조사 필요성 제시
2010.6~2012.4	제주도, 제주공항 개발구상 용역 시행(국토연구원)
2012.12	박근혜 대통령 후보, 제주 공항인프라 확충 공약
2013.8-2014.9	제주 항공수요조사 연구 용역: 제주공항 포화 시점 2025년에서 2018년으로 7년 앞당겨짐. 2045년 4,500만 명 예측.
2014.10.21.~2015.11	국토부, 제주공항 인프라 확충을 위한 사전타당성 조사 용역: 기존 공항 확충방안, 기존공항폐쇄 및 신공항건설 방안, 제2공항 건설방안 검토
2014.10.22	제주권공항인프라확충범도민추진협의회, 도민설명회 개최
2015.11.10	국토교통부, 제주공항 인프라 확충 사전타당성 조사 용역 결과 최종 보고: 기존공항 유지 및 성산지역에 제주 제2공항 건설 방안 발표
2015.11.11	제주도청, 제주특별자치도 공항확충지원 종합대책본부 설치
2015.11.15	원희룡 지사, 신산리 주민 간담회, 주민들 반대 의견 피력
2015.11.16	온평리 마을총회, 제2공항 반대 결정, 비상대책위원회(34명) 결성
2015.11.21	수산1리 마을민총회, 제2공항 반대 결의, 비상대책위원회 결성(30명)
2015.11.21	난산리 마을총회, 제2공항 반대 결의, 비상대책위원회 결성(21명)
2015.11.21	신산리 마을총회, 제2공항 반대 결의, 반대대책위원회 구성(29명)
2015.11.25	온평리 비상대책위원회, 제2공항 건설계획에 결사반대 입장 발표: 제2공항은 주민의견 수렴과 생존권이 배제된 결정이라고 반발
2015.12.8	수산1리 비상대책위, 공항예정부지 인근에 천연기념물 제467호 수산굴이 있어 훼손 우려 논란 경고

2016.1.7	제주공항 인프라 확충 사전 타당성 용역 주민 설명회 개최, 파행. 성산읍반대대책위 구성.
2016.1.11	성산읍 제2공항 반대위원회 성명: 제2공항 입지선정 과정에서 '주민수용성'이 전혀 고려되지 않았다며 원천무효 주장
2016.1.13	제주도청, 주민소통을 위해 성산읍 지역에 성산읍 특별지원사무소 개설 운영
2016.1-2016.11	KDI, 제주 제2공항 예비타당성 검토 진행
2016. 3. 25	제주 제2공항 반대 온평리 비상대책위원회 성명: 정부와 제주도가 일방통행식 절차로 밀어붙인다며 제2공항 건설계획 전면재검토 요구
2016.4.21	제2공항 현안 관련 제주 시민사회단체 간담회, 원탁회의 추진 논의
2016.5.3	제2공항 현안이해 및 시민사회원탁회의 구성 논의 간담회
2016.5.9	육지사는제주사름, '제주 제2공항 어떻게 볼 것인가' 토론회 개최(발제·토론: 강영진, 오신범, 조성찬)
2016.6.7	제2공항 시민사회원탁회의 구성, 1차회의(13개 단체 참여, 8.24.까지 5차례 진행)
2016.6.17	제2공항 원탁회의-성산읍대책위 간담회
2016.7.8	감사원 공익감사 청구
2016.7.25	제주 제2공항 성산읍 반대대책위원회 공식 출범: 신산·난산·수산1리 마을별 대책위를 통합
2016.7.29	원탁회의, 위성곤 의원과 공동으로 제2공항 토론회 개최(제주도의회)
2016.8.23	제주녹색당, "성산읍 반대대책위 지지 및 제2공항 건설 원천반대" 성명
2016.9.1	원탁회의 "활동전략 수립 및 조직개편 논의를 위한 워크숍" 개최: 본격적인 반대운동 결의, 조직 확대 개편 결정
2016.9.12	성산읍 반대대책위, 제주공항 인프라 확충 사전타당성 부실용역 조사 요구
2016.9.13	'제2공항 전면재검토와 새로운 제주를 위한 도민행동' 출범 기자회견 (제주지역 14개 시민사회단체)
2016.9.28	도민행동, 제2공항 민영화 계획에 대한 논평 발표
2016.10.7	대책위와 도민행동, 제주도 국정감사 대응 집회
2016.10.15	동굴조사(모낭궤굴)
2016.11.8	도민행동, 제2공항 예정부지 인근 동굴 발견 관련, 전면적인 동굴 정밀 조사 실시 요구

2016.11.24	위성곤 의원실 주최 제2공항 쟁점 집중토론: 성산읍대책위(강원보, 오신범, 박찬식), 온평대책위(송대수), 국토부(나웅진 과장, 사무관), 사타 용역사(항공대 김병종 교수, 유신 오정훈 상무 등)
2016.11.30	쟁점 집중토론 결과 기자회견, 사전타당성 검토용역 보고서 부실지적
2016. 12. 1	제주 제2공항 예비타당성 검토 결과 발표
2016. 12. 15	온평리비상대책위, 국토부와 제주도가 예비타당성조사 결과 발표하고 제2공항 건설 밀어붙이려 한다며 규탄
2016.12.16.~2017.2.22	제2공항 반대 릴레이 언론 기고(제주환경연합, 제주참여환경연대,양추사, 곶자왈사람들 등 13회)
2016.12.28	성산읍 대책위, 공항 인프라 확충 사전타당성 검토 용역을 수행한 용역진 5명 검찰에 고발, 부실용역 부지선정 원천 무효 주장
2016.12.29	성산읍대책위, 제2공항 반대 집회(성산읍)
2016.12.30	제주도, 제주 제2공항 주변 발전 기본구상 용역 착수
2017.1.15	국토부 및 제주도, 제2공항 건설 기본계획 및 주변지역 발전 기본구상 용역 설명회 개최
2017.2.2	제주도지사, 제주 제2공항 보상안과 지역발전계획 검토 중이라고 밝혀
2017.3.2	위성곤 의원실, 국방부의 공군기지 용역비 책정 및 제2공항 연계 방안 검토 사실 공개 → 도민행동 논평 발표
2017.3.7	김방훈 부지사, "제2공항 군 공항시설 이용 검토 않는다" 발표
2017.3.8	제2공항에 공군기지 활용 논란 관련 제주 군사기지화 추진에 대한 공동기자회견(도민행동, 강정마을회, 성산읍대책위, 해군기지범대위)
2017.3.9	정경두 공군참모총장, 남부탐색구조부대 창설 제2공항 등 4개 후보지 검토 발언
2017.3.24	국토부, 제2공항에 공군 남부탐색구조부대 등 군사시설 설치 계획 없다고 밝혀
2017.3.31	온평리, 제2공항 반대 촛불집회
2017.4.11	제주도지사, 제주도의회에서 "제2공항은 순수 민간공항"이라는 입장 천명
2017.4.12	KDI, 제주 제2공항 예비타당성 검토 요약보고서 공개: 비행안전을 위한 장애물 제한표면 저촉 여부 검토 결과, 10개의 오름 저촉 확인 등
2017.4.13	도민행동, 예비타당성 요약보고서 논평 발표: 오름 훼손 반대 제주 제2공항 중단 촉구

2017.4.14	국토부와 제주도, 오름을 깍지 않아도 안전성에 문제없다고 해명
2017.4.14	성산읍대책위, 제2공항 반대 릴레이 마을집회(신산리)
2017.4.25	제주상공회의소, 제주 제2공항 조속추진 촉구 건의문 제주도와 국토부에 전달
2017.4.26	성산읍대책위, 제2공항 반대 릴레이 마을집회(수산리)
2017.5.16	성산읍대책위와 도민행동 공동기자회견: 문재인 대통령에게 제2공항 원점 재검토 요구
2017.5.18	성산읍대책위, 제2공항 반대 릴레이 마을집회(난산리)
2017.5.23	국토부, '제2공항 건설 동굴 등 현황조사 및 전략환경영향평가 용역' 입찰공고(착수일로부터 12개월)
2017.5.23	도민행동, 제2공항 건설을 위한 모든 절차 중단 촉구
2017.6.1	민주당제주특위, 제2공항 간담회(국토부와 대책위 초청)
2017.7.20	국토부, '제2공항 건설 동굴 등 현황조사 및 전략환경영향평가 용역' 착수(선진엔지니어링, ~2018.7)
2017.8.2	공항 인프라 확충 범도민추진협의회, '제2공항 기본계획 용역을 주민 협의와 병행 추진'건의문 국회와 국토부에 전달
2017.8.10	성산읍대책위, 제2공항 부실용역 기자설명회
2017.8.18	전농제주도본부, 제주의 미래와 제2공항 강연(일출봉농협, 강사-박찬식)
2017.8.22	제2공항 전략환경영향평가와 주변지역 발전 구상 용역 중단 기자회견
2017.8.25	국토부, 동굴조사 및 전략환경영향평가 용역 착수보고회(한국공항공사)
2017.8.29	국토부 동굴조사 및 전략환경영향평가 주민 간담회(주민 저지로 무산)
2017.9.18	국토부, 제주 제2공항 추진사항 서귀포시 설명회(주민 저지로 무산)
2017.9.21	제2공항 도민여론조사 실시(데일리리서치) → 9.27 결과 발표: 대안에 대해 제주공항 확장(33%)〉성산 제2공항(24%)〉정석비행장(20%) 순, 공항인프라 확충 필요하다(49%), 필요하지 않다(41%)
2017.9.22	제주 제2공항 성산읍대책위, 추진과정에서의 비민주성을 지적하며 인권위에 진정서 제출
2017.10.10	성산읍대책위 도청 앞 천막농성 시작. 김경배 부위원장 단식 돌입 (-11.20): 제2공항 건설 재검토 주장
2017.10.26	제2공항 반대 촛불 문화제
2017.10.31	성산읍대책위/도민행동, 제주 제2공항 예정부지인 성산읍 수산1리에서 동굴발견 성명 발표

2017.11.5	대책위-국토부 면담, 국토부는 타당성 재조사 수용하되 재조사와 기본계획 분리하여 연내 동시 발주 의견 제시
2017.11.13	제주도지사-성산읍대책위 간담회, 제2공항 사전타당성 용역 재검증을 국토부에 요청키로 합의
2017.11.15	도민행동 조직개편을 위한 대표자-집행위 연석회의
2017.11.20	시민단체와 정당이 참여하는 '제주제2공항반대범도민행동' 출범 기자회견: 제2공항 인프라확충 사전타당성 검토용역 부실 재조사 주장
2017.11.25	대책위-국토부 2차 면담
2017.11.28.~12.1	성산읍대책위/도민행동, 민주당 제주도당 점거 농성
2017.11.28	온평리비대위, 제주도청 앞 집회
2017.12.6	성산읍대책위/범도민행동, 상경투쟁 기자회견: 제2의 4대강 제주 제2공항 계획 철회 촉구, 투쟁의 전국 확산 선언
2017.12.7	성산읍대책위-국토부 면담(광화문정부청사). 대책위, 재조사와 기본계획 용역 동시발주 수용하되 검토위원회 500명 구성 및 기간 6개월로 연장, 검토위 권고 수용 등 제안
2017.12.18	대책위-국토부 면담
2017.12.19	청와대 앞에서 타당성 재조사 대통령 결단 촉구 삭발식
2017.12.21	국토부, 제주 제2공항 입지선정 타당성 재조사 및 기본계획 수립 용역 발주
2017.12.26	성산읍대책위/범도민행동 기자회견: 제주 제2공항 기본계획 일방적 강행 규탄 및 선 타당성 재조사 주장
2018.1.1.	제2공항 반대 2018 해맞이 행사(대수산봉)
2018.1.30	성산읍대책위/범도민행동, 제2공항 반대 촛불집회
2018.2.8.~	제2공항 반대 집중선전전(2.8, 2.14, 2.22, 3.8, 3.22, 4.12, 4.26)
2018.2.5	제주 관광패러다임 전환을 위한 토론회(성산읍대책위/범도민행동)
2018.2.22	국토부, 제2공항 타당성 재조사 및 기본계획 수립 용역사로 대한교통학회와 ㈜유신 컨소시엄 선정
2018.3.15	성산읍대책위, 제2공항 타당성 재조사 일방적 진행 규탄 기자회견
2018.4.11	제2공항 도민여론조사 결과 발표 공동기자회견(범도민행동, 제주대학교 공동자원과 지속가능사회 연구센터)
2018.4.20	성산읍대책위/범도민행동, 제2공항 반대 범도민 결의대회 개최
2018.5.3	대한교통학회-㈜유신 컨소시엄, 기본계획 용역 계약 포기
2018.5.9	제2공항 관련 도지사 후보 공개질의서 발송

2018.5.30	제2공항 백지화 촛불집회(수산리)
2018.6.2	제2공항 백지화 촛불집회(신산리)
2018.6.11	제2공항 지역 선전전(구좌,성산,표선,남원)
2018.6.18	성산읍대책위/범도민행동 기자견: 국토부가 추진중인 타당성 재조사를 제주도가 주관할 것을 요구
2018.6.28	국토부, 제2공항 입지선정 타당성 재조사 및 기본계획 수립 용역 착수('포스코 컨소시엄'과 수의계약, 타당성 재조사는 아주대 산학협력단)
2018.7.12	국토부, 제2공항 타당성 재조사 용역 착수보고회 개최(아주대 산학협력단)
2018.7.29.~8.4	군사기지화 반대 제주 생명평화대행진 참여
2018.9.6	비자림로를 지키기 위해 뭐라도 하려는 시민모임, 비자림로에서 문화제 개최. 송당 주민들의 난입으로 중단
2018.9.10	성산읍대책위/범도민행동, 국토부의 타당성 재조사 일방강행 규탄 기자회견
2018.9.11	국토부, 제주도청에서 제2공항 타당성 재조사 용역 중간보고회 개최
2018.9.16	국토부-대책위, 타당성 재조사 용역 검토위원회 구성 및 운영방안 합의
2018.9.19	제2공항 타당성 재조사 용역 검토위원회 1차 회의 개최(서울)
2018.9.21	제2공항 반대 귀향선전전, 전도 현수막 게시, 신문삽지 배포
2018.9.30	작가단, 제2공항 예정지 답사(기록×예술+행동 Project를 위한 사전답사)
2018.10.4	제2공항 타당성 재조사 용역 검토위원회 2차 회의 개최(제주)
2018.10.18	제2공항 타당성 재조사 용역 검토위원회 3차 회의 개최(서울)
2018.11.1	제2공항 타당성 재조사 용역 검토위원회 4차 회의 개최(제주)
2018.11.15	제2공항 타당성 재조사 용역 검토위원회 5차 회의 개최(서울)
2018.11.19	제2공항 타당성 재조사 용역 관련 긴급기자회견: 신도2 후보지 이전, 평가조작 폭로
2018.11.22	제2공항 타당성 재조사 용역 검토위원회 6차 회의 개최(제주), 검토위원회 도민 공개설명회 개최
2018.11.29	제2공항 타당성 재조사 용역 검토위원회 7차 회의 개최(서울)
2018.12.13	제2공항 타당성 재조사 용역 검토위원회 8, 9차 회의 개최(서울), 국토부의 연장 거부로 검토위 파행종료
2018.12.14	국토부의 검토위 연장거부에 대한 지역주민/시민사회 긴급 기자회견
2018.12.19	난산리 주민 김경배 씨 제주도청 앞에 천막을 치고 2차 무기한 단식 돌입

2018.12.21	검토위 파행종료에 대한 대책위 추천 검토위원 기자회견: 성산과 신도 등 주요 후보지 평가 부실, 조작으로 원점 재검토 필요 의견 제시
2018.12.28	국토부, 일방적으로 기본계획 용역 재개
2018.12.29	제주녹색당, 제주도청 앞 천막당사 설치
2019.1.1	해맞이 제2공항 반대 선전전(일출봉로터리)
2019.1.3	도청 계단 점거 농성 시작
2019.1.7	국토부의 기본계획 수립용역 강행에 대한 지역주민/시민사회 기자회견
2019.1.7	천막농성장 행정대집행, 천막 다시 설치하고 도청 현관 점거. 청청천막 천막설치(청소년·청년 천막)
2018.1.8	성산읍대책위/범도민행동 공동기자회견: 사전타당성 중대 결함 확인, 기본계획 중단 요구
2018.1.8	제주도청 앞 페미니즘 시민천막 설치
2019.1.8.~1.11	제2공항 반대 국회 상경 투쟁
2019.1.11	단식 중인 김경배 씨, 원희룡 지사 면담
2019.1.10	방문자 환영카페, 여성천막, 비무장평화의섬을만드는사람들 천막 설치
2019.1.13	반댈새 예술행동 천막 설치
2019.1.13	'원희룡이 모른다는 제2공항' 강연회(박찬식)
2019.1.14	제주도청 현관 낭독 모임
2019.1.16	'점거, 약자들의 무기' 강연회(하승우)
2019.1.17	연ㅓ자 공방 천막설치
2019.1.17	난산리 주민 김경배 씨 단식 30일 기자회견, 윤경미·엄문희 무기한 단식 돌입
2019.1.18	범도민행동, 천막농성 연대(릴레이 단식) 시작
2019.1.18	성산읍반대대책위 천막설치
2019.1.19	'제주 그대로가 아름다워' 토크콘서트, 제주도청 앞 작은 장터
2019.1.19	원희룡 퇴진 5차 촛불 집회
2019.1.20	천막촌연구자공방, '공항 건설과 토지 약탈에 맞선 세계의 현장들' 강연(장훈교)
2019.1.22	국토부, 세종청사에서 기본계획 용역 착수보고회 개최
2019.1.23	단식 중인 김경배 씨, 원희룡 도지사에게 보내는 공개서한 전달
2019.1.24	강정마을 평화활동가 최성희 무기한 단식 시작
2019.1.25	단식 38일차 김경배 씨 단식 중단, 구급차로 이동(단식 38일째)

2019.1.25	참여연대, 환경운동연합, 천주교인권위, 평통사, 녹색당 등 전국시민사회단체 청와대 앞에서 제2공항 중단 기자회견
2019.1.26	원희룡 퇴진 6차 촛불 집회
2019.1.31	청와대 앞 단식자 연대 기자회견
2019.2.2	원희룡 퇴진 7차 촛불 집회
2019.2.2.~4	설맞이 제2공항 반대 선전전(제주시 오일장, 제주공항)
2019.2.7	제주도청 현관 위 점거
2019.2.8	윤경미 건강 악화로 단식 중단, 응급실로 호송(단식 23일째)
2019.2.9	성난오름투어 시작(대수산봉, 독자봉, 동거문이오름)
2019.2.11	천막촌 사람들, 제주도의회 피켓팅 시작
2019.2.12	성산읍대책위/범도민행동, 입지선정 중대결함 등 주요 현안 입장 발표 기자회견
2019.2.14-15	국토부의 재조사용역 및 기본계획 주민설명회 저지 활동
2019.2.16	원희룡 퇴진 8차 촛불집회
2019.2.16	최성희 건강악화로 단식 중단, 병원 호송 (단식 24일째)
2019.2.21	범도민행동, 원희룡 지사의 제2공항 담화문 규탄 기자회견
2019.2.21	천주교 제주교구 사제총회, 제2공항 토론(현황 설명-박찬식)
2019.2.23	원희룡 퇴진 9차 촛불집회
2019.2.25	천막촌 사람들, 제주도청 앞에서 '백인 백배의 날' 행사 진행
2019.2.25	성산읍대책위/범도민행동, 제주도 국회의원 3인과 간담회
2019.2.26	제주도의회, 제주 제2공항 갈등 해결방안 모색을 위한 정책토론회
2019.2.27	단식자 엄문희 응급실로 호송 (단식 42일째)
2019.2.27	제주도의회 제2공항 기본계획 중단 요청 및 도민공론화 결의안 채택
2019.3.2	원희룡 퇴진 10차 촛불집회
2019.3.6	이해찬 민주당 대표 방문 항의 피켓팅
2019.3.11.~15	제2공항 반대 읍면지역 순회설명회(여성농민회)
2019.3.12	성산읍대책위/범도민행동/천막촌사람들 기자회견: 일방독주! 약속파기! 원희룡 도정 규탄 기자회견
2019.3.16	신산리 촛불집회
2019.3.18	비자림로 시민모임, 비자림로 공사 재개에 대해 시민모니터링단 구성 선언
2019.3.19	비자림로 시민모임, 비자림로에 삼나무오두막집 설치 및 감시활동 시작

2019.3.23		비자림로 공사 재개
2019.3.25		성산읍대책위/범도민행동, 도지사 면담
2019.3.28		도청앞 천막촌, '공항 말고 합창' 행사
2019.3.30		4.3민중항쟁 정신계승 전국 노동자대회/민중대회(범도민행동 공동주최)
2019.4.2		4.3주간 부스 운영
2019.4.4.~		한살림 지역모임 제2공항 교육(4.4, 4.8, 4.9, 4.14, 4.15)
2019.4.5		수산리 촛불집회
2019.4.10		천주교 제주교구 생태환경위원회, 제2공항 워크숍
2019.4.10		천막촌 연구자공방, '기후정의와 공항확장반대운동' 세미나 진행
2019.4.17		제2공항 타당성 재조사 검토위원회 재개(10차 회의, 제주)
2019.4.19		난산리 촛불집회
2019.4.22		제2공항 댓글 여론조작 혐의 고발 및 수사의뢰
2019.4.23		국토부 제2공항 기본계획 중간보고회(성산읍대책위 불참 선언)
2019.4.23		천막촌 사람들, 국토부의 중간보고회에 난입하여 선전전 진행
2019.4.24		범도민행동 제2공항 토론회 〈제2공항의 대안을 말한다〉
2019.4.26		성산읍대책위/범도민행동, 제2공항 반대 촛불집회(시청 앞)
2019.5.1		제2공항 타당성 재조사 검토위원회 11차 회의(서울). 사타 용역진 출석, ADPI 보고서 내용 구두 보고 및 폐기 경위 설명
2019.5.3		제주공항 소음피해 주민을 위한 '공항소음민원센터' 개설
2019.5.7		용담동 주민들 기자회견 "제2공항 대체 제주공항 확장을 반대한다."
2019.5.7		천막촌 사람들, 보전지역 관리조례 개정안 통과를 위한 서명운동 시작
2019.5.10		국토부, ADPI 보고서 공개
2019.5.14		성산읍대책위/범도민행동 기자회견: "ADPI 결론: 현 공항 개선으로 충분하다!"
2019.5.15		제2공항 타당성 재조사 검토위원회 12차 회의(제주)
2019.5.15		검토위원회 제1차 도민 공개토론회(제주벤처마루)
2019.5.16		제주제2공항성산읍추진위원회 기자회견 "보전지역관리조례 개정안 철회하라"
2019.5.17		제주대학교 공동자원과 지속가능사회 연구센터, "제주특별자치도 보전지역 관리에 관한 조례개정안' 조속히 통과할 것을 요구"
2019.5.20		경찰, 제주 제2공항 천막농성장 철거 행정대집행 관련해 고소된 원희룡 제주도지사 등에 무혐의 판단

2019.5.20	천막촌사람들 기자회견 "보전지역관례조례 반드시 개정하라!"
2019.5.21	'제주도 보전지역 관리 조례개정안' 제주도의회 상임위원회 통과
2019.5.21	천주교 제주교구, 지속가능한 제주를 위한 성찰과 모색 토론회
2019.5.22	보전지역 관리조례 개정안 제주도의회 본회의에서 상정 보류
2019.5.23	천막촌 사람들, 제2공항 기본계획 반영 과제발굴 1차 공청회에 난입하여 선전전 진행
2019.5.23	천막촌 사람들, '천막촌 뉴스' 시작
2019.5.28	비자림로 시민모니터링단, 비자림로 숲에서 멸종위기종인 팔색조, 애기뿔소똥구리 발견, 제주도에 비자림로 공사 중지 요청
2019.5.29	제2공항 타당성 검토위원회 제13차 회의 및 제2차 공개토론회
2019.5.31	천막촌 사람들, 제주 개발 현장들의 목소리를 모아 '공항 말고 광장' 진행
2019.6.2	'제주 그대로가 아름다워' 토크콘서트(난산초등학교)
2019.6.4	종교인대화마당(불교전법회관), 개발과 생태계 붕괴: 제주도 개발과 제2공항 문제점 발표
2019.6.4	제2공항 기본과제 반영 과제발굴 2차 공청회 저지
2019.6.7	제2공항 반대 전도 차량선전전 및 2차 집중집회(성산읍대책위/범도민행동, 시청 앞)
2019.6.10	한국천주교주교회의 생태환경위원회/민족화해위원회, 2019년 생태환경 심포지엄: 제주 제2공항과 제주 생태계 문제 발표
2019.6.11	천막촌 사람들, 제주도의회의 보전지역 관리조례 개정안 상정보류에 대한 규탄 집회
2019.6.12	제2공항 타당성 검토위원회 제3차 공개토론회(KBS생방송)
2019.6.17	제2공항 타당성 검토위원회 14차 회의(서울), 권고안 채택 무산, 종료.
2019.6.18	검토위 종료와 기본계획 최종보고회에 대한 지역주민/시민사회 공동 기자회견
2019.6.18	원희룡 지사, 김현미 장관 면담
2019.6.19	국토부 제2공항 기본계획 최종보고회(제주농어업인회관) 개최 시도, 주민과 시민들의 저지로 무산
2019.6.19	'제주도민 자기결정권 선언' 발표
2019.6.24	성산읍대책위/범도민행동 연석회의(신산리 마을회관), 제2공항 비상연대기구 추진 합의

2019.6.25	국토부, 세종청사에서 제2공항 기본계획 최종보고회 개최
2019.6.25	도청앞 천막촌 사람들, 제주도청 앞에서 '국토부 장례식' 거행
2019.6.26	제2공항 기본계획에 대한 기자간담회: "제2공항 사업은 명분 없는 예산 낭비"
2019.6.28	ADPI 보고서 은폐 관련 감사원 공익감사 청구
2019.7.2	제2공항 강행저지와 도민공론화 쟁취를 위한 비상연대기구 구성 간담회(자람)
2019.7.5	3차 집중집회(제2공항 강행저지 및 도민공론화 쟁취 총력투쟁 선포대회, 시청 앞)
2019.7.5	성산읍대책위/범도민행동, 제주도지사에게 1) 제2공항 의혹해소와 도민의견수렴을 위한 공개토론회 2) 제주도가 ADPI 보고서 검증 제안
2019.7.9	제2공항 전략환경영향평가 분석 공동기자회견
2019.7.9	온평리비상대책위, 제2공항 반대 도청 앞 집회
2019.7.11	제2공항 전략환경영향평가(초안) 주민설명회 무산(성산국민체육센터)
2019.7.11	제주도의회, 제주도 보전지역 관리 조례개정안 부결(찬성 19, 반대 14, 기권 7)
2019.7.22	비상연대기구 결성 준비회의, '제2공항강행저지비상도민회의' 결성 결의(제주벤처마루)
2019.7.25	성산읍대책위/범도민행동, 원희룡 지사 면담, TV토론회(3회) 개최 합의
2019.7.29	제주도의회, '제2공항 관련 도민의견 수렴 방안 모색을 위한 위한 정책토론회'
2019.7.29.~8.3	2019 제주생명평화대행: 강정해군기지 철수, 제2공항 중단
2019.8.13	'제주제2공항강행저지비상도민회의' 출범 집회